2026

NCS
직업기초능력평가

통합기본서

타임 NCS 연구소

2026

NCS 직업기초능력평가 통합기본서

인쇄일 2026년 1월 1일 5판 1쇄 인쇄
발행일 2026년 1월 5일 5판 1쇄 발행
등 록 제17-269호
판 권 시스컴2026

발행처 시스컴 출판사
발행인 송인식
지은이 타임 NCS 연구소

ISBN 979-11-6941-764-8 13320
정 가 19,000원

주소 서울시 금천구 가산디지털1로 225, 514호(가산포휴) ｜ **홈페이지** www.nadoogong.com
E-mail siscombooks@naver.com ｜ **전화** 02)866-9311 ｜ **Fax** 02)866-9312

INTRO

NCS(국가직무능력표준. 이하 NCS)은 현장에서 직무를 수행하기 위해 요구되는 능력을 국가적 차원에서 표준화한 것으로 2015년부터 공공기관을 중심으로 본격적으로 실시되었습니다.

NCS는 기존 스펙위주의 채용과정을 줄이고자 실제로 직무에 필요한 능력을 위주로 평가하여 인재를 채용하겠다는 국가적 방침입니다. 기존의 공사·공단 등에서 실시하던 적성검사는 NCS 취지가 반영된 형태로 변하고 있기 때문에 변화하는 양상에 맞추어 NCS를 준비해야 합니다.

필기시험의 내용으로 대체되는 직업기초능력은 총 10개 과목으로 출제기관마다 이중에서 대략 5~6개의 과목을 선택하고 시험을 치릅니다. 주로 의사소통능력, 수리능력, 문제해결능력을 선택하며 기업에 따라 3~4개의 과목을 추가로 선택하기 때문에 지원하고자 하는 기업의 직무기술서를 확인하시는 것이 좋습니다.

본서는 공사·공단 대비 전문 수험서로, 새롭게 도입되어 생소한 영역인 직업기초능력을 NCS 공식 홈페이지의 자료를 연구하여 필요한 지문과 이론을 정리하여 수록하였고, 이에 맞춰 기초 및 응용 문제를 수록하여 시험 대비에 충분한 연습을 할 수 있게 제작되었습니다. 각 과목의 중요한 내용을 이론과 여러 유형의 문제로 정리하였고, 300개 이상의 문제가 수록되어 있습니다. 또, 실전모의고사를 통해 학습자의 실력을 스스로 확인해 볼 수 있게 준비하였습니다.

예비 공사·공단인들에게 아름다운 합격이 함께하길 기원하겠습니다.

타임 NCS 연구소

NCS(국가직무능력표준)란 무엇인가?

1. 표준의 개념

국가직무능력표준(NCS, national competency standards)은 산업현장에서 직무를 수행하기 위해 요구되는 지식·기술 소양 등의 내용을 국가가 산업부문별 수준별로 체계화한 것으로 산업현장의 직무를 성공적으로 수행하기 위해 필요한 능력(지식, 기술, 태도)을 국가적 차원에서 표준화한 것을 의미합니다.

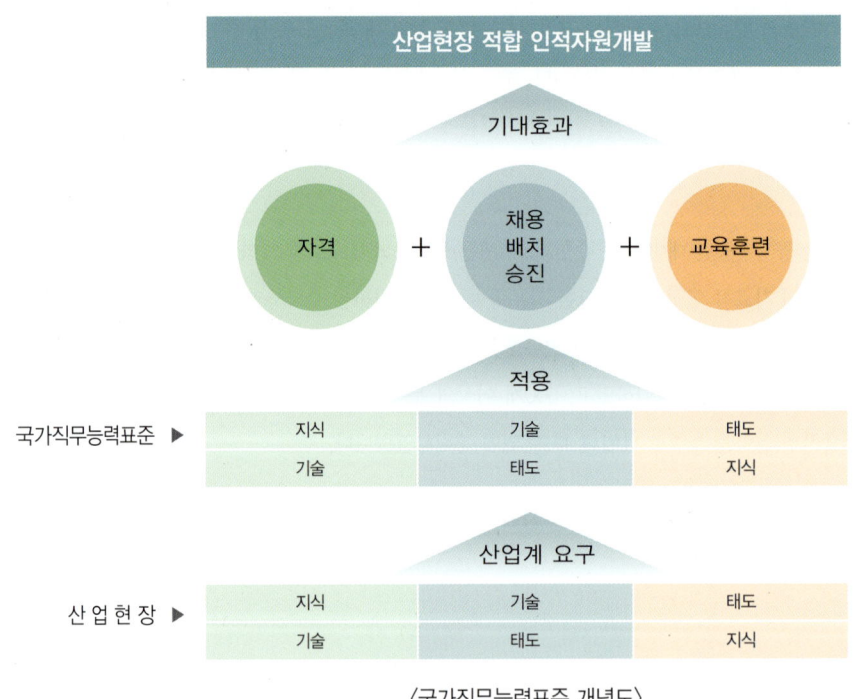

〈국가직무능력표준 개념도〉

2. 표준의 특성

ㅣ한 사람의 근로자가 해당 직업 내에서 소관 업무를 성공적으로 수행하기 위하여 요구되는 실제적인 수행 능력을 의미합니다.

- 직무수행능력 평가를 위한 최종 결과의 내용 반영
- 최종 결과는 '무엇을 하여야 한다'보다는 '무엇을 할 수 있다'는 형식으로 제시

ㅣ해당 직무를 수행하기 위한 모든 종류의 수행능력을 포괄하여 제시합니다.

- 직업능력 : 특정업무를 수행하기 위해 요구되는 능력
- 직업관리 능력 : 다양한 다른 직업을 계획하고 조직화하는 능력
- 돌발상황 대처능력 : 일상적인 업무가 마비되거나 예상치 못한 일이 발생했을 때 대처하는 능력
- 미래지향적 능력 : 해당 산업관련 기술적 및 환경적 변화를 예측하여 상황에 대처하는 능력

ㅣ모듈(Module)형태의 구성

- 한 직업 내에서 근로자가 수행하는 개별 역할인 직무능력을 능력단위(unit)화하여 개발
- 국가직무능력표준은 여러 개의 능력단위 집합으로 구성

ㅣ산업계 단체가 주도적으로 참여하여 개발

- 해당분야 산업별인적자원개발협의체(SC), 관련 단체 등이 참여하여 국가직무능력표준 개발
- 산업현장에서 우수한 성과를 내고 있는 근로자 또는 전문가가 국가직무능력표준 개발 단계마다 참여

3. 표준의 활용 영역

- 국가직무능력표준은 산업현장의 직무수요를 체계적으로 분석하여 제시함으로써 '일-교육ㆍ훈련-자격'을 연결하는 고리 즉 인적자원개발의 핵심 토대로 기능
- 한국산업인력공단에서는 국가직무능력표준을 활용하여 교육훈련과정, 훈련기준, 자격종목 설계, 출제기준 등 제ㆍ개정시 활용합니다.
- 한국직업능력개발원에서는 국가직무능력표준을 활용하여 전문대학 및 마이스터고ㆍ특성화고 교과과정을 개편합니다.

NCS 안내

– 국가직무능력표준은 교육훈련기관의 교육훈련과정, 직업능력개발 훈련기준 및 교재 개발 등에 활용되어 산업수요 맞춤형 인력양성에 기여합니다. 또한, 근로자를 대상으로 경력개발경로 개발, 직무기술서, 채용 · 배치 · 승진 체크리스트, 자가진단도구로 활용 가능합니다.

구 분		활용콘텐츠
산업현장	근로자	평생경력개발경로, 자가진단도구
	기 업	직무기술서, 채용 · 배치 · 승진 체크리스트
교육훈련기관		교육훈련과정, 훈련기준, 교육훈련교재
자격시험기관		자격종목설계, 출제기준, 시험문항, 평가방법

NCS 구성

능력단위

– 직무는 국가직무능력표준 분류체계의 세분류를 의미하고, 원칙상 세분류 단위에서 표준이 개발됩니다.
– 능력단위는 국가직무능력표준 분류체계의 하위단위로서 국가직무능력표준의 기본 구성요소에 해당됩니다.

〈 국가직무능력표준 능력단위 구성 〉

구성항목	내 용
1. 능력단위 분류번호(Competency unit code)	– 능력단위를 구분하기 위하여 부여되는 일련번호로서 14자리로 표현
2. 능력단위명칭(Competency unit title)	– 능력단위의 명칭을 기입한 것
3. 능력단위정의(Competency unit description)	– 능력단위의 목적, 업무수행 및 활용범위를 개략적으로 기술
4. 능력단위요소(Competency unit element)	– 능력단위를 구성하는 중요한 핵심 하위능력을 기술
5. 수행준거(Performance criteria)	– 능력단위요소별로 성취여부를 판단하기 위하여 개인이 도달해야 하는 수행의 기준을 제시
6. 지식 · 기술 · 태도(KSA)	– 능력단위요소를 수행하는 데 필요한 지식 · 기술 · 태도
7. 적용범위 및 작업상황(Range of variable)	– 능력단위를 수행하는 데 있어 관련되는 범위와 물리적 혹은 환경적 조건 – 능력단위를 수행하는 데 있어 관련되는 자료, 서류, 장비, 도구, 재료
8. 평가지침(Guide of assessment)	– 능력단위의 성취여부를 평가하는 방법과 평가 시 고려되어야 할 사항
9. 직업기초능력(Key competency)	– 능력단위별로 업무 수행을 위해 기본적으로 갖추어야 할 직업능력

주요 공공기관 NCS 채용제도

기 관	NCS 채용제도
근로복지공단	입사지원서, 직업기초능력평가, 역량면접 등
한국가스공사	직업기초능력평가, 직무수행능력평가, 인성검사 등
한국수력원자력	직업기초능력평가, 직무수행능력평가 등
한국전력공사	자기소개서, 직무능력검사, 인성검사, 직무면접 등
한국중부발전	입사지원서, 직무적합도평가, 직무능력평가 등
한국철도공사	직업기초능력평가, 직무수행능력평가 등
한국토지주택공사	자기소개서, 직업기초능력평가, 직무수행능력평가 등

국민건강보험공단

구분	내용	
응시자격	• 성별, 연령 제한 없음(만 60세 이상자 지원 불가) • '6급갑' 지원자 중 남자의 경우 병역필 또는 면제자 • 각 채용 직종, 직급 및 동일분야 채용에 중복 지원할 수 없으며 동일분야에 중복 지원 시 '자격미달' 처리	
전형절차	서류심사 → 필기시험 → 인성검사 → 면접심사 → 증빙확인 → 수습임용	
필기전형	NCS기반 직업기초능력평가(60분)	• 행정 · 건강 · 요양 · 기술직 : 의사소통(20), 수리(20), 문제해결(20) • 전산직 : 의사소통(5), 수리(5), 문제해결(5), 전산개발 기초능력(35)
	직무시험 (법률, 20문항)	• 행정 · 건강 · 전산 · 기술직 : 국민건강보험법(시행령, 시행규칙 제외) • 요양직 : 노인장기요양보험법(시행령, 시행규칙 제외)
면접전형	• 대상 : 필기시험 합격자 중 인성검사 완료자 • 면접형식 : 직무수행능력 평가를 위한 B.E.I(경험행동면접) 60%+G.D(집단토론) 40%	

근로복지공단

구분			내용
전형 절차	필기 전형	NCS 직업기초능력	• NCS 직업기초능력 중 4가지 항목 70문항 – 의사소통능력, 문제해결능력, 자원관리능력, 수리능력
		NCS 직무기초지식	• 직무수행에 필요한 기초지식 평가 항목 30문항 – 법학, 행정학, 경영학, 경제학, 사회복지학(각 6문항)
		취업 지원대상자 우대사항	• 법령에 의한 취업지원대상자로 만점의 10% 또는 5%를 가점하는 자 • 산재보험 장해 3급 이상 판정을 받은 자 본인 • 산재보험 유자녀 또는 장해 3급 이상 판정을 받은 자의 자녀 • 「장애인 고용촉진 및 직업재활법 시행령」 제3조의 규정에 해당하는 장애인 • 「의사상자 등 예우 및 지원에 관한 법률」 제2조에 따른 의상자 또는 의사자 자녀 • 「국민기초생활보장법」상 수급자 및 차상위 계층자

	면접
	전형
		NCS
		직업기초능력
		직무수행능력
			• 직무수행에 필요한 직업기초능력 및 직무수행능력 평가
			  – 의사소통능력 · 문제해결능력 · 직업윤리 및 공단이해도 · 자기개발계획 평가
			  – 1인 집중면접 실시

		우대사항	• 법령에 의한 취업지원대상자로 만점의 5% 또는 10%를 가점하는 자 ※ 법령에 의한 취업지원대상자는 최종 합격 3인 이하 채용의 경우 채용 전 단계에서 보훈가점 부여하지 않음

한국가스공사

구분		내용
지원자격	일반직 6급 (사무/기술)	• 토익 750 이상 수준의 유효 영어성적 보유자 (최근 2년 이내에 응시하고 접수마감일까지 발표한 국내 정기시험성적만 인정) • 유효 영어성적 점수표 | 토익	텝스	토플	오픽	토익스피킹
------	------	------	------	------
750점 이상	322점 이상	85점 이상	IM2 이상	130점 이상	 ※ 청각장애인 중 장애의 정도가 심한 장애인(기존 청각장애 2·3급)은 듣기평가를 제외한 점수가 토익 375점 이상, 텝스 193점 이상
	공통 지원자격	• 연령 제한 없음(단, 공사 임금피크제도에 따라 만 58세 미만인 자) • 남성의 경우, 군필 또는 병역 면제자 • 학력, 전공 제한 없음 • 한국가스공사 인사규정 제5조의 결격사유에 해당하지 아니한 자 • 공공기관에 부정한 방법으로 채용된 사실이 적발되어 합격취소, 직권면직 또는 파면·해임된 후 5년이 경과하지 않은 자 • 기술직군의 경우는 성별무관 교대근무 가능한 자 • 자격, 우대사항 대상 등 인정 기준일 : 접수마감일
전형절차		원서접수 → 서류전형 → 필기전형 → 면접전형 → 기초연수 → 수습채용
우대사항		• 고급자격증 보유자 : 서류전형 시 어학성적 충족조건 면제 및 필기전형 직무수행능력에서 만점의 10% 가점 부여 • 본사이전 지역인재 : 전형단계별 본사이전 지역인재의 합격자인원이 목표인원에 미달 시 추가합격처리 • 취업지원대상자(국가보훈) : 전형단계별 만점의 5% 또는 10% 가점부여 • 장애인 : 전형단계별 만점의 10% 가점부여 • 저소득층, 북한이탈주민, 다문화가족, 경력단절여성 : 전형단계별 만점의 5% 가점부여

한국수력원자력

구분		내용
응시자격	공통사항	• 연령, 성별 제한 없음 • 병역 : 남자의 경우, 병역필 또는 면제자 • 기타 : 채용 결격사유 등에 해당함이 없는 자
	응시분야별 학력	• 응시분야별 관련학과 전공자 또는 관련 산업기사 이상 국가기술자격증·면허 보유자 ※ 고등학교·전문대학 : 응시분야별 관련학과 졸업(예정)자 대학 : 응시분야별 관련학과 2학년 이상의 교육과정을 이수한 자

| 전형절차 | 1차 전형(NCS직무역량검사) → 2차 전형(인성검사, 심리건강진단 적격자에 한해 면접 시행) → 최종합격자 전형(2차 전형 합격자 중 신체검사, 신원조사 및 비위면직자 조회 결과 적격자) |

한국전력공사

구분		내용
채용분야		대졸수준 채용 : 사무, 전기, ICT, 토목, 건축, 기계
응시자격	학력 · 전공	해당 분야 전공자 또는 해당 분야 기사 이상 자격증 보유자 (단, 사무분야는 학력 및 전공 제한 없음) 전기분야는 산업기사 이상
	연 령	제한없음(단, 공사 정년에 도달한 자는 지원불가)

	외국어	• 대상 : 영어 등 10개 외국어
		• 자격기준 : 700점 이상(TOEIC 기준)
		• 유효성적 : 최근 2년 이내에 응시하고 접수마감일까지 발표한 국내 정기시험성적만 인정
		  ※ 해외학위자도 국내외국어 유효성적을 보유해야 지원 가능함
		  ※ 고급자격증 보유자는 외국어성적 면제

	기 타	• 당사 인사관리규정 제11조 신규채용자의 결격사유가 없는 자 • 지원서 접수마감일 현재 한전 4직급 직원으로 재직 중이지 않은 자 • 입사일(신입사원 교육일)로부터 즉시 근무 가능한 자 • 광주전남권 지원시 해당권역 내 소재 학교(대학까지의 최종학력 기준, 대학원 이상 제외) 졸업(예정) · 중퇴 · 재학 · 휴학중인 자만 지원 가능
전형절차		1차전형(외국어성적, 자격증가점, 자기소개서) → 2차전형(직무능력검사, 한전 인재상 · 핵심가치 등 적합도 결과) → 3차전형(직무면접, 2차 직무능력검사) → 4차전형(종합면접) → 신체검사 및 신원조사

우대사항		• 고급자격증 보유자 : 1차전형 면제, 2차전형 10% 가점
		• 비수도권 및 본사이전지역 인재
		  - 비수도권 : 1차전형 2% 가점 / 이전지역 : 1차전형 3% 가점
		• 기타 우대사항
		  - 취업지원대상재(국가유공자) : 1차 전형 면제, 단계별 5% 또는 10% 가점
		  - 장애인 : 1차전형 면제, 단계별 10% 가점
		  - 기초생활수급자 : 1차전형 면제
		  - KEPCO 일렉스톤 경진대회 수상자 : 1차전형 면제 또는 10% 가점(ICT 분야에 한함, 수상 후 3년 이내)
		  - 한전 발명특허대전 입상자 : 1차전형 면제 또는 10% 가점(수상 후 3년 이내)
		• 한전 전기공학장학생 : 1차전형 면제(전기 분야에 한함, 졸업 후 3년 이내)
		  ※ 우대내용이 중복되는 경우 최상위 1개만 인정

한국철도공사

구분	내용
지원자격	• 학력, 외국어, 연령 : 제한 없음(단, 만 18세 미만자 및 정년(만 60세) 초과자는 지원할 수 없음) • 병역 : 남성의 경우 군필 또는 면제자에 한함(고졸전형 및 여성 응시자는 해당없음) • 운전 전동차 지원은 철도차량운전면허 中 제2종 전기차량 운전면허 소지자, 토목 장비 지원은 철도차량 운전면허(제1종전기차량, 제2종전기차량, 디젤, 철도장비) 종별과 상관없이 1개 이상 소지자에 한함
전형절차	채용공고 입사지원 → 서류검증 → 필기시험 → 실기시험 → 면접시험(인성검사포함) → 철도적성검사, 채용신체검사 → 정규직 채용

구분	평가 과목	출제범위	문항수	시험시간
필기시험	• 직무수행능력평가(전공시험) • 직업기초능력평가(NCS) ※ 일반공채 기준	• 직업기초능력평가(NCS) : 의사소통능력, 수리능력, 문제해결능력 ※ 직무수행능력평가는 채용 홈페이지의 공고문을 참고	50문항 (전공25, 직업기초25)	60분 (과목 간 시간 구분 없음)

구분	내용
면접시험	• 면접시험 : 신입사원의 자세, 열정 및 마인드, 직무능력 등을 종합평가 • 인성검사 : 인성, 성격적 특성에 대한 검사로 적격 부적격 판정(면접당일 시행) • 실기시험 : 사무영업 수송분야, 토목분야에 한하여 시행(평가시간 : 10분)

한국중부발전

구분		내용
지원자격		• 학력, 전공, 연령, 성별 제한없음(단, 만 60세 이상인 자는 지원불가) • 병역 – 병역 기피사실이 없는 자 – 현역은 최종합격자 발표일 이전 전역 가능한 자 • 기타 – 우리 회사 인사관리규정 제10조의 결격사유가 없는 자 – 즉시 당사 근무 가능한 자
전형절차	채용조건	• 채용형태 : 채용형인턴 – 약 4개월 인턴 근무 후 종합성적에 따라 정규직 전환 조건을 충족하는 전원 정규직 전환
	직무적합도 평가 (인·적성검사)	• 전 분야 공통, 적·부 판정 – 회사 핵심가치 부합도 및 직업기초능력요소 중 인성요소 평가 – C~D등급 부적합 [전체 S~D(5단계) 등급] / 부적합 대상은 불합격 처리

전형절차	직무능력 평가 (필기전형)	• 한국사 및 직무지식평가(70문항, 50%) 　– 공통 : 한국사 10문항 　– 직군별 전공지식 : 50문항

직군	범위
사무	법, 행정, 경영, 경제, 회계 각 10문항 (법 : 헌법/민법/행정법/상법)
정보통신	[정보처리, 정보통신, 정보보안기사 과목] 데이터베이스, 전자계산기 구조, 소프트웨어공학, 데이터통신, 정보통신 시스템, 정보보안 등
발전기계	[일반기계기사 과목] 재료/유체/열역학, 동력학 등 기계일반
발전전기	[전기기사 과목] 전력공학, 전기기기, 회로/제어공학 등 전기일반
발전화학	[일반화학, 화공, 대기 및 수질환경기사 과목] 일반화학, 화학공학, 대기환경, 수질환경 등 화학일반

• 직업기초능력평가 중 인지요소 80문항(50%)

직군	범위			
사무	의사소통	조직이해	자원관리	수리능력
발전기계	의사소통	문제해결	자원관리	기술능력
발전전기	의사소통	문제해결	수리능력	기술능력
발전화학	의사소통	문제해결	자원관리	기술능력
정보통신	의사소통	문제해결	정보능력	기술능력

	심층면접(면접전형)	• 1차 면접 : 직군별 직무역량평가 　– PT면접/토론면접 등 　※ 당일 현장 종합인성검사 시행(본인 확인용) • 2차 면접 : 경영진 인성면접 　– 태도 및 인성부분 종합평가 　– 점수반영 : 필기(20%)+1차면접(30%)+2차면접(50%)
	신원조회/신체검사	• 전 분야 공통, 적 · 부 판정

한국토지주택공사

구분	내용
채용형 인턴 지원자격	※ 채용형 인턴은 교육 및 인턴기간(약 4개월) 종료 후 평가 결과 등에 따라 부적합자 제외 후 정규직 전환 예정(정규직 전환시 일반직 5급) • 학력, 연령, 성별, 어학성적, 자격증 제한 없음 • 병역 : 남자의 경우, 병역필 또는 면제자 ※ 전역예정자로서 전형절차에 응시 가능한 경우에 지원 가능 • 기타 : 공사 직원채용 결격사유에 해당되지 않는 자, 즉시근무가 가능하고 인턴기간 중 1개월 내외 합숙교육 이 가능한 자
서류전형	자기소개서 : 자기소개서(100점) + 가산점

필기전형	표 아래 참조

구분		문항수	사무		기술
			일반	전문	
직무능력 검사	NCS 직업기초능력(60%)	50	의사소통능력, 문제해결능력, 수리능력 등 (갑질 · 성희롱 · 직장내괴롭힘 분야 5% 수준 포함)		
	직무역량(40%)	30	직무관련 직업기초 능력 심화	전공시험	전공시험

※ NCS 직업기초능력 또는 직무역량 평가결과 만점의 40% 미만 시 과락(불합격) 처리

면접전형

종합 심층면접(직무면접 + 인성면접)

※ 기한 내 온라인 인성검사 및 AI면접을 자택 등에서 응시하여야 하며, 기한내 미응시할 경우 지원의사가 없는 것으로 간주하 여 면접전형 응시 불가

면접방식	평가항목
온라인 인성검사(면접 참고자료)	태도, 직업윤리 등 인성전반
AI면접(면접 참고자료)	
직무역량 및 인성 검증면접 (자기소개서, 인성검사결과지 등 활용 인터뷰형식)	• 문제해결 및 논리전개 능력 등 • 직업관, 가치관, 사회적 책임감 등

※ 코로나19 관련 사회적 거리두기 단계 상향 등 필요시 온라인 면접을 실시할 수 있으며, 면접방식 등 세부내용은 필기시험 합 격자 발표 전후 홈페이지 안내 예정

우대사항	• 특별우대 가산점 : 취업지원대상자, 장애인, 국민기초생활수급자, 북한이탈주민, 다문화가족, 이전지역(경남) 인재 등 해당자에게 각 전형단계별 만점의 5 또는 10% 가산점 부여 • 일반우대, 청년인턴 가산점 : 우대자격증 소지자, 수상경력 보유자, LH우수인턴 및 탁월인턴 등 해당자에게 전형별 만점의 3, 5%, 10% 가산점 부여 또는 서류전형 면제
전형절차	서류전형 → 필기전형 → 면접전형(온라인 인성검사 · AI면접) → 최종

※ 본서에 수록된 채용내용은 추후 변경 가능성이 있으므로 반드시 응시 기간의 채용 홈페이지를 참고하시기 바랍니다.

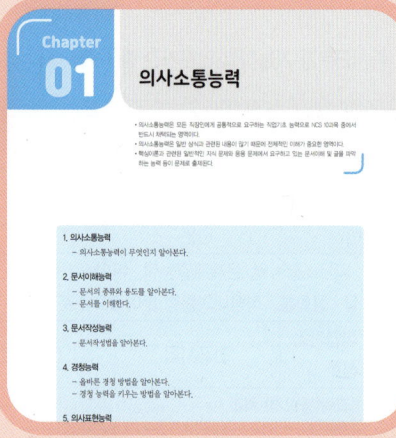

구성과 특징

영역 안내

영역별 채택 비율과 출제 경향에 대하여 기존
시험과 각 기업들의 분석을 통해 안내하고, 각
단원의 공부방법과 반드시 체크해야 될 부분
을 설명하였습니다.

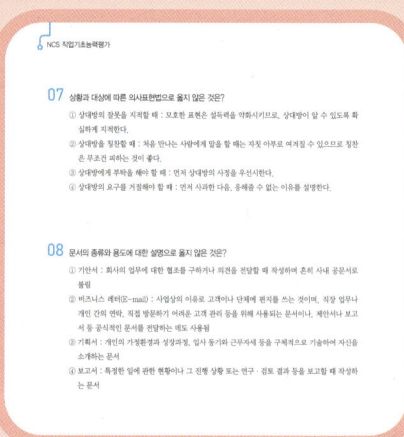

기초 · 응용 문제

각 영역마다 꼭 알아야 할 기초 문제와 빈출
되는 대표유형의 응용 문제를 실어, 다양한 변
수들에 적응할 수 있게 만들었습니다.

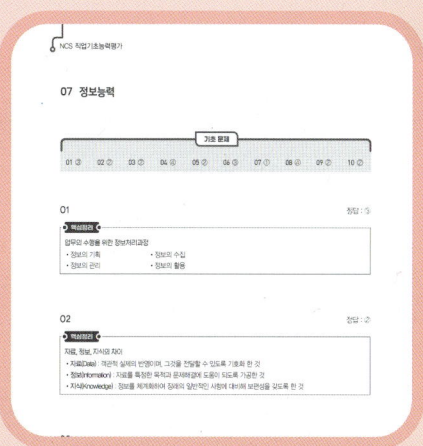

핵심정리

해설 부분에서 문제에 대한 해설뿐 아니라 그 문제와 관련된 이론 내용을 첨부하여 관련된 문제를 쉽게 이해하고 풀 수 있게 만들었습니다.

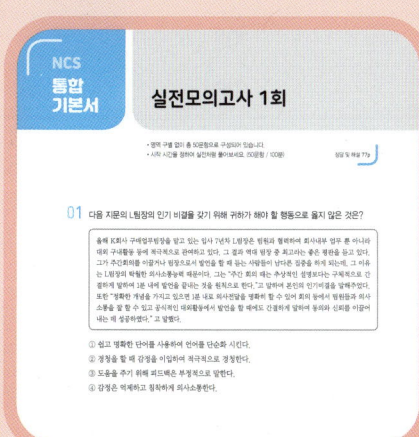

실전모의고사

연습문제만 푸는 것 외에도 실전과 같은 모의고사를 통해 얻을 수 있는 경험이 있습니다. 실전처럼 시간에 맞추어 수록된 OMR카드에 풀어 보세요. 실전 감각을 익혀야 시험장에서 당황하지 않고 풀 수 있습니다.

CONTENTS

Part 01

NCS 10과목
핵심 이론 및 문제

Chapter 01

의사소통능력

- 의사소통능력은 모든 직장인에게 공통적으로 요구하는 직업기초 능력으로 NCS 10과목 중에서 반드시 채택되는 영역이다.
- 의사소통능력은 일반 상식과 관련된 내용이 많기 때문에 전체적인 이해가 중요한 영역이다.
- 핵심이론과 관련된 일반적인 지식 문제와 응용 문제에서 요구하고 있는 문서이해 및 글을 파악하는 능력 등이 문제로 출제된다.

1. 의사소통능력
- 의사소통능력이 무엇인지 알아본다.

2. 문서이해능력
- 문서의 종류와 용도를 알아본다.
- 문서를 이해한다.

3. 문서작성능력
- 문서작성법을 알아본다.

4. 경청능력
- 올바른 경청 방법을 알아본다.
- 경청 능력을 키우는 방법을 알아본다.

5. 의사표현능력
- 원활하고 상황에 맞는 의사 표현을 하는 방법을 알아본다.
- 의사표현이 어려운 이유를 알아본다.

6. 기초외국어능력
- 기초 외국어 능력을 향상시키는 법을 알아본다.
- 외국인과의 의사소통 법에 대해 이해한다.

1 〉 의사소통능력

(1) 의사소통능력이란?

① 두 사람 또는 그 이상의 사람들 사이에서 일어나는 의사 전달 및 상호교류를 의미하며, 어떤 개인 또는 집단에게 정보·감정·사상·의견 등을 전달하고 받아들이는 과정을 의미한다.

② 한 사람이 일방적으로 상대방에게 메시지를 전달하는 과정이 아니라 상대방과의 상호작용을 통해 메시지를 다루는 과정이므로, 성공적인 의사소통을 위해서는 자신이 가진 정보와 의견을 상대방이 이해하기 쉽게 표현해야 할 뿐 아니라 상대방이 어떻게 받아들일 것인가에 대해서도 고려해야 한다.

③ **의사소통의 기능** : 조직과 팀의 효율성과 효과성을 성취할 목적으로 이루어지는 정보 및 지식의 전달 과정으로써, 여러 사람의 노력으로 공동의 목표를 추구해 나가는 집단의 기본적인 존재 기반이자 성과를 결정하는 핵심 기능을 한다.

④ **의사소통의 중요성** : 제각기 다른 사람들의 시각 차이를 좁혀주며, 선입견을 줄이거나 제거해 주는 수단이다.

(2) 의사소통능력의 종류

① **문서적인 측면**
   ㉠ **문서이해능력** : 업무에 관련된 문서를 통해 구체적인 정보를 획득·수집·종합하는 능력
   ㉡ **문서작성능력** : 상황과 목적에 적합한 문서를 시각적·효과적으로 작성하는 능력

② **언어적인 측면**
   ㉠ **경청능력** : 원활한 의사소통의 방법으로, 상대방의 이야기를 듣고 의미를 파악하는 능력
   ㉡ **의사표현력** : 자신의 의사를 상황과 목적에 맞게 설득력을 가지고 표현하는 능력

(3) 바람직한 의사소통을 저해하는 요인

① '일방적으로 말하고', '일방적으로 듣는' 무책임한 마음
   → 의사소통 기법의 미숙, 표현 능력의 부족, 이해 능력의 부족

② '전달했는데', '아는 줄 알았는데'라고 착각하는 마음
   → 평가적이며 판단적인 태도, 잠재적 의도

③ '말하지 않아도 아는 문화'에 안주하는 마음
   → 과거의 경험, 선입견과 고정관념

(4) 의사소통능력 개발
  ① 사후검토와 피드백 활용
  ② 언어의 단순화
  ③ 적극적인 경청
  ④ 감정의 억제

(5) 인상적인 의사소통
  ① 인상적인 의사소통이란, 의사소통 과정에서 상대방에게 같은 내용을 전달한다고 해도 이야기를 새롭게 부각시켜 좋은 인상을 주는 것이다.
  ② 상대방이 '과연'하며 감탄하도록 내용을 전달하는 것이다.
  ③ 자신에게 익숙한 말이나 표현만을 고집스레 사용하면 전달하고자 하는 이야기의 내용에 신선함과 풍부함, 또는 맛깔스러움이 떨어져 의사소통에 집중하기가 어렵다. 상대방의 마음을 끌어당길 수 있는 표현법을 많이 익히고 이를 활용해야 한다.
  ④ 자신을 인상적으로 전달하려면, 선물 포장처럼 자신의 의견도 적절히 꾸미고 포장할 수 있어야 한다.

2 〉 문서이해능력

(1) 문서이해능력이란?
  ① 작업현장에서 자신의 업무와 관련된 인쇄물이나 기호화된 정보 등 필요한 문서를 확인하여 문서를 읽고, 내용을 이해하여 요점을 파악하는 능력이다.
  ② 문서에서 주어진 문장이나 정보를 읽고 이해하여 자신에게 필요한 행동이 무엇인지 추론할 수 있어야 하며 도표, 수, 기호 등도 이해하고 표현할 수 있는 능력을 의미한다.

(2) 문서의 종류와 용도
  ① **공문서** : 정부 행정기관에서 대내외적 공무를 집행하기 위해 작성하는 문서
  ② **기획서** : 적극적으로 아이디어를 내고 기획해 하나의 프로젝트를 문서 형태로 만들어, 상대방에게 기획의 내용을 전달하고 기획을 시행하도록 설득하는 문서
  ③ **기안서** : 회사의 업무에 대한 협조를 구하거나 의견을 전달할 때 작성하며 흔히 사내 공문서로 불림
  ④ **보고서** : 특정한 일에 관한 현황이나 그 진행 상황 또는 연구·검토 결과 등을 보고할 때 작성하는 문서

⑤ **설명서** : 상품의 특성이나 사물의 성질과 가치, 작동 방법이나 과정을 소비자에게 설명하는 것을 목적으로 작성하는 문서

⑥ **보도자료** : 정부 기관이나 기업체, 각종 단체 등이 언론을 상대로 자신들의 정보가 기사로 보도되도록 하기 위해 보내는 자료

⑦ **자기소개서** : 개인의 가정환경과 성장과정, 입사 동기와 근무자세 등을 구체적으로 기술하여 자신을 소개하는 문서

⑧ **비즈니스 레터(E-mail)** : 사업상의 이유로 고객이나 단체에 편지를 쓰는 것이며, 직장 업무나 개인 간의 연락, 직접 방문하기 어려운 고객 관리 등을 위해 사용되는 문서이나, 제안서나 보고서 등 공식적인 문서를 전달하는 데도 사용된다.

⑨ **비즈니스 메모** : 업무상 필요한 중요한 일이나 앞으로 체크해야 할 일이 있을 때 필요한 내용을 메모 형식으로 작성하여 전달하는 글이다.

(3) 문서이해를 위해 필요한 사항

① 각 문서에서 꼭 알아야 하는 중요한 내용만을 골라 필요한 정보를 획득하고 수집, 종합하는 능력

② 다양한 종류의 문서를 읽고, 구체적인 절차에 따라 이해하고 정리하는 습관을 들여 문서이해능력과 내용종합능력을 키워나가는 노력

③ 책이나 업무에 관련된 문서를 읽고, 나만의 방식으로 소화하여 작성할 수 있는 능력

3 문서작성능력

(1) 문서작성능력이란?

① 직업생활에서 목적과 상황에 적합한 아이디어나 정보를 전달할 수 있도록 문서를 작성할 수 있는 능력이다.

② 문서작성을 할 때에는 문서를 왜 작성해야 하며, 문서를 통해 무엇을 전달하고자 하는지를 명확히 한 후에 작성해야 한다.

③ 문서작성 시에는 대상, 목적, 시기, 기대효과(기획서나 제안서 등의 경우)가 포함되어야 한다.

④ 문서작성의 구성요소

㉠ 품위 있고 짜임새 있는 골격

㉡ 객관적이고 논리적이며 체계적인 내용

㉢ 이해하기 쉬운 구조

㉣ 명료하고 설득력 있는 구체적인 문장

ⓜ 세련되고 인상적이며 효과적인 배치

(2) 종류에 따른 문서작성법

공문서	• 누가, 언제, 어디서, 무엇을 어떻게(왜)가 정확하게 드러나야 한다. • 날짜 작성 시 연도와 월일을 함께 기입하며 날짜 다음에 괄호를 사용할 경우에는 마침표를 찍지 않는다. • 내용은 한 장에 담아내는 것이 원칙이다. • 마지막에는 반드시 '끝'자로 마무리 한다. • 복잡한 내용은 항목 별로 구분한다.('-다음-' 또는 '-아래-') • 대외문서이고 장기간 보관되는 문서이므로 정확하게 기술한다.
설명서	• 명령문보다는 평서형으로 작성한다. • 정확하고 간결하게 작성한다. • 소비자들이 이해하기 어려운 전문용어는 가급적 사용을 삼간다. • 복잡한 내용은 도표를 통해 시각화하여 이해도를 높인다. • 동일한 문장 반복을 피하고 다양하게 표현하는 것이 좋다.
기획서	• 핵심 사항을 정확하게 기입하고, 내용의 표현에 신경 써야 한다. • 상대방이 요구하는 것이 무엇인지 고려하여 작성한다. • 내용이 한눈에 파악되도록 체계적으로 목차를 구성한다. • 효과적인 내용전달을 위해 표나 그래프 등의 시각적 요소를 활용한다. • 충분히 검토를 한 후 제출하도록 한다. • 인용한 자료의 출처가 정확한지 확인한다.
보고서	• 진행과정에 대한 핵심내용을 구체적으로 제시한다. • 내용의 중복을 피하고 핵심사항만 간결하게 작성한다. • 참고자료는 정확하게 제시한다. • 내용에 대한 예상 질문을 사전에 추출해보고, 그에 대한 답을 미리 준비한다.

(3) 문서작성의 원칙

① 문장은 짧고 간결하게 작성한다.

② 상대방이 이해하기 쉽게 쓴다.

③ 한자의 사용은 자제한다.

④ 긍정문으로 작성한다.

⑤ 간단한 표제를 붙인다.

⑥ 문서의 주요한 내용을 먼저 쓴다.

(4) 문서작성 시 주의사항

① 육하원칙에 의해서 써야 한다.

② 문서의 작성시기가 중요하다.

③ 하나의 사항을 한 장의 용지에 작성해야 한다.

④ 문서작성 후 반드시 내용을 검토해야 한다.

⑤ 첨부자료는 반드시 필요한 자료 외에는 첨부하지 않는다.

⑥ 문서내용 중 금액, 수량, 일자 등의 기재에 정확성을 기해야 한다.

⑦ 문장표현은 작성자의 성의가 담기도록 경어나 단어 사용에 신경을 써야 한다.

4 〉 경청능력

(1) 경청능력이란?

① 다른 사람의 말을 주의 깊게 듣고 공감하는 능력으로, 대화의 과정에서 신뢰를 쌓을 수 있는 최고의 방법이다. 경청할 때 상대방은 안도감을 느끼고, 무의식적인 믿음을 갖게 된다.

② 경청을 함으로써 상대방을 한 개인으로 존중하게 되고, 성실한 마음으로 대하게 된다. 또한 상대방의 입장을 공감하고 이해하게 된다.

(2) 올바른 경청의 방해요인

① **짐작하기** : 상대방의 말을 믿고 받아들이기보다 자신의 생각에 들어맞는 단서들을 찾아 자신의 생각을 확인하는 것

② **대답할 말 준비하기** : 상대방의 말을 듣고 곧 자신이 다음에 할 말을 생각하는 데 집중해 상대방이 말하는 것을 잘 듣지 않는 것

③ **걸러내기** : 상대방의 말을 듣기는 하지만 상대방의 메시지를 온전히 듣는 것이 아니라 듣고 싶지 않은 것들은 막아버리는 것

④ **판단하기** : 상대방에 대한 부정적인 판단 때문에, 또는 상대방을 비판하기 위해 상대방의 말을 듣지 않는 것

⑤ **다른 생각하기** : 상대방이 말을 할 때 자꾸 다른 생각을 하고, 상황을 회피하는 것

⑥ **조언하기** : 다른 사람의 문제에 지나치게 간섭하고 본인이 해결해주고자 하는 것

⑦ **언쟁하기** : 단지 논쟁하기 위해서 상대방의 말에 귀를 기울이며, 상대방이 무슨 말을 하든지 자신의 입장을 확고히 한 채 방어하는 것

⑧ **자존심 세우기** : 자신의 부족한 점에 대한 상대방의 말을 듣지 않고 인정하지 않으려는 것

⑨ **슬쩍 넘어가기** : 대화가 너무 사적이거나 위협적이면 주제를 바꾸거나 농담으로 넘기는 것

⑩ **비위 맞추기** : 상대방을 위로하기 위해서 혹은 비위를 맞추기 위해서 너무 빨리 동의하는 것

(3) 효과적인 경청의 방법

① **준비한다** : 강의의 주제나 용어에 친숙해지도록 미리 강의 자료를 읽어둔다.

② **주의를 집중한다** : 말하는 사람의 모든 것에 집중해서 적극적으로 듣는다.

③ **예측한다** : 대화를 하는 동안 시간 간격이 있으면, 다음에 무엇을 말할 것인가를 추측해본다.

④ **나와 관련짓는다** : 상대방이 전하려는 메시지가 무엇인가를 생각해보고 자신의 삶, 목적, 경험과 연관지어본다.

⑤ **질문한다** : 질문을 하려고 하면 적극적으로 경청할 수 있고 집중력도 높아진다.

⑥ **요약한다** : 대화 도중에 주기적으로 대화의 내용을 요약하면 상대방이 전달하려는 메시지를 이해하고, 사상과 정보를 예측하는데 도움이 된다.

⑦ **반응한다** : 상대방이 말한 것에 대해 질문을 던지고 이해를 명료화한 뒤 피드백을 한다.

5 〉〉 의사표현능력

(1) 의사표현능력이란?

① 말하는 이가 자신의 생각과 감정을 듣는 이에게 음성언어나 신체언어로 표현하는 행위이다.

② 의사표현은 의사소통의 중요한 수단으로 특히, 의도나 목적을 가지고 이를 달성하고자 할 때 효과적인 말하기 방식이다.

③ 의사표현의 종류에는 상황이나 상태에 따라 공식적 말하기, 의례적 말하기, 친교적 말하기가 있다.

ㄱ **공식적 말하기** : 준비된 내용을 대중을 상대로 하여 말하는 것(연설, 토론 등)

ㄴ **의례적 말하기** : 정치 · 문화적 행사에서와 같이 의례 절차에 따라 말하는 것(주례, 회의 등)

ㄷ **친교적 말하기** : 매우 친근한 사람들 사이에서 자연스럽게 떠오르는 대로 말하는 것

(2) 의사표현의 방해요인

① **연단공포증** : 연단에 섰을 때 가슴이 두근거리고 입술이 타고 식은땀이 나며, 얼굴이 달아오르는 생리적 현상

② **말** : 장단, 고저, 발음, 속도, 쉼, 띄어 말하기 등

③ **음성** : 목소리, 명료도, 쉼, 감정이입, 완급, 색깔, 온도 등

④ **몸짓** : 청자에게 인지되는 비언어적 요소(외모, 동작 등)

⑤ **유머** : 웃음을 주는 요소(흥미 있는 이야기, 풍자 등)

(3) 상황과 대상에 따른 의사표현법

① 상대방의 잘못을 지적할 때

- 모호한 표현은 설득력을 약화시키므로, 상대방이 알 수 있도록 확실하게 지적한다.
- 현재 꾸짖고 있는 내용에만 한정해야지 이것저것 함께 꾸짖으면 효과가 없다.
- 힘이나 입장의 차이가 클수록 지적에 대한 저항이 적다.

② 상대방을 칭찬할 때

- 자칫하면 아부로 여겨질 수 있으므로 상황에 맞게 적절히 해야 한다.
- 처음 만나는 사람에게 말을 할 때는 먼저 칭찬으로 시작하는 것이 좋다.

③ 상대방에게 부탁을 해야 할 때

- 먼저 상대방의 사정을 우선시한다.
- 상대방이 응하기 쉽게 최대한 구체적으로 부탁한다.

④ 상대방의 요구를 거절해야 할 때

- 먼저 사과한 다음, 응해줄 수 없는 이유를 설명한다.
- 불가능하다고 여겨질 때는 모호한 태도를 보이는 것보다 단호하게 거절하는 것이 좋다.

⑤ 명령해야 할 때

- 강압적으로 말하기보다는 부드럽게 말한다.

⑥ 설득해야 할 때

- 일방적으로 강요하거나 상대방만이 손해를 보라는 식의 '밀어붙이기 식'대화는 금물이다.
- 먼저 양보하고 이익을 공유하겠다는 의지를 보여준다.

⑦ 충고해야 할 때

- 예를 들거나 비유법으로 깨우쳐주는 것이 바람직하다.

⑧ 질책해야 할 때

- '칭찬의 말' + '질책의 말' + '격려의 말'처럼 질책을 가운데 두는 '샌드위치 화법'을 사용하는 것이 좋다.

6 ▷ 기초외국어능력

(1) 기초외국어능력이란?

① 글로벌 시장에서 한국어만이 아닌 다른 나라의 언어로 의사소통을 하는 능력을 말한다.

② 외국어로 된 간단한 자료를 이해하거나, 외국인 전화응대와 간단한 대화 등 외국인의 의사표현을 이해하고, 자신의 의사를 외국어로 표현할 수 있는 능력이다.

③ 외국어로 의사소통을 함에 있어 대화뿐 아니라 몸짓과 표정, 무의식적인 행동으로 자신의 기분과 느낌을 표현하는 것도 함께 이해해야 한다. 즉, 직업 활동에 있어 외국인과 성공적으로 협력하기 위해서는 기초외국어능력을 키우는 것뿐만 아니라 그들의 바디랭귀지를 포함한 문화를 이해하려는 노력도 중요하다.

(2) 기초외국어능력 향상을 위한 공부법

① 외국어공부를 왜 해야 하는지 그 목적부터 정하라.

② 매일 30분씩 눈과 손과 입에 밸 정도로 반복하여 공부하라.

③ 실수를 두려워하지 말고, 기회가 있을 때마다 외국어로 말하라.

④ 외국어와 익숙해질 수 있도록 쉬운 외국어 잡지나 원서를 읽으라.

⑤ 혼자 공부하는 것보다는 라이벌을 정하고 공부하라.

⑥ 업무와 관련된 외국어 주요용어는 꼭 메모해 두어라.

⑦ 출퇴근 시간에 짬짬이 외국어방송을 보거나, 라디오를 들어라.

⑧ 외국어 단어를 암기할 때 그림카드를 사용해보라.

⑨ 가능하면 외국인 친구를 많이 사귀고 대화를 자주 나눠보라.

(3) 외국인과의 의사소통

① 표정으로 알아내기

• 외국인과 대화할 때 그들의 감정이나 생각을 가장 쉽게 알 수 있는 방법이다.

• 웃는 표정은 행복과 만족, 친절을 표현하는데 비해서 눈살을 찌푸리는 표정은 불만족과 불쾌를 나타낸다. 눈을 마주 보면 관심이 있음을, 다른 곳을 보고 있으면 무관심을 의미한다.

② 음성으로 알아내기

• 어조 : 높은 어조 – 적대감이나 대립감

　　　　낮은 어조 – 만족이나 안심

• 목소리 크기 : 큰 목소리 – 내용 강조, 흥분, 불만족

　　　　　　　작은 목소리 – 자신감 결여

• 말의 속도 : 빠른 속도 – 공포나 노여움

　　　　　　느린 속도 – 긴장 또는 저항

③ 외국인과의 의사소통에서 피해야 할 행동

• 상대를 볼 때 흘겨보거나, 아예 보지 않는 행동

- 팔이나 다리를 꼬는 행동
- 표정 없이 말하는 것
- 대화에 집중하지 않고 다리를 흔들거나 펜을 돌리는 행동
- 맞장구를 치지 않거나, 고개를 끄덕이지 않는 것
- 자료만 보는 행동
- 바르지 못한 자세로 앉는 행동
- 한숨, 하품을 하는 것
- 다른 일을 하면서 듣는 것
- 상대방에게 이름이나 호칭을 어떻게 할 지 먼저 묻지 않고 마음대로 부르는 것

기초 문제

정답 및 해설 284p

01 다음 중 문서를 작성할 때 올바르지 않은 태도는?

① 중요하지 않은 경우 한자의 사용을 자제한다.

② 간단한 표제를 붙여 작성한다.

③ 두괄식으로 작성한다.

④ 충분히 이해할 수 있도록 자세하고 길게 작성한다.

02 다음 중 문서작성 능력으로 옳지 않은 것은?

① 작성 문서의 정보 확인 및 조직

② 목적과 상황에 맞는 문서 작성

③ 문서 정보 확인 및 획득

④ 작성한 문서 교정 및 평가

03 다음 중 문서의 종류와 이에 대한 설명으로 옳지 않은 것을 고르면?

① 보고서 : 내용의 중복을 피하고 핵심 내용을 구체적으로 제시한다.

② 공문서 : 핵심 내용을 정확히 도출하며, 상대의 요구사항을 고려하여 작성한다.

③ 설명서 : 정확하고 간결하게, 복잡한 내용은 도표화하여 작성한다.

④ 보고서 : 구체적으로 간결하게 작성한다.

04 다음 중 의사표현에 대한 설명으로 옳지 않은 것은?

① 연설 : 특정한 목적을 갖고 여러 사람을 대상으로 자신의 사상과 감정을 전달한다.

② 대화 : 공통의 문제에 대해, 여러 사람이 일정한 규칙을 바탕으로 해결 방안을 모색한다.

③ 토론 : 논제에 대해 찬성자와 반대자가 각기 근거를 발표한다.

④ 토론 : 자신의 논거가 합당함을 주장하는 말하기이다.

05 올바른 경청의 방해요인으로 알맞지 않은 것은?

① 다른 생각하기 : 상대방이 말을 할 때 자꾸 다른 생각을 하고, 상황을 회피하는 것

② 슬쩍 넘어가기 : 대화가 너무 사적이거나 위협적이면 주제를 바꾸거나 농담으로 넘기는 것

③ 판단하기 : 상대방에 대한 부정적인 판단 때문에, 또는 상대방을 비판하기 위해 상대방의 말을 듣지 않는 것

④ 조언하기 : 단지 논쟁하기 위해서 상대방의 말에 귀를 기울이며, 상대방이 무슨 말을 하든지 자신의 입장을 확고히 한 채 방어하는 것

06 기초외국어능력에 대한 설명으로 옳지 않은 것은?

① 글로벌 시장에서 한국어만이 아닌 다른 나라의 언어로 의사소통을 하는 능력을 말한다.

② 외국어로 된 간단한 자료를 이해하거나, 외국인 전화응대와 간단한 대화 등 외국인의 의사표현을 이해하고, 자신의 의사를 외국어로 표현할 수 있는 능력이다.

③ 그들의 바디랭귀지를 포함한 문화를 이해하려는 수준까지는 필요하지 않다.

④ 외국어로 의사소통을 함에 있어 대화뿐 아니라 몸짓과 표정, 무의식적인 행동으로 자신의 기분과 느낌을 표현하는 것도 함께 이해해야 한다.

07 상황과 대상에 따른 의사표현법으로 옳지 않은 것은?

① 상대방의 잘못을 지적할 때 : 모호한 표현은 설득력을 약화시키므로, 상대방이 알 수 있도록 확실하게 지적한다.

② 상대방을 칭찬할 때 : 처음 만나는 사람에게 말을 할 때는 자칫 아부로 여겨질 수 있으므로 칭찬은 무조건 피하는 것이 좋다.

③ 상대방에게 부탁을 해야 할 때 : 먼저 상대방의 사정을 우선시한다.

④ 상대방의 요구를 거절해야 할 때 : 먼저 사과한 다음, 응해줄 수 없는 이유를 설명한다.

08 문서의 종류와 용도에 대한 설명으로 옳지 않은 것은?

① 기안서 : 회사의 업무에 대한 협조를 구하거나 의견을 전달할 때 작성하며 흔히 사내 공문서로 불림

② 비즈니스 레터(E-mail) : 사업상의 이유로 고객이나 단체에 편지를 쓰는 것이며, 직장 업무나 개인 간의 연락, 직접 방문하기 어려운 고객 관리 등을 위해 사용되는 문서이나, 제안서나 보고서 등 공식적인 문서를 전달하는 데도 사용됨

③ 기획서 : 개인의 가정환경과 성장과정, 입사 동기와 근무자세 등을 구체적으로 기술하여 자신을 소개하는 문서

④ 보고서 : 특정한 일에 관한 현황이나 그 진행 상황 또는 연구 · 검토 결과 등을 보고할 때 작성하는 문서

09 신입사원인 A씨가 공문서를 작성하였지만, 상사인 B씨는 다음과 같은 지적을 하며 다시 쓰라고 하였다. B씨가 지적한 내용으로 옳지 않은 것은?

① "누가, 언제, 어디서, 무엇을 어떻게(왜)가 정확하게 드러나야 해."

② "날짜 작성 시 연도와 월일을 함께 기입하며 날짜 다음에 괄호를 사용할 경우에는 마침표를 찍어야 해!"

③ "내용은 한 장에 담아내는 것이 원칙이야."

④ "복잡한 내용은 항목 별로 구분해야 해."

10 팀장 A가 보기에 김 대리는 의사표현이 원활하지 않았다. 다음 중 김 대리에게 원활한 의사소통을 위해 해 줄 수 있는 조언으로 옳지 않은 것은?

① 의견을 제시할 때는 반론이 나오지 않게 강하게 하는 것이 좋겠어.

② 상대방에게 공감하고, 내가 긍정적으로 보이게 하는 것이 좋겠어.

③ '첫마디'말을 할 때 준비를 하고 말하고, '뒷말'을 숨기지 않고 말하는 것이 좋겠어.

④ 상대가 이성이면 감성을 조화시켜 말하는 것이 좋겠어.

11 새로 들어온 인턴이 실수를 했다. 상사인 오 대리는 어떻게 질책을 해야 좋을까에 대해 생각하였다. 오 대리가 생각한 의사표현방법으로 가장 옳은 것은?

① 먼저 칭찬을 하자. 그 후에 이 문제에 대해 질책을 하고 할 수 있다고 다시 격려해 줘야겠다.

② 먼저 왜 그랬는지 사정을 들어보자. 그리고 내 부탁을 전하면 쉽게 전달 될 거야.

③ 다른 사람의 예를 들어 충고를 해야겠다.

④ 미안하다고 말한 다음 왜 그런지 설명을 해야겠다.

12 베트남으로 발령 난 이 부장은 현지에 적응하기 위해 기초외국어 능력 향상을 위한 공부를 시작하였다. 다음 중 이 부장이 선택한 공부 방법 중 옳지 않은 것은?

① 외국어 잡지를 사서 그림을 보았다.

② 출퇴근 때 외국 드라마를 보았다.

③ 매일 30분간 외국어 그림카드를 보았다.

④ 실수를 대비해서 외국어로 말하는 것은 신중히 하였다.

응용 문제

정답 및 해설 288p

01 다음 글에 나타난 '그림 : 액자'의 관계와 가장 비슷한 것은?

> 2000년이 된 기념으로 □□화랑에서 화가 200인의 작품 전시회를 개최하였다. 큐레이터가 보내 준 카탈로그를 보고 전화로 김○○ 화백의 그림을 바로 예약했다. 큐레이터는 "작품이 작은데 병 속에 세 명이 들어가 있어 답답한 느낌이 들지 않느냐?"라고 했지만, 나는 내가 설정한 '가족'이라는 주제에 어울린다고 생각하여 구입하기로 하였다.
> 전시회가 끝난 뒤 작품을 받아 보니 액자가 그림보다 훨씬 컸다. 이렇게 액자가 크니, 큐레이터의 걱정과는 달리 그림이 답답해 보이지는 않았다. 이것이 바로 '액자의 힘'이다. 내가 아는 어떤 애호가는 좋은 액자를 꾸준히 모은다. 갖고 있는 그림의 액자를 바꾸기 위해서이다.

① 유명 인사들의 사회적 성공은 어디에서 비롯되었을까. 그들은 그 요인으로 하나같이 좋은 습관을 든다. – '성공 : 습관'

② 나는 가끔 책을 장난감 블록처럼 다양하게 쌓아 본다. 책의 무거움, 진부함, 지루함을 해소하고, 즐겁고 유쾌하게 책을 재발견하고자 하는 것이다. – '책 : 장난감 블록'

③ 로댕은 돌을 바라봅니다. 그 안에서 손을 발견합니다. 그리고 자신의 손을 움직여 돌 속의 손을 끄집어내려고 합니다. 그러다 실패하지요. 실패했다고 포기하지 않고 로댕은 다시 새 돌을 꺼내 바라봅니다. – '돌 : 손'

④ 인간은 단 몇 초 만에 상대방에 대한 호감도를 결정한다고 한다. 몇 초 만에 자신의 내면을 드러내기가 쉽지 않다는 것을 고려하면, 내면을 돋보이게 할 수 있는 옷차림은 분명 무시할 수 없는 요인이다. – '내면 : 옷차림'

02 다음의 양식과 같이 작성하는 문서로 옳은 것은?

( )		
작성일자		
작성인	소 속	성 명
구 분	분 류	내 용
개별 프로젝트	프로젝트명	
	개발기간	
	개발결과	
	소요인력	
	소요비용	
	특이사항	

① 공문서

② 보고서

③ 설명서

④ 기획서

03 주어진 개요를 읽고 ㉮, ㉯에 들어갈 알맞은 단어를 고른 것은?

제목 : 우리나라의 수출 경쟁력 향상 전략
주제 : 수출 경쟁력 향상을 위해서는 (㉮   )과/와 (㉯   )을/를 동시에 강화하는 데 힘써야 한다.
서론 :   1. 수출 실적과 수출 경쟁력의 상관성
           2. 수출 경쟁력의 실태 분석
             1) (㉮   )
                ㄱ. 제조 원가 상승
                ㄴ. 고금리
                ㄷ. 환율 불안정
             2) (㉯   )
                ㄱ. 연구 개발 소홀
                ㄴ. 품질 불량
                ㄷ. 판매 후 서비스 부족
                ㄹ. 납기의 지연
결론 : 분석 결과의 요약 및 수출 경쟁력 향상 방안 제시

① ㉮ 가격 경쟁력 요인   ㉯ 비가격 경쟁력 요인

② ㉮ 가격 경쟁력 요인   ㉯ 수출 경쟁력 요인

③ ㉮ 비수출 경쟁력 요인   ㉯ 비가격 경쟁력 요인

④ ㉮ 비수출 경쟁력 요인   ㉯ 수출 경쟁력 요인

04 다음 지문을 읽고 결론으로 옳은 것은?

제목 : 과학기술자의 책임과 권리

서론 : 과학기술의 사회적 영향력에 대한 인식

본론 : 1. 과학기술자의 책임

      1) 과학기술 측면 : 과학기술 개발을 위한 지속적인 노력

      2) 윤리적 측면 : 사회윤리 의식의 실천

   2. 과학기술자의 권리

      1) 연구의 자율성을 보장받을 권리

      2) 비윤리적 연구 수행을 거부할 권리

결론 : _____

① 연구 환경의 확보

② 과학기술자의 책임의식과 권리의 확보

③ 과학기술 개발의 중요성

④ 과학적 성과와 책임의 연계

05 다음 지문의 빈칸에 들어갈 말로 가장 옳은 것은?

제목 : 소비 생활과 인격

서론 : 소비 생활의 일반화

   1. 모든 생활인의 소비 주체화

   2. 소비 생활과 관련한 정보 범람

   3. 일상 속에서 소비의 공간과 시간 증가

본론 : 1. 소비 현상에 나타난 현대인의 모습

      1) 부정적 모습 : 자아를 상실한 채 소비하는 모습

      2) 긍정적 모습 : 자아를 확립하여 소비하는 모습

   2. 소비에 다스림을 당하는 인격

      1) 충동적 소유욕으로 인해 소비 통제를 못하는 사람

      2) 허영적 과시욕으로 인해 소비 통제를 못하는 사람

   3. 소비를 다스리는 인격

      1) 생산성 향상을 위해 소비를 능동적으로 추구하는 사람

      2) 절약을 위해 소비를 적극적으로 억제하는 사람

결론 : (㉮   )

   1) (㉯   )

   2) (㉰   )

① ㉮ 주체성 있는 소비 철학 확립   ㉯ 소비 생활 자체가 곧 인격

    ㉰ 소비 생활에 있어서의 건전한 인격 확립

② ㉮ 근검절약하는 생활 습관 확립   ㉯ 소비의 억제와 과소비 추방

    ㉰ 미덕의 발휘

③ ㉮ 편리성을 추구하는 소비 지향   ㉯ 소비 생활의 편의성 추구

    ㉰ 절약하는 소비 생활

④ ㉮ 소비 습관의 교정   ㉯ 미덕으로서의 검약과 절제

    ㉰ 첨단 기술에 의존하는 소비 생활

06 다음 지문의 빈칸에 들어갈 말로 가장 적절한 것은?

> 제목 : 인터넷 뱅킹 도난에 대한 은행의 대처
> 본론 : 1. 인터넷 뱅킹 도난을 고객의 탓으로 돌리는 은행의 행동
>   2. (   )
>   3. 금융 약관상의 맹점
> 결론 : 은행의 충실한 대처 촉구

① 인터넷 뱅킹의 국제화   ② 인터넷 뱅킹의 광고

③ 은행 서비스의 보완   ④ 보안 시스템의 점검 · 개발 미비

07 다음 지문의 제목으로 가장 옳은 것은?

> 제목 : (   )
> 서론 : 교양을 인간의 내적인 정신과 관련된 것으로만 생각하는 경향이 있다.
> 본론 : 1. 교양은 인간의 내재적 측면에 관한 것이므로 이론상으로는 그 사람의 밖에 나타나는 외형과는
> 　　　　　무관할 것 같이 생각된다.
> 　　　　2. 모든 사물은 소재와 형상이, 또한 내용과 형식이 결부됨으로써 본질을 드러낸다.
> 결론 : 교양은 인간의 정신적 성숙함이 외적인 행동으로 나타나는 것이다.

① 교양의 교훈　　　　　　　　　　　② 교양의 필요성

③ 교양의 본질　　　　　　　　　　　④ 교양의 가치

08 다음 지문에서 빈칸에 들어갈 말로 옳은 것은?

> 생물다양성은 학술적으로 매우 중요하다. 예를 들어 다윈(Darwin)은 현존하는 여러 동물들의 상이한 눈을 비교하여, 정교하고 복잡한 인간의 눈이 진화해 온 과정을 추적하였다. 그에 따르면 인간의 눈은 해파리에서 나타나는 원시적 빛 감지 세포로부터, 불가사리처럼 빛의 방향을 감지할 수 있는 오목한 원시 형태의 눈을 거친 다음, 빛에 대한 수용력과 민감도를 높인 초기 수정체 형태의 눈을 지나, 선명한 상을 제공하는 현재의 눈으로 진화되었다는 것이다. 이 사례에서 보듯이 모든 생물종은 고유한 형태적 특성을 가지고 있어서 생물진화의 과정을 추적하는 데 중요한 정보를 제공해 준다. 형태적 특성 외에도 각각의 생물종이 지닌 독특한 생리적, 유전적 특성 등에 대한 비교 연구를 통해 생물을 더 깊이 있게 이해할 수 있다. (   )

① 그리고 이렇게 축적된 정보는 오늘날 눈부시게 성장하고 있는 생명과학의 기초가 된다.

② 그러므로 생물다양성은 현재 학자들에게 인정되지 않는다.

③ 그 결과 다윈의 연구 성과는 현재 과학의 지침이 되고 있다.

④ 그러므로 생물다양성은 환경의 변화에 영향을 받지 않는다.

[09~10] 다음 지문을 읽고 이어지는 질문에 답하시오.

화이트는 19세기 역사 관련 저작들에서 역사가 어떤 방식으로 서술되어 있는지를 연구했다. 그는 특히 '이야기식 서술'에 주목했는데, 이것은 역사적 사건의 경과 과정이 의미를 지닐 수 있도록 서술하는 양식이다. 그는 역사적 서술의 타당성이 문학적 장르 내지는 예술적인 문체에 의해 결정된다고 보았다. 이러한 주장에 따르면 역사적 서술의 타당성은 결코 논증에 의해 결정되지 않는다. 왜냐하면 논증은 지나간 사태에 대한 모사로써의 역사적 진술의 '옳고 그름'을 사태 자체에 놓여 있는 기준에 의거해서 따지기 때문이다.

이야기식 서술을 통해 사건들은 서로 관련되면서 무정형적 역사의 흐름으로부터 벗어난다. 이를 통해 역사의 흐름은 발단 · 중간 · 결말로 인위적으로 구분되어 인식 가능한 전개 과정의 형태로 제시된다. 문학 이론적으로 이야기하자면, 사건 경과에 부여되는 질서는 '구성'이며 이야기식 서술을 만드는 방식은 '구성화'이다. 이러한 방식을 통해 사건은 원래 가지고 있지 않던 발단 · 중간 · 결말이라는 성격을 부여받는다. 또 사건들은 일종의 전형에 따라 정돈되는데, 이러한 전형은 역사가의 문화적인 환경에 의해 미리 규정되어 있거나 경우에 따라서는 로맨스 · 희극 · 비극 · 풍자극과 같은 문학적 양식에 기초하고 있다.

따라서 이야기식 서술은 역사적 사건의 경과 과정에 특정한 문학적 형식을 부여할 뿐만 아니라 의미도 함께 부여한다. 우리는 이야기식 서술을 통해서야 비로소 이러한 역사적 사건의 경과 과정을 인식할 수 있게 된다는 말이다. 사건들 사이에서 만들어지는 관계는 사건들 자체에 내재하는 것이 아니다. 그것은 사건에 대해 사고하는 역사가의 머릿속에만 존재한다.

09 다음 중 지문과 관련하여 알맞은 주제는?

① 이야기식 역사 서술이란 사건들 사이에 내재하는 인과적 연관을 찾아내는 직업이다.

② 역사가가 속한 문화적인 환경은 역사와 문학의 기술 내용과 방식을 규정한다.

③ 이야기식 역사 서술은 문학적 서술 방식을 원용하여 역사적 사건의 경과 과정에 의미를 부여한다.

④ 역사의 의미는 절대적인 것이 아니라 현재 시점에서 새롭게 규정되는 것이다.

10 위 지문과 관련된 내용으로 옳지 않은 것은?

① 이야기식 서술에 따르면 결과를 가장 중요시 한다.

② 문학적 이론으로 이야기식 서술을 보면 구성화 과정이다.

③ 이야기식 서술은 문학적 형식과 의미를 모두 부여받는다.

④ 역사의 구성은 로맨스, 희극, 비극, 풍자극과 같은 문학적 양식에 기초하고 있다.

11 다음 지문의 빈칸에 들어갈 내용으로 가장 옳은 것은?

> 일본 젊은 '자동차 이탈 현상'은 어제오늘 일이 아니다. 자동차 이탈 현상이란 2000년대 일본 젊은이들이 자동차에 대한 관심을 거두어버린 현상을 말한다. 일본의 한 유력 일간지가 2007년 동경의 20대 젊은이 1,200명을 조사하니, 자동차 보유비율은 13%에 불과했다. 이는 2000년 조사 결과인 23.6%에서 10% 포인트 이상 떨어진 것이다. 이러한 결과에 대해 신문은 일본의 젊은이들이 자동차를 사지 않는 풍조를 넘어, 자동차 없는 현실을 멋지게 받아들이는 단계로 접어들었다고 분석했다. 그러나 이런 풍조는 일종의 자기 최면이다. (   ) 사실 일본 젊은이들의 자동차 이탈엔 장기 침체와 청년 실업이라는 경제적 배경이 버티고 있다.
>
> [출저: 조선일보사 기사 발췌]

① 현재의 자동차 이탈 현상은 곧 끝날 수 있기 때문이다.

② 자동차에 대한 일본 중년층들의 관심은 유지되고 있다.

③ 일본 젊은이들의 경제적 빈곤 상태가 자동차 이탈 현상을 만든 것이다.

④ '못' 사는 것을 마치 '안' 사는 것인 양 포장한 것이다.

12 다음은 현대 표준어 생활에 있어서 방언의 사용에 대한 문서이다. 제시된 문서에서 잘못 쓰인 글자는 모두 몇 개인가?

> 서론 : 많은 사람들이 표준어는 우아하고 방언은 천박하다고 생각한다.
> 본론 : 1. 표준어와 방언의 특징
>   1) 표준어는 통일된 언어를 위해 기준을 새운 것으로 공적이며 규범적이다.
>   2) 방언은 일정한 지역에서 소통되는 언어로 자생적으로 발생하였으며 정감이 있고 향토적이다.
>   2. 방언의 가치
>   1) 훌륭한 언어 체계를 가지고 있다.
>   2) 표준어의 부족한 점을 보완해 준다.
>   3) 소설이나 드라마 등에서 효과를 더욱 높여준다.
> 결론 : 방언의 가치를 인식하여 표준어와의 상호 접촉을 통해 언어생활을 풍부히 하자.

① 1개　　　　　　　　　　　　　　② 2개

③ 3개　　　　　　　　　　　　　　④ 4개

13 다음은 전자제품 프로모션 안내 문서이다. 이 문서에서 잘못 쓰인 글자는 모두 몇 개인가?

> 수진자 : 전 부서
> 제목 : 전자재품 판매 프로모션 안내
>
> 당 부서에서는 아래와 같이 가전제품 프로모션을 기획하였으니 업무에 참고하시기 바랍니다.
>
> 〈 아래 〉
>
> 1. 기간 : 2017년 3월 16일(수) ~ 3월 31일(목)
> 2. 대상 : 행사 품목을 10만 원 이상 구매한 고객 중 응모한 자에 한함
> 3. 내용 : 해당 프로모션 당첨자에게 평생 전기세 지원 명목으로 일정금액을 증정함(무상 A/S 지원 포함)
> 4. 혜택 : 품목별 해택이 상이함

품목	혜택	당첨자 수
냉장고	전기세 300만 원 지원 5년 무상 A/S	1명
TV	전기세 200만 원 지원 5년 무상 A/S	2명
PC	전기세 100만 원 지원 3년 무상 A/S	3명
히터	전기세 50만 원 지원 3년 무상 A/S	4명

5. 기타

: 제세공과금(22%, 현금)은 당첨자 본인 부담

: 지정된 행사 매장에 방문 또는 상담 시 구매 여부와 관계없이 당해 다이어리 증정
 (1,000부 선착순 증정)

별첨 1. 프로모션 제품별 가격표　　　　　　1부

별첨 2. 지정 행사장 위치 및 진행계획　　　　1부

별첨 3. 온라인 홍보물　　　　　　　　　　1부. 끝.

① 1개　　　　　　　　　　　　② 2개

③ 3개　　　　　　　　　　　　④ 4개

14 다음은 한 회사의 안전에 관한 관리방법 및 예방에 대한 방법이다. 다음 문서에서 잘못 쓰인 글자는 몇 개인가?

넘어짐 위험	관리방법
물질의 업지름으로 인한 축축한 바닥	• 엎질러진 것을 즉시 치운다. • 바닥을 깨끗하게 하고 난 후에는 바닥이 잠시 동안 축축할 수도 있기 때문에 이때 적당한 표시로 바닥이 아직도 축축하다고 공지하고 대안으로 우회로를 만든다.
케이블의 끌림	• 케이블이 보행로를 가로지르는 것을 피하기 위해 장비를 제자리에 위치시킨다. • 표면에 안전하게 고정시키기 위해 케이블 커버를 사용하고 접촉을 막기 위해 출입을 통제한다.
잡다한 쓰레기	• 주위를 깨끗하게 유지하고, 쓰레기를 치워서 쌓이지 않게 한다.
양탄자 / 매트	• 양탄자 / 매트는 안전하게 고정시키고 가장자리가 주름지지 않게 한다.
매끄러운 표면	• 바닥 표면이 미끄러워진 원인을 평가하고 그에 상응한 대책을 세운다.
불량한 조명	• 바닥의 모든 곳에 조명이 골고루 비치게 하기 위해 조명 발기와 조명위치를 개선한다.
젖은 바닥에서 건조한 바닥 표면으로 변화	• 적합한 신발을 신는다. • 표지를 이용하여 위험을 알리고 변화가 있는 곳에 매트를 놓는다.
높이 변화	• 조명을 개선하고, 계단 발판에 디딤코를 덧댄다.

경사	• 계단 난간을 만들고, 바닥표시를 하고, 시야를 확보한다.
시야를 가리고 있는 연기 / 증기	• 위험 지역의 연기 / 증기의 방향을 바꿈으로써 연기 / 증기를 없애거나 조절한다. • 환기를 개선한다.
부적합한 신발류	• 특히 발바닥의 정확한 형태에 맞추어 근로자가 적당한 신발류를 선택하게 한다. • 만일 작업 형태가 특수한 보호 신발류를 필요로 하면 근로자에게 그것을 무료로 제공한다.

※ 출처 : 안전보건공단

① 1개   ② 2개

③ 3개   ④ 4개

[15~16] 다음은 B기업이 임금피크제를 도입하기 위해 참고한 문서다. 자료를 보고 물음에 답하시오.

• 업종 : 전기, 가스, 증기 및 수도사업 • 근로자수 : 20,296명 • 유형 : 임금조정형

01. 사전 준비
- 숙련인력 활용, 인건비관리의 탄력적 운영, 안정적 노후생활 요구
- 노조의 정년연장 지속적 요구에 따라 임금피크제 도입 논의(2007)
- 2008년 임금인상분 반납으로 일자리 창출 고용안정대원을 조성하여 정년연장에 따른 신규채용 여력 확보를 위한 희망퇴직 시행(2009.10)
- 정년연장 임금피크제 시행 노사합의(2009.12) : 2010년 7월부터 시행
  - 임금피크제 선택 시 정년 2년 연장(58 → 60세), 단계적 연장

퇴직예정일	2010년 7월~12월	2011년	2012년	2013년
정년연장기간	6개월	1년	1년 6개월	2년

02. 현황분석
- 중 · 장기 비용분석 : 임금피크제 선택 시 정년을 6개월 단위로 연장하여 비용 최소화

03. 적용대상 및 감액기준 결정
- 전 직원

04. 제도유형 결정

- 정년연장형(58세 → 60세)

05. 임금감액률 결정

- 감액기준 : 피크임금

연령	만 57세	만 58세	만 59세
감액률	피크임금 대비 10%	피크임금 대비 30%	피크임금 대비 35%
지급률	피크임금 대비 90%	피크임금 대비 70%	피크임금 대비 65%

06. 근로조건 등의 조정

- 만 57세 정년퇴직예정일 익일이 되는 날의 당원 기본연봉을 기준으로 연령별 피크지급을 적용
  - 수당, 성과연봉 등 기본연봉에 연동되는 급여는 피크임금 적용 이후 금액으로 반영
- 급여를 제외한 나머지 인사운영은 이전과 동일하게 유지(인사승진, 평가, 임금인상률, 부서배치 등에 있어 차등 요소 배제)
- 상위직급의 경우 직무급을 통해 수행직위 · 업무에 대해 보상
- 퇴직금은 임금지급률이 바뀔 때마다 매년 퇴직금 중간정산을 시행해 퇴직금 감소를 최소화
- 임금감액 외 복리후생(학자금 지원 등)에 변동없음
- 승진 소요 년수를 정년연장과 비례하여 늘림으로써 적절한 정 · 현원 관리 실시

07. 직무 · 직책의 조정

- 변동 없음(임금만 감액)

15 위 지문에 대한 설명으로 옳은 것은?

① 신입인력 활용, 인건관리의 탄력적 운영, 안정적 노후 생활을 위해 도입하려 한다.

② 2010년부터 정년이 60세에서 62세로 정년이 2년 연장된다.

③ 만 57세 정년퇴직 해당자를 대상으로 적용된다.

④ 승진 필요한 소요 년수를 늘여 적절한 정 · 현원 관리를 실시한다.

16 B기업 직원인 김 부장의 월급은 1,000만 원으로 연령은 만 57세이다. 2016년 5월부터 임금피크제가 적용되었다면, 2016년 김 부장이 받게 되는 연봉의 액수는?(단, 김 부장의 생년월일과 연봉의 이자, 세금은 고려하지 않는다.)

① 약 1억 1,000만 원   ② 약 1억 1,100만 원

③ 약 1억 1,200만 원   ④ 약 1억 1,300만 원

17 다음 중 승무원 고객응대 매뉴얼의 안내 사항을 바르게 이해한 것은?

> • 불만고객이 원하는 건 단순한 불만의 해결이 아닌 이해와 공감입니다.
> • 따뜻한 말 한마디로 고객은 만족할 수 있습니다.
> • 인사는 구호가 아니라 자연스러운 마음의 표현입니다. 친절한 인사로 고객을 맞이합시다.

※ 승객 연령별 요금적용 기준

구분	대상	증빙자료
어린이	만 6세 이상~만 13세 미만의 자 또는 초등학생	
청소년	만 13세 이상 ~ 만 19세 미만 청소년	학생증, 청소년증, 주민등록증 등 연령을 확인할 수 있는 자료
일반인	만 19세 이상 및 청소년 증빙자료가 없을 경우	

• 만 19세 이상 성인 보호자가 동반하는 만 6세 미만 소아 2인은 무임승차 가능(3인부터는 어린이 요금 적용)
• 어르신교통카드, 복지교통카드는 시내버스 이용 시 정상요금 징수(도시철도에 한해 무임승차)
• 부산 시내버스는 탑승자의 신분이 아닌 연령에 따라 요금을 차등 적용함

※ 어린이 교통카드 및 청소년 요금징수 관련

• 어린이 교통카드는 생년월일 정보가 입력되어 있어 사용자 연령이 만 13세가 될 경우 자동으로 청소년 교통 카드로 전환되어 청소년 요금이 징수됨
• 어린이가 중학교에 진학하는 3월과 청소년이 고등학교를 졸업하는 2월에 복장(교복)과 외모 등으로 신분을 파악하여 잘못된 요금을 징수하는 행위 다발(반드시 신분이 아닌 연령 확인 후 규정된 요금징수)

※ 국가유공자 무임승차 증명서

• 국가유공자 증서 소지자 본인에 한해서 일반시내버스 무임승차 가능
  (단, 국가유공자 1급에 해당하는 경우 동반 1인 포함 무임승차 가능)
• 국가유공자 복지카드는 교통카드 기능이 있어 본인 확인과정 없이 일반시내버스 무임승차 가능
• 국가유공자 무임승차는 일반시내버스에 한함(좌석버스, 마을버스는 정상요금 징수)

출처 : 세익여객지부

① 만 19세 이상 성인 보호자가 동반하는 만 6세 미만의 소인은 전부 무임승차가 가능하다.

② 어린이 교통카드 및 청소년 요금징수와 관련하여 반드시 신분을 확인하고 규정된 요금을 징수해야한다.

③ 학생증, 청소년증, 주민등록증 등 연령을 확인할 수 있는 자료여야 증빙자료로 쓸 수 있다.

④ 국가유공자는 본인 확인과정을 거쳐야 일반시내버스 무임승차가 가능하다.

18 다음 지문에서 이어질 내용으로 옳은 것은?

자본주의 초기에는 기업이 단기이익과 장기이익을 구별하여 추구할 필요가 없었다. 소자본끼리의 자유경쟁 상태에서는 단기든 장기든 이익을 포기하는 순간에 경쟁에서 탈락하기 때문이다. 그에 따라 기업은 치열한 경쟁에서 살아남기 위해 주어진 자원을 최대한 효율적으로 활용하여 가장 저렴한 가격으로 상품을 공급하게 되었다. 이는 기업의 이익 추구가 결과적으로 사회 전체의 이익도 증진시켰다는 의미이다. 이 단계에서는 기업의 소유자가 곧 경영자였기 때문에 기업의 목적은 자본가의 이익을 추구하는 것으로 집중되었다.

① 기업의 규모가 커지고 소유와 경영이 분리됨에 따라 기업은 단기와 장기이익 사이에서 갈등을 겪게 되었다.

② 기업은 단기 이익을 선택해서 자본가의 이익을 최대한으로 증진시켰다.

③ 기업의 소유자는 가족에게 경영권을 나눠주어 경영권을 공고히 하였다.

④ 기업은 초기의 손해를 감수하더라도 장기이익을 추구하기로 결정하였다.

19 다음 지문에서 이어질 내용으로 옳은 것은?

> 예전에는 판매자와 구매자가 시장의 주역이었지만 네트워크 경제시대에는 공급자와 사용자가 주역이 된다. 시장을 통한 거래는 줄어들고 전략적 제휴, 외부 자원의 공유, 이익의 공유가 활성화된다. 기업들은 이제 서로에게 물건을 파는 것보다는 집합자원을 공유한 공급자 : 사용자 네트워크를 통한 공동경영을 선호한다. 이렇게 경제활동의 기본 구도가 달라짐에 따라 경제를 주도하는 기업의 성격도 당연히 달라지고 있다. 시장이 중심이었던 시절에는 물적 자원을 많이 가진 기업이 우위를 점할 수밖에 없었다. 즉 사용자는 이런 기업이 일방적으로 정한 조건을 받아들여야만 중요한 아이디어, 지식, 기술에 접속할 수 있었던 것이다._____.

① 네트워크 경제시대에는 시장에서 그때그때 물건을 팔아치우는 물건의 양이 기업의 성공을 좌우한다.
② 네트워크 경제는 집합자원의 공유보다는 서로에게 물건을 파는 것을 선호한다.
③ 네트워크 경제는 접속 중심의 구도이므로 기업의 성공은 고객과 장기적인 유대관계를 맺을 수 있느냐 없느냐에 따라 좌우된다.
④ 시장을 통해 거래를 활성화 시키는 것이 중요하다.

20 다음 지문에서 이어질 내용으로 옳은 것은?

> 벤야민은 영화의 가장 중요한 특징으로 관객의 자리에 카메라가 대신 들어선다는 점을 지적하고 있다. 연극의 경우 배우와 관객은 직접적으로 교감한다. 배우가 관중의 호흡에 맞추어 연기를 할 수 있게 되는 것이다. 그럼으로써 관객은 연극의 주인공을 둘러싸고 있는 아우라를 그 주인공 역할을 하는 배우를 통해 경험할 수 있다._____.

① 영화는 카메라가 관객의 자리에 들어서기 때문에 아우라가 극대화된다.
② 영화배우와 연기배우는 같은 개념으로 봐야한다.
③ 연극이 영화보다 더 예술성이 높다.
④ 영화는 배우와 관객 사이에 카메라가 있어 관객이 배우의 아우라를 경험하기 어렵다.

MEMO

시스컴은 여러분을 응원합니다!

Chapter 02

수리능력

- 수리능력은 모든 직장인에게 공통적으로 요구하는 직업기초 능력으로 NCS 10과목 중에서 자주 채택되는 영역이다.
- 수리능력은 직업인으로서 업무를 효과적으로 수행하기 위해서는 다단계의 복잡한 연산을 수행하고 다양한 도표를 만들고, 내용을 종합하기 때문에 중요한 영역이다.
- 핵심이론과 관련된 기초연산 문제와 응용문제에서 요구하고 있는 수 추리 및 통계자료나 그래프들을 해결하는 능력 등이 문제로 출제된다.

1. 수리능력
– 수리능력이 무엇인지 알아본다.

2. 기초연산
– 기초연산능력을 알아본다.

3. 기초통계
– 직업인에게 필요한 통계를 알아본다.

4. 도표분석 및 작성
– 도표분석 및 작성의 필요성을 알아본다.

1 〉 수리능력

(1) 수리능력이란?

직장생활에서 요구되는 사칙연산과 기초적인 통계를 이해하고, 도표 또는 자료(데이터)를 정리 · 요약하여 의미를 파악하거나, 도표를 이용해서 합리적인 의사결정을 위한 객관적인 판단근거로 제시하는 능력이다.

(2) 구성요소

① 기초연산능력

직장생활에서 필요한 기초적인 사칙연산과 계산방법을 이해하고 활용하는 능력

② 기초통계능력

직장생활에서 평균, 합계, 빈도와 같은 기초적인 통계기법을 활용하여 자료를 정리하고 요약하는 능력

③ 도표분석능력

직장생활에서 도표(그림, 표, 그래프 등)의 의미를 파악하고, 필요한 정보를 해석하여 자료의 특성을 규명하는 능력

2 〉 사칙연산

(1) 사칙연산이란?

수 또는 식에 관한 덧셈($+$), 뺄셈($-$), 곱셈($\times$), 나눗셈($\div$) 네 종류의 계산법이다. 보통 사칙연산은 정수나 분수 등에서 계산할 때 활용되며, 여러 부호가 섞여 있을 경우에는 곱셈과 나눗셈을 먼저 계산한다.

(2) 수의 계산

구분	덧셈(+)	곱셈(×)
교환법칙	$a+b=b+a$	$a \times b = b \times a$
결합법칙	$(a+b)+c=a+(b+c)$	$(a \times b) \times c = a \times (b \times c)$
분배법칙	$(a+b) \times c = a \times c + b \times c$	

3 〉 검산방법

(1) 역연산

답에서 거꾸로 계산하는 방법으로 덧셈은 뺄셈으로, 뺄셈은 덧셈으로, 곱셈은 나눗셈으로, 나눗셈은 곱셈으로 바꾸어 확인하는 방법이다.

(2) 구거법

어떤 수를 9로 나눈 나머지는 그 수의 각 자리 숫자의 합을 9로 나눈 나머지와 같음을 이용하여 확인하는 방법이다.

4 〉 단위환산

(1) 단위의 종류

① 길이 : 물체의 한 끝에서 다른 한 끝까지의 거리 (mm, cm, m, km등)
② 넓이(면적) : 평면의 크기를 나타내는 것 (mm^2, cm^2, m^2, km^2 등)
③ 부피 : 입체가 점유하는 공간 부분의 크기 (mm^3, cm^3, m^3, km^3 등)
④ 들이 : 통이나 그릇 따위의 안에 넣을 수 있는 물건 부피의 최댓값 (㎖, ㎗, ℓ, ㎘ 등)

5 〉 통계

(1) 통계란?

① 의미

집단현상에 대한 구체적인 양적 기술을 반영하는 숫자를 의미한다. 특히 사회집단 또는 자연집단의 상황을 숫자로 나타낸 것이다.

(2) 통계치

① 빈도 : 어떤 사건이 일어나거나 증상이 나타나는 정도
② 빈도 분포 : 어떤 측정값의 측정된 회수 또는 각 계급에 속하는 자료의 개수
③ 평균 : 모든 사례의 수치를 합한 후에 총 사례수로 나눈 값
④ 중앙값 : 크기에 의하여 배열하였을 때 정확하게 중간에 있는 값
⑤ 백분율 : 전체의 수량을 100으로 하여 생각하는 수량이 몇이 되는 가를 가리키는 수(퍼센트)

(3) 통계의 계산

① 범위 : 최댓값−최솟값

② 평균 : $\dfrac{\text{전체 사례 값들의 합}}{\text{총 사례수}}$

③ 분산 : $\dfrac{(\text{관찰값}-\text{평균})^2\text{의 합}}{\text{총 사례수}}$

④ 표준편차 : $\sqrt{\text{분산}}$

6 ▶ 도표

(1) 도표란?

선, 그림, 원 등으로 그림을 그려서 내용을 시각적으로 표현하여 다른 사람이 한 눈에 자신의 주장을 알아볼 수 있게 한 것이다.

(2) 도표의 종류

구분	목적	용도	형상
종류	• 관리(계획 및 통제) • 해설(분석) • 보고	• 경과 그래프 • 내역 그래프 • 비교 그래프 • 분포 그래프 • 상관 그래프 • 계산 그래프 • 기타	• 선(절선) 그래프 • 막대 그래프 • 원 그래프 • 점 그래프 • 층별 그래프 • 레이더 차트 • 기타

(3) 도표의 종류별 활용

① 선(절선) 그래프

- 시간의 경과에 따라 수량에 의한 변화의 상황을 선(절선)의 기울기로 나타내는 그래프
- 시간적 추이(시계별 변화)를 표시하는데 적합

  예 월별 매출액 추이 변화

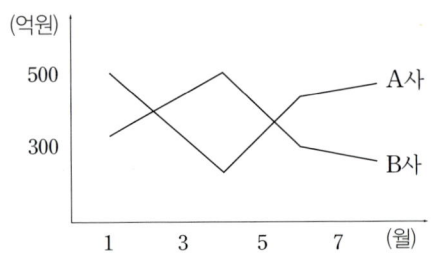

② 막대 그래프

- 비교하고자 하는 수량을 막대 길이로 표시하고, 그 길이를 비교하여 각 수량간의 대소 관계를 나타내고자 할 때 가장 기본적으로 활용할 수 있는 그래프
- 내역, 비교, 경과, 도수 등을 표시하는 용도로 활용

예 영업소별 매출액

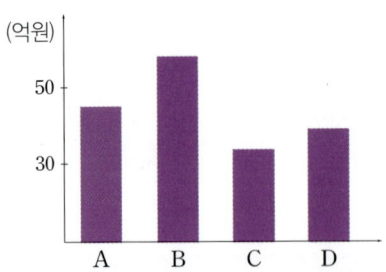

③ 원 그래프

- 내역이나 내용의 구성비를 원에 분할하여 작성하는 그래프
- 전체에 대한 구성비를 표현할 때 다양하게 활용

예 기업별 매출액 구성비 등

④ 점 그래프

- 지역분포를 비롯하여 도시, 지방, 기업, 상품 등의 평가나 위치, 성격을 표시하는데 활용할 수 있는 그래프

  예 각 지역별 광고비율과 이익률의 관계 등

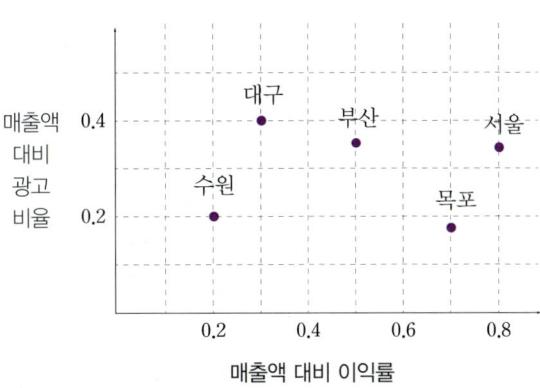

⑤ 층별 그래프

- 선의 움직임 보다는 선과 선 사이의 크기로써 데이터 변화를 나타내는 그래프
- 층별 그래프는 합계와 각 부분의 크기를 백분율로 나타내고 시간적 변화를 보고자 할 때 활용
- 합계와 각 부분의 크기를 실수로 나타내어 시간적 변화를 보고자 할 때 활용

  예 월별 · 상품별 매출액 추이 등

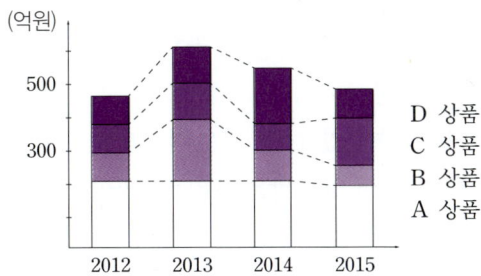

⑥ 레이더 차트(거미줄 그래프)

- 비교하는 수량을 직경 또는 반경으로 나누어 원의 중심에서의 거리에 따라 각 수량의 관계를 나타내는 그래프
- 다양한 요소를 비교할 때, 경과를 나타낼 때 활용

  예 상품별 매출액의 월별변동 등

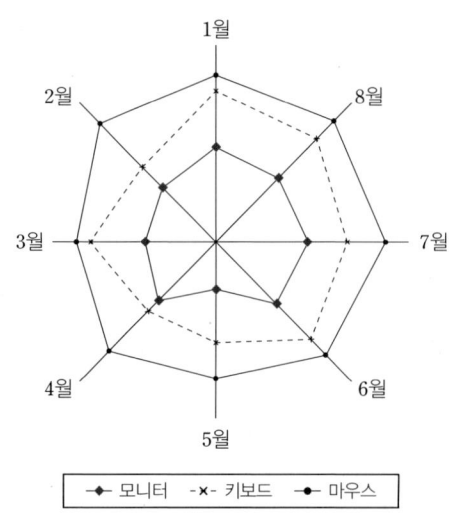

(4) 도표 해석상의 유의사항

① 요구되는 지식의 수준

직업인으로서 자신의 업무와 관련된 기본적인 지식의 습득을 통하여 특별한 지식을 상식화할 필요가 있다.

② 도표에 제시된 자료의 의미에 대한 정확한 숙지

주어진 도표를 무심코 해석하다 보면 자료가 지니고 있는 진정한 의미를 확대하여 해석할 수 있으므로 유의해야 한다.

③ 도표로부터 알 수 있는 것과 알 수 없는 것의 구별

주어진 도표로부터 알 수 있는 것과 알 수 없는 것을 완벽하게 구별할 필요가 있다. 도표를 토대로 자신의 주장을 충분히 추론할 수 있는 보편타당한 근거를 제시해주어야 한다.

④ 총량의 증가와 비율증가의 구분

비율이 같다고 하더라도 총량에 있어서는 많은 차이가 있을 수 있다. 또한 비율에 차이가 있다고 하더라도 총량이 표시되어 있지 않은 경우 비율차이를 근거로 절대적 양의 크기를 평가할 수 없기 때문에 이에 대한 세심한 검토가 요구된다.

⑤ 백분위수와 사분위수의 이해

백분위수는 크기순으로 배열한 자료를 100등분 하는 수의 값을 의미한다.

사분위수란 자료를 4등분한 것으로 제 1사분위수=제 25백분위수, 제 2사분위수=제 50백분위수(중앙치), 제 3사분위수=제 75백분위수에 해당한다.

7 〉 도표작성능력

(1) 도표의 작성절차

① **어떠한 도표로 작성할 것인지를 결정**

업무수행 과정에서 도표를 작성할 때에는 우선 주어진 자료를 면밀히 검토하여 어떠한 도표를 활용하여 작성할 것인지를 결정

② **가로축과 세로축에 나타낼 것을 결정**

주어진 자료를 활용하여 가로축과 세로축에 무엇을 나타낼 것인지를 결정

③ **가로축과 세로축의 눈금의 크기를 결정**

주어진 자료를 가장 잘 표현할 수 있도록 가로축과 세로축의 눈금의 크기를 결정

④ **자료를 가로축과 세로축이 만나는 곳에 표시**

자료 각각을 결정된 축에 표시

⑤ **표시된 점에 따라 도표 작성**

표시된 점들을 활용하여 실제로 도표 작성

⑥ **도표의 제목 및 단위 표시**

도표를 작성한 후에는 도표의 상단 혹은 하단에 제목과 함께 단위를 표기

기초 문제

정답 및 해설 293p

01 다음 숫자는 일정한 규칙을 따르고 있다. 괄호 안에 들어갈 가장 적절한 숫자는?

> 5 6 4 7 3 8 2 9 (   )

① 1   ② 2

③ 3   ④ 4

02 다음 숫자는 일정한 규칙을 따르고 있다. ㉠, ㉡, ㉢안에 들어갈 가장 적절한 숫자들의 합은?

3	5	8
9	15	24
㉠	25	40
21	㉡	56
27	45	㉢

① 120   ② 122

③ 124   ④ 126

03 A씨가 산을 올라갈 때는 시속 3km, 내려올 때에는 같은 코스를 시속 4km의 속력으로 내려왔더니 3시간 30분이 걸렸다. 산을 올라간 거리는 얼마인가?

① 3km   ② 4km

③ 5km   ④ 6km

04 한 개의 주사위를 세 번 던질 때, 첫 번째는 홀수, 두 번째는 3의 배수, 세 번째는 짝수가 나오는 확률은?

① $\dfrac{1}{6}$　　　　　　　　　② $\dfrac{1}{9}$

③ $\dfrac{1}{12}$　　　　　　　　　④ $\dfrac{1}{15}$

05 40% 소금물 200g에 소금 40g을 첨가했을 때의 소금물의 농도를 구하면?

① 45%　　　　　　　　　② 50%

③ 55%　　　　　　　　　④ 60%

06 A씨는 120만원인 디지털카메라를 사기위해 하루 5시간씩 아르바이트를 하였다. 아르바이트 시급이 6,500원일 때 A씨는 며칠 동안 아르바이트를 해야 하는가? (단, 수익은 전부 디지털카메라를 사는데 사용)

① 35일　　　　　　　　　② 36일

③ 37일　　　　　　　　　④ 38일

07 A씨가 혼자서 하면 15일이 걸리는 일이 있는데 A씨, B씨가 같이 하니 12일이 걸렸다. 그럼 B씨가 혼자서 하면 며칠이 걸리겠는가?

① 60일　　　　　　　　　② 65일

③ 68일　　　　　　　　　④ 70일

08 1부터 20까지의 숫자가 적힌 같은 크기와 모양을 가진 공이 박스 속에 들어있다. 이 박스에서 공 한 개를 꺼낼 때 나올 수 있는 숫자의 평균은?

① 9

② 9.5

③ 10

④ 10.5

09 선 그래프에 대한 설명으로 옳은 것은?

① 그래프를 그릴 때 세로축에는 명칭구분(년, 월, 장소 등)을 제시한다.

② 합계와 각 부분의 크기를 백분율로 나타내고 시간적 변화를 보고자 할 때 활용된다.

③ 그래프를 그릴 때 세로축의 눈금은 가로축의 눈금보다 작게 하는 것이 효과적이다.

④ 주로 시간의 경과에 따라 수량에 의한 변화의 상황을 나타낸다.

10 다음은 도표작성 시 수행해야 하는 일들을 무작위로 배열한 것이다. 일반적인 도표작성절차의 순서를 올바르게 했을 때, 세 번째로 고려해야 하는 사항은?

> ㉠ 가로축과 세로축에 나타낼 것을 결정한다.
> ㉡ 어떠한 도표로 작성할 것인지를 결정한다.
> ㉢ 자료를 가로축과 세로축이 만나는 곳에 표시한다.
> ㉣ 가로축과 세로축의 눈금의 크기를 결정한다.
> ㉤ 도표의 제목 및 단위를 표시한다.
> ㉥ 표시된 점들을 활용하여 도표를 작성한다.

① ㉠

② ㉢

③ ㉣

④ ㉥

응용 문제

▶ 정답 및 해설 296p

01 다음에 일정한 규칙에 따라 숫자를 나열한 것이다. 빈칸에 가장 알맞은 숫자는?

		91	95	86	102	77	( )	

① 115
② 113
③ 111
④ 109

02 도로의 가로수를 심으려 한다. 300m 거리의 도로 양쪽에 12m 간격으로 처음부터 끝까지 가로수를 심을 때 모두 몇 그루를 심게 되는가?

① 25그루
② 26그루
③ 50그루
④ 52그루

03 같은 팀 영업사원인 '갑, 을'은 지난 달 두 사람이 합해서 250대의 에어컨을 판매했다. 이번 달에 '갑'은 전달 대비 에어컨 판매수량이 30% 증가했고, '을'은 20% 감소했으며, 두 사람이 합해서 20% 증가했다. 이번 달 '을'의 에어컨 판매수량은?

① 40대
② 44대
③ 50대
④ 60대

04 제시된 수의 일정한 규칙을 찾아 괄호 안에 알맞은 수는?

16	20
32	46

→

10	( )
18	25

① 10

③ 14

② 12

④ 16

05 박람회에서 500원인 볼펜과 1,200원인 공책을 한 세트로 해서 사람들에게 가장 많이 나누어 줄 경우 500,000원으로 몇 명의 사람들에게 나누어 줄 수 있는가?

① 282

③ 294

② 283

④ 295

06 어떤 수에 3을 곱해야 할 것을 실수로 3으로 나누고, 다시 13을 더해야 할 것을 실수로 13을 뺐더니 33이 되었다. 다시 올바르게 계산한다면 그 값은?

① 387

③ 417

② 397

④ 427

07 연속하는 세 정수 A, B, C 각각의 제곱수의 합이 341이상 431이하일 때, 가장 큰 수는?

① 10   ② 11
③ 12   ④ 13

08 한 회사에서 36명의 사원 중 맛집동호회에 가입한 사람은 20명, 등산동호회에 가입한 사람은 19명이 있다. 아무 곳에도 가입하지 않은 사람이 5명이라면 두 동호회 모두 가입한 사람은 몇 명인가?

① 8명   ② 9명
③ 10명   ④ 11명

09 산책로에 가로등을 세우려고 한다. 14m간격으로 세울 경우와 8m간격으로 세울 경우에는 6개의 차이가 난다. 4m간격으로 가로등을 세운다면 몇 개의 가로등이 필요한가?

① 25개   ② 26개
③ 27개   ④ 28개

10 가로 폭이 20m인 화장실 바닥에 가로 25cm, 세로 13cm인 타일을 같은 간격으로 23장 끼우려고 한다. 화장실 양 끝에는 타일과 타일 사이의 1.5배인 공간을 비워두려고 한다면 타일과 타일 사이의 간격은 몇 cm인가?

① 55   ② 57

③ 59   ④ 61

11 A조, B조, C조가 참가한 회의에 참석한 인원은 105명이다. A조는 B조보다 5명 적고, B조는 C조보다 3배 적었다. C조는 몇 명 참석하였는가?

① 46   ② 56

③ 66   ④ 76

12 공기 중에서 소리의 속력은 기온 x℃일 때, 매초 약 $(0.6x+331)$m/s이다. 기온 4℃에서 번개가 보이고 20초 후 천둥소리를 들었다면, 번개가 발생한 지점까지의 거리를 구하면?

① 6,668m   ② 6,784m

③ 6,822m   ④ 6,916m

MEMO

시스컴은 여러분을 응원합니다!

문제해결능력

- 문제해결능력은 모든 직장인에게 공통적으로 요구하는 직업기초 능력으로 NCS 10과목 중에서 주로 채택되는 영역이다.
- 문제해결능력은 창조적이고 논리적인 사고를 통하여 이를 올바르게 인식하고 적절히 해결하기 때문에 이해가 중요한 영역이다.
- 핵심이론과 관련된 문제와 응용 문제에서 요구하고 있는 언어 추리 및 다양한 업무 상황의 글을 해결하는 능력 등이 문제로 출제된다.

1. 문제
- 문제의 개념을 알아본다.
- 문제의 유형별 특징을 알아본다.

2. 문제해결
- 문제해결의 개념을 알아본다.
- 문제해결을 위해 4가지 기본적 사고를 알아본다.
- 문제해결의 장애요소와 해결방법을 알아본다.

1 〉 문제

(1) 문제란?

원활한 업무수행을 위해 해결되어야 하는 질문이나 의논 대상을 의미한다.

※ **문제점** : 문제의 근본원인이 되는 사항으로 문제해결에 필요한 열쇠인 핵심 사항

(2) 문제의 분류

구분	창의적 문제	분석적 문제
문제제시 방법	현재 문제가 없더라도 보다 나은 방법을 찾기 위한 문제 탐구로 문제자체가 명확하지 않음	현재의 문제점이나 미래의 문제로 예견될 것에 대한 문제 탐구로, 문제자체가 명확함
해결 방법	창의력에 의한 많은 아이디어의 작성을 통해 해결	분석, 논리, 귀납과 같은 논리적 방법을 통해 해결
해답 수	해답의 수가 많으며, 많은 답 가운데 보다 나은 것을 선택	답의 수가 적으며, 한정되어 있음
주요 특징	주관적, 직관적, 감각적, 정성적, 개별적, 특수성	객관적, 논리적, 정량적, 이성적, 일반적, 공통성

(3) 문제의 유형

① 기능에 따른 문제 유형

제조문제, 판매문제, 자금문제, 인사문제, 경리문제, 기술상 문제

② 해결방법에 따른 문제 유형

논리적 문제, 창의적 문제

③ 시간에 따른 문제유형

과거문제, 현재문제, 미래문제

④ 업무수행과정 중 발생한 문제유형

발생형 문제 (보이는 문제)	• 눈앞에 발생되어 당장 걱정하고 해결하기 위해 고민하는 문제 • 눈에 보이는 이미 일어난 문제 • 원인지향적인 문제
탐색형 문제 (찾는 문제)	• 현재의 상황을 개선하거나 효율을 높이기 위한 문제 • 눈에 보이지 않는 문제 • 잠재문제, 예측문제, 발견문제

설정형 문제 (미래 문제)	• 미래상황에 대응하는 장래의 경영전략의 문제 • 앞으로 어떻게 할 것인가 하는 문제 • 목표 지향적 문제 • 창조적 문제

2 〉 문제해결

(1) 문제해결의 정의 및 의의

① 정의

문제해결이란 목표와 현상을 분석하고, 이 분석 결과를 토대로 주요과제를 도출하여 바람직한 상태나 기대되는 결과가 나타나도록 최적의 해결안을 찾아 실행, 평가해 가는 활동을 의미한다.

② 의의

    ㉠ **조직 측면** : 자신이 속한 조직의 관련분야에서 세계 일류수준을 지향하며, 경쟁사와 대비하여 탁월하게 우위를 확보하기 위해 끊임없는 문제해결 요구

    ㉡ **고객 측면** : 고객이 불편하게 느끼는 부분을 찾아 개선과 고객감동을 통한 고객만족을 높이는 측면에서 문제해결 요구

    ㉢ **자기 자신 측면** : 불필요한 업무를 제거하거나 단순화하여 업무를 효율적으로 처리하게 됨으로써 자신을 경쟁력 있는 사람으로 만들어 나가는데 문제해결 요구

(2) 문제해결 시 갖추어야 할 사고

① 전략적 사고

현재 당면하고 있는 문제와 그 해결방법에만 집착하지 말고, 그 문제와 해결방안이 상위 시스템 또는 다른 문제와 어떻게 연결되어 있는지를 생각하는 것이 필요하다.

② 분석적 사고

전체를 각각의 요소로 나누어 그 요소의 의미를 도출한 다음 우선순위를 부여하고 구체적인 문제해결방법을 실행하는 것이 요구된다.

    ㉠ **성과 지향의 문제** : 기대하는 결과를 명시하고 효과적으로 달성하는 방법을 사전에 구상하고 실행에 옮긴다.

    ㉡ **가설 지향의 문제** : 현상 및 원인분석 전에 지식과 경험을 바탕으로 일의 과정이나 결과, 결론을 가정한 다음 검증 후 사실일 경우 다음 단계의 일을 수행한다.

    ㉢ **사실 지향의 문제** : 일상 업무에서 일어나는 상식, 편견을 타파하여 객관적 사실로부터 사

고와 행동을 출발한다.

③ 발상의 전환

기존에 갖고 있는 사물과 세상을 바라보는 인식의 틀을 전환하여 새로운 관점에서 바로 보는 사고를 지향한다.

④ 내·외부자원의 효과적인 활용

문제해결 시 기술, 재료, 방법, 사람 등 필요한 자원 확보 계획을 수립하고 내·외부자원을 효과적으로 활용한다.

(3) 문제해결 시 방해요소

① 문제를 철저하게 분석하지 않는 경우

어떤 문제가 발생하면 직관에 의해 성급하게 판단하여 문제의 본질을 명확하게 분석하지 않고 대책안을 수립하여 실행함으로써 근본적인 문제해결을 하지 못하거나 새로운 문제를 야기하는 결과를 초래할 수 있다.

② 고정관념에 얽매이는 경우

상황이 무엇인지를 분석하기 전에 개인적인 편견이나 경험, 습관으로 증거와 논리에도 불구하고 정해진 규정과 틀에 얽매여서 새로운 아이디어와 가능성을 무시해 버릴 수 있다.

③ 쉽게 떠오르는 단순한 정보에 의지하는 경우

문제해결에 있어 종종 우리가 알고 있는 단순한 정보들에 의존하여 문제를 해결하지 못하거나 오류를 범하게 된다.

④ 너무 많은 자료를 수집하려고 노력하는 경우

무계획적인 자료 수집은 무엇이 제대로 된 자료인지를 알지 못하는 실수를 범할 우려가 많다.

(4) 문제해결 방법

① 소프트 어프로치(Soft approach)

• 대부분의 기업에서 볼 수 있는 전형적인 스타일이다.

• 문제해결을 위해서 직접적인 표현이 바람직하지 않다고 여기며, 무언가를 시사하거나 암시를 통하여 의사를 전달한다.

• 결론이 애매하게 끝나는 경우가 적지 않으나, 그것은 그것대로 이심전심을 유도하여 파악한다.

② 하드 어프로치(Hard approach)

• 서로의 생각을 직설적으로 주장하고 논쟁이나 협상을 통해 서로의 의견을 조정해 가는 방법이다.

- 중심적 역할을 하는 것은 논리, 즉 사실과 원칙에 근거한 토론이다.
- 합리적이긴 하지만 잘못하면 단순한 이해관계의 조정에 그치고 말아서 그것만으로는 창조적인 아이디어나 높은 만족감을 이끌어 내기 어렵다.

③ 퍼실리테이션(Facilitation)
- 깊이 있는 커뮤니케이션을 통해 서로의 문제점을 이해하고 공감함으로써 창조적인 문제해결을 도모한다.
- 구성원의 동기가 강화되고 팀워크도 한층 강화된다는 특징을 보인다.
- 구성원이 자율적으로 실행하는 것이며, 제 3자가 합의점이나 줄거리를 준비해놓고 예정대로 결론이 도출되어 가는 것이어서는 안 된다.

3 사고력

(1) 창의적인 사고

① 창의적인 사고란?
당면한 문제를 해결하기 위해 이미 알고 있는 경험과 지식을 해체하여 다시 새로운 정보로 결합함으로써 가치 있고 참신한 아이디어를 산출하는 사고이다.

② 창의적 사고의 특징
㉠ 정보와 정보의 조합이다
㉡ 사회나 개인에게 새로운 가치를 창출한다.
㉢ 창조적인 가능성이다.

③ 창의적 사고 개발 방법

자유 연상법	생각나는 대로 자유롭게 발상	브레인스토밍
강제 연상법	각종 힌트에 강제적으로 연결 지어서 발상	체크리스트
비교 발상법	주제의 본질과 닮은 것을 힌트로 발상	NM법, Synectics

(2) 논리적 사고

① 논리적 사고란?
- 업무 수행 중에 자신이 만든 계획이나 주장을 주위 사람에게 이해시켜 실현시키기 위해 필요로 하는 능력
- 사고의 전개에 있어서 전후의 관계가 일치하고 있는가를 살피고, 아이디어를 평가하는 능력

② 논리적인 사고를 위한 필요한 요소

　　㉠ 생각하는 습관

　　㉡ 상대 논리의 구조화

　　㉢ 구체적인 생각

　　㉣ 타인에 대한 이해

　　㉤ 설득

③ 논리적인 사고를 개발하는 방법

　　㉠ 피라미드 구조

　　　허위의 사실이나 현상으로부터 상위의 주장을 만들어나가는 방법

　　㉡ so what기법

　　　"그래서 무엇이지?"하고 자문자답하는 의미로, 눈앞에 있는 정보로부터 의미를 찾아내어 가치 있는 정보를 이끌어 내는 사고

(3) 비판적 사고

① 비판적 사고란?

- 어떤 주제나 주장 등에 대해서 적극적으로 분석하고 종합하며 평가하는 능동적인 사고이다.
- 어떤 논증, 추론, 증거, 가치를 표현한 사례를 타당한 것으로 수용할 것인가 아니면 불합리한 것으로 거절할 것인가에 대한 결정을 내릴 때 요구되는 사고력이다.
- 제기된 주장에 어떤 오류가 있는가를 찾아내기 위하여 지엽적인 부분을 확대하여 문제로 삼는 것이 아니라, 지식, 정보를 바탕으로 한 합당한 근거에 기초를 두고 현상을 분석하고 평가하는 사고이다.

4 〉 문제 처리 능력

(1) 문제 처리 능력이란?

　목표와 현상을 분석하고 이 분석결과를 토대로 문제를 도출하여 최적의 해결책을 찾아 실행, 평가해가는 활동을 할 수 있는 능력이다.

(2) 문제해결절차

① 문제 인식

　해결해야 할 전체 문제를 파악하여 우선순위를 정하고, 선정문제에 대한 목표를 명확히 하는 단계로, '환경 분석 → 주요 과제 도출 → 과제선정'을 통해 수행된다.

절차	환경분석	주요 과제 도출	과제 선정
내용	Business System상 거시 환경 분석	• 분석자료를 토대로 성과에 미치는 영향 • 의미를 검토하여 주요 과제 도출	후보과제를 도출하고 효과 및 실현 가능성 측면에서 평가하여 과제 도출

※ 환경 분석 시 사용되는 기법

- 3C 분석 : 사업 환경을 구성하고 있는 요소인 자사(Company), 경쟁사(Competitor), 고객(Customer)을 3C라고 하며, 3C에 대한 체계적인 분석을 통해서 환경 분석을 수행할 수 있다.
- SWOT 분석 : 기업내부의 강점(Strengths), 약점(Weaknesses), 외부환경의 기회 (Opportunities), 위협요인(Threats)을 분석·평가하고 이들을 서로 연관지어 전략을 개발하고 문제해결 방안을 개발하는 방법이다.

② 문제 도출

선정된 문제를 분석하여 해결해야 할 것이 무엇인지를 명확히 하는 단계로 현상에 대하여 문제를 분해하여 인과관계 및 구조를 파악하는 단계이다. '문제 구조 파악 → 핵심 문제 선정'의 절차를 거쳐 수행된다.

절차	문제 구조 파악	핵심 문제 선정
내용	전체 문제를 개별화된 세부 문제로 쪼개는 과정으로 문제의 내용 및 미치고 있는 영향 등을 파악하여 문제의 구조를 도출해내는 것이다.	문제에 큰 영향력을 미칠 수 있는 이슈를 핵심 이슈로 선정한다.

※ 문제 구조 파악 시 사용되는 방법

- Logic Tree 방법 : 해결책을 구체화 할 때 제한된 시간 속에 넓이와 깊이를 추구하는데 도움이 되는 기술로, 주요 과제를 나무모양으로 분해·정리하는 기술

③ 원인 분석

파악된 핵심문제에 대한 분석을 통해 근본 원인을 도출하는 단계이다. 'Issue 분석 → Data 분석 → 원인 파악'의 절차로 진행된다.

절차	Issue 분석	Data 분석	원인 파악
내용	• 핵심이슈설정 • 가설설정 • Output이미지 결정	• Data 수집계획 수립 • Data 정리, 가공 • Data 해석	근본원인을 파악하고 원인과 결과를 도출

※ 원인파악의 패턴

- 단순한 인과관계 : 원인과 결과를 분명하게 구분할 수 있는 경우
- 닭과 계란의 인과관계 : 원인과 결과를 구분하기가 어려운 경우
- 복잡한 인과관계 : 위 두 가지 유형이 복잡하게 서로 얽혀 있는 경우

④ 해결안 개발실행 및 평가

문제로부터 도출된 근본원인을 효과적으로 해결할 수 있는 최적의 해결방안을 수립하는 단계이다. '해결안 도출 → 해결안 평가 및 최적안 선정'의 절차로 진행된다.

절차	해결안 도출	해결안 평가 및 최적안 선정
내용	• 문제로부터 최적의 해결안을 도출 • 아이디어를 명확화	• 최적안 선정을 위한 평가기준 선정 • 우선순위 선정을 통해 최적안 선정

⑤ 실행 및 평가

해결안 개발을 통해 만들어진 실행계획을 실제 상황에 적용하는 활동으로 당초 장애가 되는 문제의 원인들을 해결안을 사용하여 제거하는 단계

절차	실행계획 수립	실행	사후관리(Follow-up)
내용	최종 해결안을 실행하기 위한 구체적인 계획 수립	실행계획에 따른 실행 및 모니터	실행 결과에 대한 평가

기초 문제

정답 및 해설 299p

01 다음 중 문제의 의미에 대한 설명이 아닌 것은?

① 업무를 수행함에 있어 해결해야 되는 사항

② 해답이 있지만 그 해답을 얻는데 필요한 행동을 알지 못하는 상태

③ 해결하기를 원하지만 실제로 해결해야 하는 방법을 모르고 있는 상태

④ 받아야 할 것을 필요에 의하여 달라고 청함. 또는 그 청.

02 다음은 창의적 문제와 분석적 문제에 대한 설명이다. 이중 창의적 문제에 대한 진술인 것으로 옳은 것은?

> ㉠ 현재 문제가 없더라도 보다 나은 방법을 찾기 위한 문제
> ㉡ 분석, 논리, 귀납과 같은 방법을 사용하여 해결하는 문제
> ㉢ 정답의 수가 적으며, 한정되어 있는 문제
> ㉣ 주관적, 직관적, 감각적 특징에 의존하는 문제

① ㉠, ㉢   ② ㉠, ㉣

③ ㉡, ㉢   ④ ㉡, ㉣

03 다음 중 문제의 유형에 대한 설명으로 옳지 않은 것은?

① 제조 문제, 판매 문제, 자금 문제 등은 기능에 따른 문제 유형이다.

② 앞으로 어떻게 할 것인가 하는 문제는 탐색형 문제이다.

③ 시간에 따른 문제 유형에는 과거, 현재, 미래 문제가 있다.

④ 현재 직면하여 해결하기 위해 고민하는 문제는 발생형 문제이다.

04 다음 중 문제해결을 하기 위한 기본요소로 옳지 않은 것은?

① 체계적인 교육훈련
② 문제 해결 방법에 대한 다양한 지식
③ 문제해결자의 지인 도움
④ 문제해결자의 도전의식과 끈기

05 문제를 해결할 때 필요한 분석적 사고에 대한 설명으로 옳은 것은?

① 전체를 각각의 요소로 나누어 그 요소의 의미를 도출한 다음 우선순위를 부여하고 구체적인 문제해결 방법을 실행하는 것이 요구된다.
② 성과 지향의 문제는 일상 업무에서 일어나는 상식, 편견을 타파하여 객관적 사실로부터 사고와 행동을 출발해야 한다.
③ 가설 지향의 문제는 기대하는 결과를 명시하고 효과적으로 달성하는 방법을 사전에 구상하고 실행에 옮겨야 한다.
④ 사실 지향의 문제는 현상 및 원인분석 전에 지식과 경험을 바탕으로 일의 과정이나 결과, 결론을 가정한 다음 검증 후 사실일 경우 다음 단계의 일을 수행해야 한다.

06 다음 2가지 사례를 읽고 문제해결을 위해서 갖추어야 하는 사고로 옳은 것은?

사례1

C씨는 영업부서의 신입사원이다. C가 입사한 회사는 보험업에서 다른 기업에 비해 성과가 뒤떨어지는 회사였고, 그 기업에 근무하는 사람들은 모두 현실을 받아들이고 있었다. C는 이러한 상황에 불만을 느끼고 다른 기업과 자신의 기업과의 차이를 분석하게 되었다. 그 결과 C씨는 자신의 회사가 영업사원의 판매교육이 부족하다는 것을 알게 되었고, 이를 문제, 원인, 해결안을 보고서로 제출하였지만, 결국 회사의 전략으로 채택되지 못했다.

사례2

설계, 기술, 영업, 서비스 각 부문의 핵심 인력들이 모여 최근에 경합하고 있는 B사에 추월당할 우려가 있다는 상황에 대한 회의가 열렸다. 설계부서에서는 우리 회사의 기술이 상대적으로 뒤처져 있는 것을 지적하였으며, 영업부서에서는 제품의 결함이 문제라고 지적하였다. 서비스 부서에서는 매상목표를 달성할 수 없다는 문제를 지적하였으며, 기술 부서에서는 고객의 클레임에 대한 대응이 너무 느리다는 지적이 있었다. 결국 이 회의에서는 회사 내의 내외부적인 자원을 활용하지 못한 채 서로의 문제만을 지적하고 특별한 해결책을 제시하지 못한 채 끝나고 말았다.

① 전략적 사고, 발상의 전환
② 전략적 사고, 내·외부 자원의 효과적인 활용
③ 분석적 사고, 내·외부 자원의 효과적인 활용
④ 분석적 사고, 발상의 전환

07 다음 중 퍼실리테이션에 의한 문제해결 방법으로 옳은 것은?

㉠ 어떤 그룹이나 집단이 의사결정을 잘 하도록 도와주는 일이다.
㉡ 깊이 있는 커뮤니케이션을 통해 서로의 문제점을 이해하고 공감함으로써 창조적인 문제해결을 도모할 수 있다.
㉢ 대부분의 기업에서 볼 수 있는 전형적인 문제해결 방법이다.
㉣ 사실과 원칙에 근거한 토론으로 해결하는 방법이다.
㉤ 결론이 애매하게 끝나는 경우가 적지 않다.

① ㉠, ㉡   ② ㉠, ㉢
③ ㉢, ㉤   ④ ㉡, ㉢, ㉣

08 다음은 창의적 사고를 개발하는 방법과 구체적인 기법이다. 서로 관련 있는 것끼리 짝지은 것으로 옳은 것은?

> ㉠ 자유연상법   ㉡ 강제연상법   ㉢ 비교발상법
> ㉣ NM법   ㉤ 브레인스토밍   ㉥ 체크리스트

① ㉠-㉣   ② ㉡-㉤
③ ㉡-㉥   ④ ㉢-㉤

09 논리적 사고를 하기 위해 필요한 요소로 옳지 않은 것은?

① 생각하는 습관   ② 미시적인 관점
③ 타인에 대한 이해 · 설득   ④ 구체적인 생각

10 다음과 같은 상황이 발생하였을 때, "so what?"을 사용하여 논리적인 사고를 한 사람은?

> **상황**
>
> ㉠ 우리 회사의 자동차 판매대수가 사상 처음으로 전년 대비 마이너스를 기록했다.
> ㉡ 우리나라의 자동차 업계 전체는 일제히 적자 결산을 발표했다.
> ㉢ 주식 시장은 몇 주간 조금씩 하락하는 상황에 있다.

① 홍대리 : 자동차 판매의 부진이네.
② 허부장 : 자동차 산업의 미래를 보여주고 있어.
③ 신대리 : 자동차 산업과 주식시장의 상황을 보여주고 있어.
④ 김부장 : 지금이야말로 자동차 관련 기업의 주식을 사야해.

응용 문제

▶ 정답 및 해설 303p

01 다음 문장을 읽고 유추할 수 있는 것은?

> • 마라톤을 좋아하는 사람은 체력이 좋고, 인내심도 있다.
> • 몸무게가 무거운 사람은 체력이 좋다.
> • 명랑한 사람은 마라톤을 좋아한다.

① 체력이 좋은 사람은 인내심이 없다.

② 인내심이 없는 사람은 명랑하지 않다.

③ 마라톤을 좋아하는 사람은 몸무게가 가볍다.

④ 몸무게가 무겁지 않은 사람은 인내심이 있다.

[02-04] 다음 문장으로부터 올바르게 추론한 것은?

02

> A사가 출시한 두 번째 컴퓨터인 이 모델은 세계에서 가장 얇은 컴퓨터로 두께는 11mm이고 무게는 850g입니다. 참고로 지금까지 무게가 850g인 컴퓨터는 없었습니다.

① A사의 첫 번째 컴퓨터는 두께가 12mm 이상이다.

② A사의 첫 번째 컴퓨터는 무게가 850g을 초과하고 두께가 11mm를 초과했다.

③ 무게가 850g미만이고 두께가 12mm 이상인 컴퓨터는 존재하지 않는다.

④ A사의 제품 중에는 무게가 850g이 아닌 컴퓨터가 있다.

03

> A씨는 각각의 파란색, 빨간색, 노란색, 초록색, 보라색 사각기둥을 가지고 놀고 있다. 파란색, 노란색, 보라색 기둥의 순으로 나란히 세워 놓은 다음, 빨간색 기둥을 노란색 기둥보다 앞에, 초록색 기둥을 빨간색 기둥보다 뒤에 세워 놓았다.

① 어떤 기둥이 맨 뒤에 있는지 알 수 없다.

② 빨간색 기둥이 맨 뒤에 있다.

③ 보라색 기둥이 맨 뒤에 있다.

④ 노란색 기둥이 맨 뒤에 있다.

03

문제해결
능력

04

> • ○○○○공사의 회의는 다음 주에 개최한다.
> • 월요일에는 회의를 개최하지 않는다.
> • 화요일과 목요일에 회의를 개최하거나 월요일에 회의를 개최한다.
> • 금요일에 회의를 개최하지 않으면, 화요일에도 회의를 개최하지 않고 수요일에도 개최하지 않는다.

① 회의를 반드시 개최해야 하는 날의 수는 4일이다.

② 회의를 반드시 개최해야 하는 날의 수는 3일이다.

③ 회의를 반드시 개최해야 하는 날의 수는 2일이다.

④ 회의를 반드시 개최해야 하는 날의 수는 1일이다.

[05-07] 다음 밑줄 친 부분에 들어갈 문장으로 알맞은 것은?

05

> • A를 구매하는 사람은 B를 구매한다.
> • C를 구매하지 않는 사람은 B도 구매하지 않는다.
> • C를 구매하는 사람은 D를 구매하지 않는다.
> • 따라서_____

① A를 구매한 사람은 D를 구매하지 않는다.

② B를 구매하는 사람은 C를 구매하지 않는다.

③ C를 구매하는 사람은 A를 구매하지 않는다.

④ B를 구매하지 않은 사람은 C도 구매하지 않는다.

06

> • A씨는 B보다 먼저 약속장소에 도착했다.
> • B씨는 약속 때마다 가장 늦게 도착한다.
> • 오늘 C씨는 A씨보다 일찍 약속장소에 도착했다.
> • _____

① C씨는 B씨보다 약속장소에 먼저 도착했다.

② C씨는 항상 가장 먼저 약속장소에 도착한다.

③ B씨는 오늘 가장 일찍 약속장소에 도착했다.

④ A씨는 항상 약속장소에 먼저 도착한다.

07

> • 진달래를 싫어하지 않는 사람은 알로에를 싫어한다.
> • 국화를 좋아하는 사람은 해바라기도 좋아한다.
> • 알로에를 좋아하는 사람은 선인장을 싫어하지 않는다.
> • 해바라기를 좋아하는 사람은 진달래를 싫어한다.
> • 그러므로 _____

① 진달래를 싫어하는 사람은 해바라기를 좋아한다.

② 선인장을 좋아하는 사람은 알로에를 싫어한다.

③ 국화를 좋아하는 사람은 진달래를 싫어한다.

④ 알로에를 좋아하지 않는 사람은 해바라기를 좋아하지 않는다.

08 5층짜리 건물에 A, B, C, D, E의 5개의 상가가 들어서려고 한다. 다음 조건에 따라 한 층에 하나의 상가만이 들어설 수 있다. 주어진 조건을 만족시켰을 때 다음 중 반드시 참인 것은?

> • B는 A의 바로 위층에 있다.
> • C는 4층에 있다.
> • D, E는 서로 인접한 층에 자리할 수 없다.

① C가 4층이면 E는 A보다 무조건 위층에 있다.

② C가 4층이면 A는 5층에 있다.

③ C가 4층이면 D는 1층에 올 수 없다.

④ C가 4층이면 B는 2층 혹은 3층에 있다.

09 3개의 방에 아래와 같은 안내문에 붙어 있다. 그중 2개의 방에는 각각 보물과 괴물이 들어있고, 나머지 방은 비어있다. 3개의 안내문 중 하나만 참이라고 할 때, 가장 올바른 결론은?

> ㉠ 방 A의 안내문 : 방 B에는 괴물이 들어있다.
> ㉡ 방 B의 안내문 : 이 방은 비어있다.
> ㉢ 방 C의 안내문 : 이 방에는 보물이 들어있다.

① 방 A에는 반드시 보물이 들어있다.
② 방 B에는 보물이 들어 있을 수 있다.
③ 괴물을 피하려면 방 B를 택하면 된다.
④ 방 C에는 반드시 괴물이 들어있다.

10 아래의 명제들이 참일 때 오늘 문을 연 식당은 어디인가?

> • A가 문을 열었다면 B는 문을 열지 않았다.
> • A와 C는 동시에 문을 열었다.
> • A가 문을 열지 않았다면, B가 문을 열었거나 C가 문을 열었다.
> • C는 오늘 문을 열지 않는다.
> • B와 D는 동시에 문을 열지 않는다.
> • D가 문을 열지 않았다면, E도 문을 열지 않았다.

① A   ② B
③ C, D   ④ B, E

11 '갑'은 다음 조건을 모두 따라야 한다. 여기서 E에 가입하는 것이 의무화될 때, '갑'의 선택 내용 중 옳은 것은?

> ㉠ A에 가입하면 B에 가입한다.
> ㉡ C와 D 중 하나만 가입한다.
> ㉢ E에 가입하면 B에는 가입하지 않는다.
> ㉣ D에 가입하면 F에 가입하지 않는다.
> ㉤ A, F, G 중 최소한 두 가지는 반드시 가입한다.

① 갑은 B에 가입한다.

② 갑은 C에 가입한다.

③ 갑은 A에 가입한다.

④ 갑은 G에 가입하지 않는다.

[12-14] 제시된 조건을 바탕으로 A, B에 대해 옳은 것은?

12

> **조건**
> • P씨는 생일날 9개의 선물을 받았다.
> • L씨는 생일날 15개의 선물을 받았다.
> • K씨가 생일날 받은 선물 수는 P씨와 L씨가 받은 선물의 평균 개수에서 2개 적다.
>
> **결론**
> A : K씨는 생일 때 홀수개의 선물을 받았다.
> B : K씨는 셋 중 가장 적은 수의 선물을 받았다.

① A만 옳다.   ② B만 옳다.

③ A, B 모두 옳다.   ④ A, B 모두 틀렸다.

13

> **조건**
>
> • K씨의 인사고과 점수는 L씨의 인사고과 점수보다 15점이 낮다.
> • P씨의 인사고과 점수는 K씨의 인사고과 점수보다 5점 높다.
>
> **결론**
>
> A : 세 사람 중 L씨의 인사고과 점수가 가장 높다.
> B : 세 사람 중 P씨의 인사고과 점수가 가장 낮다.

① A만 옳다.　　　　　　　　　　　　② B만 옳다.

③ A, B 모두 옳다.　　　　　　　　　④ A, B 모두 틀렸다.

14

> **조건**
>
> • 기획 운영팀에 지원한 사람은 경영팀에도 지원했다.
> • 경영팀에 지원하지 않은 사람은 인사팀에도 지원하지 않았다.
> • 인사팀에 지원하지 않은 사람은 기획 운영팀에도 지원하지 않았다.
>
> **결론**
>
> A : 경영지원팀에 지원하지 않은 사람은 기획 운영팀에도 지원하지 않았다.
> B : 인사팀에 지원한 사람은 경영팀에 지원하였다.

① A만 옳다.　　　　　　　　　　　　② B만 옳다.

③ A, B 모두 옳다.　　　　　　　　　④ A, B 모두 틀렸다.

15 한국산업인력공단 자격증을 취득하기 위해 한 학생에게 전화가 왔다. 어제까지 한국 나이로 19살이고 만 18살이었다. 하지만 366일 후에 한국 나이로 21살이 되기 때문에 자격증 취득을 할 수 있다고 한다. 이 조건이 충족되기 위해서 전제되는 것은?

> ㉠ 어제가 12월 31일이여야 한다.
> ㉡ 그 해는 윤년이어야 한다.
> ㉢ 양력으로 계산해야 한다.

① ㉠, ㉡   ② ㉠, ㉢

③ ㉡, ㉢   ④ ㉠, ㉡, ㉢

16 게임을 하기 위해 A, B, C, D, E, F, G, H, I씨는 세 명씩 세 팀으로 편을 나누려고 한다. 다음 조건을 만족시키는 경우, 같은 팀을 바르게 연결한 것을 고르면?

> • A씨와 B씨는 같은 팀이 될 수 없다.
> • E씨는 G씨와 같은 팀이 될 수 없다.
> • F씨와 G씨는 같은 팀이어야 하며, B씨와 같은 팀이 될 수 없다.
> • D씨와 H씨는 같은 팀이어야 한다.
> • C씨는 I씨와 같은 팀이어야 하며, B씨와 같은 팀이 될 수 없다.

① A, B, C   ② A, F, G

③ B, C, D   ④ B, E, I

17 세 슈퍼마켓 E, F, G는 직선도로를 따라서 서로 이웃하고 있다. 이들 슈퍼마켓의 간판은 초록색, 파란색, 빨간색이며 슈퍼마켓 앞에서 슈퍼마켓을 바라볼 때 다음과 같이 되어 있다. 아래와 같은 조건을 만족시킬 때 가운데 위치하는 슈퍼마켓과 간판의 색이 바르게 연결된 것을 고르면?

> • 파란색 간판은 왼쪽 끝에 있는 슈퍼마켓의 것이다.
> • F슈퍼마켓은 E슈퍼마켓의 오른쪽에 있다.
> • G슈퍼마켓의 간판은 빨간색이다.

① E슈퍼마켓-초록색   ② F슈퍼마켓-빨간색

③ F슈퍼마켓-초록색   ④ G슈퍼마켓-빨간색

18 다음의 조건에 따를 때 S회사에 지원한 K씨가 가지고 있는 자격증의 개수는?

> • S회사에 지원하기 위해서는 A자격증을 가지고 있어야 한다.
> • C자격증을 취득하기 위해서는 B자격증을 가지고 있어야 한다.
> • A자격증 시험에 지원하기 위해서는 D자격증을 가지고 있어야 한다.
> • D자격증 시험에 지원하기 위해서는 E자격증을 취득하고 1년 이상의 기간이 경과하여야 한다.
> • B자격증을 가지고 있는 사람은 E자격증 시험에 지원할 수 없고, E자격증을 취득하면 B자격증 시험에 지원할 수 없다.

① 2개   ② 3개

③ 4개   ④ 5개

19 '갑'이 집에서 회사로 가는 길에는 A, B, C, D 4개의 약국이 있다. 다음 조건을 고려할 때, 집에서 가까운 약국을 순서대로 알맞게 나열한 것은? (집과 회사는 일직선이며, 약국은 각각 떨어져 있다.)

> ㉠ A는 C보다 회사에서 가깝고, B보다는 회사에서 멀다.
> ㉡ D는 C보다 회사에서 가깝고 B보다 멀다.
> ㉢ A는 회사에서 두 번째로 가깝다.

① C – A – B – D   ② D – B – A – C

③ D – C – A – B   ④ C – D – A – B

20 7층 건물의 엘리베이터는 모든 층에서 타고 내릴 수 있다. 엘리베이터 안에는 A씨, B씨, 김 대리, 이 대리, 박 과장, 최 과장이 타고 있는데 각각 다른 층에서 내린다. 엘리베이터가 1층에서 올라가는데 최 과장은 A씨보다는 늦게 내렸지만 이 대리보다는 빨리 내렸다. 박 과장은 B씨보다 한층 더 가서 내렸고 이 대리보다는 세 층 전에 내렸다. 이대리가 마지막에 내린 것이 아닐 때, 짝수 층에서 내린 사람은?

① 이 대리   ② 김 대리

③ 최 과장   ④ 박 과장

Chapter 04

자기개발능력

- 자기개발능력은 모든 직장인에게 공통적으로 요구하는 직업기초 능력으로, 자신의 능력, 적성, 특성 등의 이해를 기초로 자기발전 목표를 수립하고 성취해나가는 능력이다.
- 자기개발능력 함양을 통해 직장생활에서 자신의 가치를 드러낼 수 있다.
- 핵심이론과 관련된 일반적인 지식 문제와 실제 직업 생활에서 일어날 수 있는 사례들을 제시한 응용 · 심화 문제 등이 출제된다.

1. 자기개발능력
- 자기개발능력이 무엇인지 알아본다.
- 자기개발 설계전략을 알아본다.

2. 자아인식능력
- 자아인식능력이 무엇인지 알아본다.
- 성찰을 하는 이유에 대해 알아본다.

3. 자기관리능력
- 자기관리능력이 무엇인지 알아본다.
- 합리적인 의사결정 과정을 알아본다.

4. 경력개발능력
- 경력개발능력이 무엇인지 알아본다.
- 경력개발계획 수립에 대해 알아본다.

1 〉 자기개발능력

(1) 자기개발능력이란?

① 자신의 능력, 적성, 특성 등에 있어서 강점과 약점을 찾고 확인하여 강점을 강화 시키고, 약점을 관리하여 성장을 위한 기회로 활용하는 것이다.

② 직업인으로서 자신의 능력 · 적성 · 특성 등의 이해를 기초로 자기 발전 목표를 스스로 수립하고 자기관리를 통하여 성취해나가는 능력을 의미한다.

(2) 자기개발의 특징

① 개발의 주체는 타인이 아닌 자기 자신이다.

② 개별적인 과정으로서, 자기개발을 통해 지향하는 바와 선호하는 방법 등은 사람마다 다르다.

③ 평생에 걸쳐 이루어지는 과정이다.

④ 일과 관련하여 이루어지는 활동이다.

⑤ 생활 가운데 이루어져야 한다.

⑥ 모든 사람이 해야 하는 것이다.

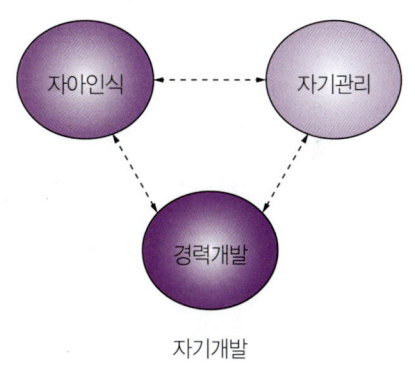

자기개발

(3) 자기개발의 구성

① **자아인식**

직업생활과 관련하여 자신의 가치, 신념, 흥미, 적성, 성격 등 자신이 누구인지 파악하는 것이다. 이는 자기개발의 첫 단계가 되며, 자신이 어떠한 특성을 가지고 있는 지를 바르게 인식할 수 있어야 적절한 자기개발이 이루어질 수 있다.

② **자기관리**

자신을 이해하고 목표를 성취하기 위하여 자신의 행동 및 업무수행을 관리하고 조정하는 것이다. 자기관리는 비전 및 목표 수립 → 과제 발견 → 수행 및 피드백의 과정으로 이루어진다.

③ **경력개발**

개인의 경력목표와 전략을 수립하고 실행하며 피드백 하는 과정이다. 경력개발은 경력 관련 목표 수립 → 경력계획 수립 → 실행 및 피드백의 과정으로 이루어진다.

(4) 자기개발을 방해하는 장애요인

① 우리의 욕구와 감정이 작용하기 때문이다.

② 제한적으로 사고하기 때문이다.

③ 문화적인 장애에 부딪히기 때문이다.

④ 자기개발 방법을 잘 모르기 때문이다.

(5) 자기개발 설계 전략

① 장 · 단기 목표를 수립한다.

- **단기목표(1~3년)** : 장기목표를 위한 기본 단계로, 직무 관련 경험, 자격증, 인간관계 등을 고려한다.
- **장기목표(5~10년)** : 자신의 욕구, 가치, 흥미, 적성 및 기대, 직무의 특성 등을 고려 한다.

② 인간관계를 고려한다.

③ 현재의 직무를 고려한다.

④ 구체적인 방법으로 계획한다.

(6) 자기 브랜드화

① 자기 브랜드화란 개인에 대해 일종의 고정관념을 갖게 하는 것이다. 이는 단순히 자신을 알리는 것을 뛰어 넘어, 다른 사람과 차별화된 본인만의 특징을 밝혀내고 이를 부각시키기 위해 지속적인 자기개발을 하며 널리 알리는 것을 말한다.

② **사랑받는 브랜드의 요건** : 친근감, 열정, 책임감

③ 자기 브랜드 PR방법

- 소셜 네트워크를 활용한다.
- 인적네트워크를 활용한다.
- 자신만의 명함을 만든다.
- 경력 포트폴리오를 만든다.

2 〉〉 자아인식능력

(1) 자아인식능력이란?

자신의 흥미, 적성, 특성 등을 이해하고 자기 정체성을 확고히 하는 능력이다. 자아인식을 통해 개인과 팀의 성과를 높이고 자신의 역량 및 자질을 개발할 수 있다.

(2) 조하리의 창(Johari's Window)

조셉과 해리라는 두 심리학자에 의해 만들어진 '조하리의 창(Johari's Window)'은 자신과

다른 사람의 두 가지 관점을 통해 파악해 보는 자기인식 또는 자기 이해의 모델이다. 자신을 보다 객관적으로 인식하기 위해서는 조하리의 창을 통해 내가 아는 나의 모습 외에 다른 방법을 적용할 필요가 있다.

구분	내가 아는 나	내가 모르는 나
타인이 아는 나	공개된 자아 (Open Self)	눈먼 자아 (Blind Self)
타인이 모르는 나	숨겨진 자아 (Hidden Self)	아무도 모르는 자아 (Unknown Self)

(3) 자아인식 방법

① 내가 아는 나를 확인하기
- 나의 성격이나 업무수행에 있어서의 장·단점은 무엇일까?
- 현재 내가 담당하는 업무를 수행하기에 부족한 능력은 무엇인가?
- 내가 관심을 가지고 열정적으로 하는 일은 무엇인가?
- 나는 직장생활에서 어떤 목표를 가지고 있는가? 이것들은 가치가 있는가?
- 내가 생각하는 바람직한 상사, 동료 및 부하직원은 어떻게 행동하는가?
- 내가 오늘 하고 있는 일을 그만둔다면, 어떤 일을 새로 시작할까?

② 다른 사람과의 커뮤니케이션
- 직장생활에서 저의 장·단점은 무엇이라고 생각하시나요?
- 평소에 저를 어떤 사람이라고 생각하시나요?
- 당신이 창업을 한다면 저와 함께 일할 생각이 있으신가요? 그 이유는 무엇인가요?
- 당신은 나를 처음 보고 어떤 느낌이 들었나요?

③ 표준화 검사도구
- 표준화된 검사 도구는 본인의 자아 특성을 다른 사람들과 비교해볼 수 있는 척도를 제공한다.

3 〉 자기관리능력

(1) 자기관리능력이란?

자신의 행동 및 업무 수행을 통제하고 관리하며, 합리적이고 균형적으로 조정하는 능력이다.

(2) 자기관리의 과정

　① **비전 및 목적 정립** : 자신에게 가장 중요한 것이 무엇인지를 파악하고 가치관, 원칙, 삶의 목적 등을 정립한다.

　② **과제 발견** : 현재 주어진 역할 및 능력을 토대로 역할에 따른 활동목표와 우선순위를 설정한다.

　③ **일정 수립** : 하루, 주간, 월간 단위로 계획을 수립한다.

　④ **수행** : 수행과 관련된 요소를 분석하고 수행방법을 찾는다.

　⑤ **반성 및 피드백** : 수행결과를 분석하고 피드백 한다.

(3) 업무수행 향상 방법

　① 자기자본이익률(ROE)을 높인다.

　② 일을 미루지 않는다.

　③ 업무를 묶어서 처리한다.

　④ 다른 사람과 다른 방식으로 일한다.

　⑤ 회사와 팀의 업무지침을 따른다.

　⑥ 역할 모델을 설정한다.

(4) 합리적인 의사결정 과정

　① 합리적인 의사결정이란 자신의 목표를 정하여 몇 가지 대안을 찾아보고 실행 가능한 최상의 방법을 선택하여 행동하는 것이다.

　② 합리적 의사결정 과정

　　㉠ 문제의 특성이나 유형을 파악한다.

　　㉡ 의사결정의 기준과 가중치를 정한다.

　　㉢ 의사결정에 필요한 정보를 수집한다.

　　㉣ 의사결정을 하기 위한 모든 대안을 찾는다.

　　㉤ 각 대안들을 분석 및 평가한다.

　　㉥ 최적의 안을 선택하거나 결정한다.

　　㉦ 결과를 분석하고 피드백 한다.

4 경력개발능력

(1) 경력개발능력이란?

자신의 진로에 대하여 단계적 목표를 설정하고 목표 성취에 필요한 역량을 개발해 나가는 능력이다.

(2) 경력개발의 단계

① **직업선택**

자신에게 적합한 직업이 무엇인지를 탐색하고 이를 선택한 후, 필요한 능력을 키우는 과정이다.

② **조직입사**

자신의 환경과 특성을 고려하여 직무를 선택하는 과정이다.

③ **경력초기**

조직에서 자신의 입지를 확고히 다져나가 승진하는데 많은 관심을 가지는 시기로, 자신이 맡은 업무 내용을 파악하고, 새로 들어간 조직의 규칙이나 규범, 분위기를 알고 적응해나가는 것이 중요한 과제이다.

④ **경력중기**

자신이 그동안 성취한 것을 재평가하고 생산성을 그대로 유지하는 단계이다. 직업 및 조직에서 어느 정도 입지를 굳히게 되어 더 이상 수직적인 승진 가능성이 적은 경력 정체기에 이르게 되며, 새로운 환경에 직면하게 되어 생산성 유지에 어려움을 겪기도 한다.

⑤ **경력말기**

조직의 생산적인 기여자로 남고, 자신의 가치를 지속적으로 유지하기 위하여 노력하며 동시에 퇴직을 고려하게 되는 시기이다.

(3) 경력개발 계획 수립

① **직무정보 탐색**

해당 직무와 관련된 모든 정보를 알아내는 단계이다.

② **자신과 환경이해**

경력목표를 설정하는데 도움이 될 수 있도록 자신의 능력, 흥미, 적성, 가치관 등을 파악하고 직무와 관련된 주변 환경의 기회와 장애요인에 대하여 정확하게 분석한다.

구분	탐색 방법
자기 탐색	• 자기인식 관련 워크숍 참여 • 전문기관의 전문가와 면담 • 표준화된 검사 • 일기 등을 통한 성찰 과정
환경 탐색	• 회사의 연간 보고서 • 특정 직무와 직업에 대한 서명 자료 • 전직 및 경력 상담회사 및 기관 방문 • 직업관련 홈페이지 탐색 : 각종 기관에서 운영하는 직업정보(Know), 자격정보(Q-net), 취업알선정보(Work-net), 직업교육훈련정보(HRD-net, Career-net), 노동시장 정보(고용보험 DB, 실업자대책 DB)

③ 경력목표 설정

   자신 및 환경에 대한 이해와 직무 정보를 기초로 자신이 하고 싶은 일은 어떤 것인지, 이를 달성하기 위해서는 능력이나 자질을 어떻게 개발해야 하는지에 대하여 단계별 목표를 설정한다.

④ 경력개발 전략 수립

   경력목표를 수립하면 이를 달성하기 위한 활동계획을 수립한다.

⑤ 실행 및 평가

   경력개발 전략에 따라 실행하고, 실행 과정을 통해 도출된 결과를 검토하고 수정한다.

기초 문제

정답 및 해설 309p

01 직장인 A씨는 자기개발을 하려고 한다. 다음 중 A씨가 자기개발을 설계하기 위해 고려해야 할 전략으로 옳지 않은 것은?

① 인간관계를 고려한다.

② 현재의 직무를 고려한다.

③ 단기 목표는 생략하고 장기 목표를 세운다.

④ 자신의 욕구, 가치, 적성, 흥미 등을 고려하여 수립한다.

04

자기개발
능력

02 다음에 해당하는 자기개발의 구성요소는 무엇인가?

> • 나의 업무에서 생산성을 높이기 위해서는 어떻게 해야 할까?
> • 다른 사람과의 대인관계를 향상시키기 위한 방법은?
> • 나의 장점을 살리기 위해 어떤 비전과 목표를 수립해야 할까?

① 자아인식   ② 자기관리

③ 자기비판   ④ 자기반성

03 다음 중 자기개발의 특징으로 옳지 않은 것은?

① 개발의 주체는 타인이 아닌 자기 자신이다.

② 자기개발을 통해 지향하는 바와 선호하는 방법 등은 사람마다 다르다.

③ 일과 관련하여 이루어지는 활동이다.

④ 일시적인 과정이다.

04 S씨는 아래의 5단계 프로세스에 맞춰 자기관리를 시작하기로 다짐하였다. 다음 중 S씨가 각 단계별로 해야 할 행동으로 옳지 않은 것은?

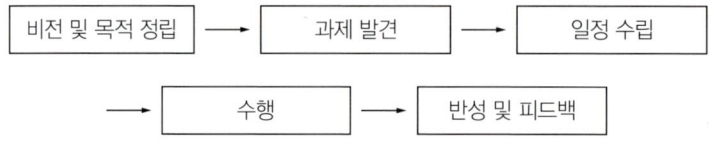

① 1단계에서는 본인에게 가장 중요한 것이 무엇인지 파악하고 우선순위를 정해 놓아야 한다.
② 2단계에서는 자신이 수행해야 할 역할을 도출하고 활동목표를 세워야 한다.
③ 3단계에서는 우선순위에 따라 구체적인 일정을 수립해야 한다.
④ 4단계에서는 계획한 대로 바람직하게 수행해야 한다.

05 성찰에 대한 설명으로 옳지 않은 것은?

① 성찰은 지속적인 연습의 과정이다.
② 성찰은 신뢰감 형성에 도움을 준다.
③ 성찰을 통해 현재의 부족한 부분을 알기는 어렵다.
④ 성찰은 창의적인 사고를 가능하게 한다.

06 다음에서 설명하는 경력개발의 단계는 무엇인가?

> 이 단계는 조직의 규칙이나 규범, 분위기를 알고 적응해 나가는 것이 중요한 과제이다. 또한 조직에서 자신의 입지를 확고히 다져나가며 승진하는 데 많은 관심을 갖는 시기이다.

① 직업 선택   ② 조직 입사
③ 경력 초기   ④ 경력 중기

07 업무시행 시트작성 중 체크리스트(Checklist)에 대한 설명으로 옳지 않은 것은?

① 업무를 세부적인 활동들로 나누어 사용한다.

② 시간의 흐름을 표현하는 데에는 한계가 있다.

③ 각 단계를 효과적으로 수행했는지 상사가 점검해볼 수 있는 도구이다.

④ 각 활동별로 기대되는 수행수준을 달성했는지 확인한다.

08 조셉과 해리라는 두 심리학자에 의해 만들어진 조하리의 창(Johari's Window)에 의하면 자아는 본인뿐만 아니라 타인의 관점을 통해서도 발견될 수 있는 것으로, 자신과 타인 두 가지 관점을 통해 자기를 발견하고 이해할 수 있다. 다음 표에 제시된 A, B, C, D 각각에 들어갈 개념을 바르게 나열한 것은?

구 분	내가 아는 나	내가 모르는 나
타인이 아는 나	A	B
타인이 모르는 나	C	D

① A: 공개된 자아　　B: 숨겨진 자아　　C: 눈먼 자아　　D: 아무도 모르는 자아

② A: 공개된 자아　　B: 눈먼 자아　　C: 숨겨진 자아　　D: 아무도 모르는 자아

③ A: 숨겨진 자아　　B: 눈먼 자아　　C: 공개된 자아　　D: 아무도 모르는 자아

④ A: 숨겨진 자아　　B: 공개된 자아　　C: 눈먼 자아　　D: 아무도 모르는 자아

09 신입사원 B씨는 업무수행 성과를 높이기 위한 행동전략에 대한 교육을 받았다. 그리고 교육 받은 내용의 핵심을 간단하게 메모해두었다. 다음 중 B씨가 메모해 놓은 내용으로 옳지 않은 것은?

① 자기자본이익률(ROE)을 높인다.

② 해야 할 일이 있다면 바로바로 하는 습관을 들인다.

③ 업무를 묶어서 처리한다.

④ 다른 사람들과 같은 방식으로 일한다.

10 다음 중 합리적인 의사결정 과정에 대한 설명으로 옳지 않은 것은?

① 가장 먼저 해야 할 일은 문제의 근원을 파악하는 것이다.

② 의사결정의 기준과 가중치를 정해야 한다.

③ 최대한 많은 대안을 탐색해야 한다.

④ 의사결정 과정이 반복되지 않도록 처음 선택했던 방식을 유지하는 것이 좋다.

11 다음의 괄호 안에 들어갈 말로 옳은 것은?

> 컨설팅 기업인 타워스 페린이 최근 16개 국가 직장인 86,000여 명을 대상으로 인재를 끌어들이는 주요 인에 대해 조사한 결과, 우리나라의 경우 경쟁력 있는 복리후생제도가 1위, 일과 삶의 균형이 2위로 나타났다. 이는 (   )에 대한 관심이 증가하고 있는 것을 보여준다.

① 평생학습　　　　　　　　　　　② 더블라이프

③ WLB　　　　　　　　　　　　　④ 투잡스

12 다음의 괄호 안에 들어갈 말로 옳지 않은 것은?

> 자신을 깊이 되돌아보고 반성하며 스스로를 인식하는 일을 '성찰'이라고 한다. 자기개발을 하기 위해서는 이러한 성찰의 과정이 반드시 필요한데, 이는 (   )하기 때문이다.

① 스스로 성장할 수 있는 기회를 제공

② 창의적 사고능력 개발의 기회를 제공

③ 다른 일을 하는데 필요한 노하우 축적의 기회를 제공

④ 본인의 약점이나 실수를 감출 수 있는 기회를 제공

정답 및 해설 314p

01 G씨는 외국어능력을 키우기 위해서 영어학원에 등록을 했다. 그런데 몸이 안 좋거나 다른 약속이 생겨서 뜻대로 참석하지 못하고 있다. G씨의 자기개발을 방해하는 요인과 비슷한 사례는 무엇인가?

① A씨는 외국계 회사로 이직했다. 이직 후 A씨는 이전과는 다른 회사 분위기에 적응하느라 2주째 동호회에 나가지 못하고 있다.

② B씨는 주말마다 봉사활동을 다니고 있지만 잦은 회식과 과음으로 최근엔 봉사활동에 나가지 못하고 있다.

③ 신입사원 C씨는 직장 선배에게 회사일도 중요하지만 개인적인 능력개발도 중요하다는 이야기를 들었다. 하지만 C씨는 어디서부터 무엇을 시작해야 할지 혼란스럽다.

④ D씨는 입사한지 5년이 지났지만 아직 자신이 잘하는 일이 무엇인지 알 수 없어 고민이다.

04
자기개발
능력

02 인사팀 부장 D씨는 올해 초 입사한 신입사원들을 대상으로 자기개발을 해야 하는 이유에 대해 이야기 하려고 한다. 다음 중 D씨가 해야 할 말로 옳지 않은 것은?

① 자기개발은 자신이 달성하고자 하는 목표를 설정하여 성취하는 데에 큰 도움을 줄 수 있습니다.

② 직장생활에서의 자기개발은 업무의 성과를 향상시키고 효율적인 업무처리가 가능해진답니다.

③ 자기개발을 하면 자신감이 상승하고 삶의 질이 향상되어 보다 보람된 삶을 살 수 있어요.

④ 자기개발을 통해 기존의 능력을 유지하고 한 분야에서 안정적인 삶을 살 수 있어요.

03 E씨는 신입사원을 대상으로 하는 자기개발 교육을 받게 되었다. 이를 토대로 자신을 되돌아보는 시간을 가져보려고 한다. 다음 중 E씨가 해야 할 행동으로 옳은 것은?

① 직무정보를 탐색하고 경력에 대한 구체적인 전략을 수립한다.

② 본인이 활용할 수 있는 자원이 무엇인지 파악한다.

③ 평소 실적이 좋고 평판이 좋은 다른 직원의 행동을 관찰해 본다.

④ 다른 직원들과 소통하며 본인의 모습을 파악하고 더 알아본다.

04 직장인 A씨와 B씨는 자기개발에 관한 교육을 듣고 자기개발이 생각보다 쉬운 일이 아님을 느꼈다. 자기개발을 방해하는 장애요인이 너무 많다고 생각했기 때문이다. 교육을 받은 후 A씨와 B씨가 나눈 대화의 내용 중 옳지 않은 것은?

① A : 제 생각엔 자기개발이 힘든 이유가 우리 안에 있는 다른 기본적인 욕구들이 강하기 때문이라 생각해요.

② B : 맞는 말이에요. 귀찮아서, 잠을 더 자고 싶어서, 놀고 싶어서 등등 여러 가지 다른 욕구와 감정들이 자기실현의 욕구를 제한한다고 볼 수 있죠.

③ A : 현재에 안주하려는 습성도 자기개발을 저해하는 요소인 것 같아요. 생각해보면 우리는 현재의 환경과 상황에서 크게 벗어나려고 하지않잖아요.

④ B : 자기개발을 위한 프로그램이 많이 없는 것도 문제 중 하나네요. 자기개발을 하고 싶지만 지원해주는 곳이 없어 무엇을 어떻게 시작해야 할지 참 막막하더군요.

05 F씨의 상사는 경력을 개발하는 일에 몰두하며, F씨에게도 늘 경력개발의 필요성에 대해 강조한다. F씨는 상사에게 그 이유에 대해 물었다. 다음 중 F씨의 상사가 F씨에게 해줄 답변으로 옳지 않은 것은?

① 환경의 끊임없는 변화 때문이지. 현대사회의 지식정보는 급속도로 변화하고 있기 때문에 이 흐름에 도태되지 않으려면 끊임없는 경력개발이 필요해.

② 회사 내부의 경영전략이 변화될 수도 있기 때문이야. 경영전략이 변화되거나 직무환경이 변할 것을 대비해야 해.

③ 내 가치관과 신념을 확고히 정립하기 위해서라도 경력개발은 꼭 필요하다고 볼 수 있지.

④ 요즘은 승진 적체 현상이 일어나고 있기 때문에, 꾸준히 본인의 능력을 개발하는 것이 정말 중요하지.

06 1년차 직장인 Z씨는 본인이 하고 있는 일에 대해 회의감을 느끼게 되어 직장생활 5년 차 선배에게 조언을 구하고자 찾아갔다. 다음 중 Z씨의 선배가 Z씨에게 해줄 말로 옳은 것은?

① 흥미나 적성은 쉽게 변하지 않으니까 '나는 이 일을 잘할 수 있다', '나의 적성과 맞다'라고 끊임 없이 주문을 외워봐.

② 기업의 문화나 풍토에 너무 집착하지는 않는게 좋을 거야.

③ 큰 프로젝트를 도전적으로 수행해보는 것도 좋은 방법이야.

④ 업무를 수행할 때 작은 단위로 계획을 수립해 차근차근 이루도록 노력하면 조금씩 성취감을 느 끼게 될 거야.

07 J씨는 평소 직장 내에서 엄격하고 무뚝뚝하기로 유명하다. 하지만 집에서는 굉장히 부드럽고 친근한 가장으로 통할만큼 자상한 성격의 소유자이다. 직장 동료들과는 업무적으로 맺어진 관계이기 때문에 사적으로 친해질 기회가 많이 없었기 때문이다. 이를 통해 알 수 있는 조하리의 창(Johari's Window) 속 자아로 옳은 것은?

① 공개된 자아(Open Self) ② 눈먼 자아(Blind Self)
③ 숨겨진 자아(Hidden Self) ④ 아무도 모르는 자아(Unknown Self)

08 L씨는 평소 본인이 맡은 일에 대하여 불평·불만을 많이 하고, 매사에 부정적인 생각을 한다. 이를 옆에서 지켜보던 동료 P씨가 L씨에게 몇 가지 조언을 해주고자 한다. 다음 중 P씨가 L씨에게 해줄 수 있는 말로 옳지 않은 것은?

① 타인을 원망하거나 탓하는 것은 건강한 자아상 확립을 저해하는 요소야.

② 긍정적인 마음을 가지기 위해서는 먼저 네 자신을 긍정하도록 노력해봐.

③ 너무 힘들면 지금 처한 상황을 잠시 피하는 것도 좋은 방법이 될 수 있지.

④ 해야 할 일이 너무 많다면 그만큼 능력을 인정받고 있다고 생각해봐.

09 F씨는 3년째 모 기업의 텔레마케터로 일하고 있다. F씨의 꿈은 자산관리사가 되는 것이다. 처음부터 자산관리사가 되지 못한 것에 대해 후회를 하고 있지만 지금 당장 하고 있는 일을 그만 둘 수는 없는 상황이다. F씨는 꿈과 현실 사이에서 갈등하며 자신과 환경에 대해 좀 더 탐색해보기로 했다. 이러한 상황에서 F씨가 해야 할 일로 옳지 않은 것은?

① 표준화된 적성 검사를 해본다.
② 전문기관을 찾아가 전문가와 면담을 해본다.
③ 일기 등을 통해 스스로를 성찰해 보는 시간을 가진다.
④ 경력목표와 활동계획을 구체적으로 수립한다.

10 자기개발의 구성요소는 자아인식, 자기관리, 경력개발이다. 다음 중 성격이 다른 하나는 무엇인가?

① A씨는 자신에게 적합한 직업을 찾기 위해 전문가에게 면담을 요청했다.
② B씨는 회사 홈페이지에 접속해 연간 보고서를 쭉 읽어보았다.
③ C씨는 회사에서 그동안 자신이 성취한 것을 재평가 해보기로 했다.
④ D씨는 주변 지인들에게 '평소 나에 대해 어떻게 생각하느냐'하는 질문을 했다.

11 OO기업 인사팀에서는 신입사원들에게 자기개발 설계 전략을 수립해오라는 과제를 내주었다. 다음 중 과제 수행 내용이 잘못된 사람은 누구인가?

> A사원 : 자신뿐 아니라 주변 사람들과의 관계 등을 고려하여 작성하였다.
> B사원 : 현재의 직무와 적성을 고려하여 작성하였다.
> C사원 : 단기적 목표는 생략하고 장기적 목표에 초점을 맞추어 작성하였다.
> D사원 : 두루뭉술한 표현보다는 실현 가능한 것들 위주로 구체적으로 작성하였다.

① A사원   ② B사원
③ C사원   ④ D사원

MEMO

시스컴은 여러분을 응원합니다!

Chapter 05

자원관리능력

- 자원관리능력은 모든 직장인에게 공통적으로 요구하는 직업기초 능력으로 NCS 10과목 중에서 다소 높은 비중을 차지하고 있는 영역이다.
- 자원관리능력은 직장생활에서 필요한 자원을 확인하고 확보하여 업무 수행에 이를 효율적으로 활용하여 관리하는 능력이다.
- 자원관리능력은 총무, 재무, 인사, 이공계열 등을 바탕으로 실무에 가까운 효율적인 대안을 찾는 능력이 문제로 출제된다.

1. 자원
- 자원이 무엇인지 알아본다.

2. 자원관리
- 자원관리가 무엇인지 알아본다.

3. 자원 낭비요인
- 자원의 낭비요인이 무엇인지 알아본다.

4. 자원관리과정
- 효과적인 자원관리과정의 필요성을 알아본다.

1 〉 자원관리능력

(1) 자원관리능력이란?

자원관리능력은 직장생활에서 시간, 예산, 물적자원, 인적자원 등의 자원 가운데 무엇이 얼마나 필요한지를 확인하고, 이용 가능한 자원을 최대한 수집하여 실제 업무에 어떻게 활용할 것인지를 계획하고, 계획대로 업무 수행에 이를 할당하는 능력이다.

(2) 자원의 종류

① **시간관리능력** : 기업 활동에서 필요한 시간자원을 파악하고, 시간자원을 최대한 확보하여 실제 업무에 어떻게 활용할 것인지에 대한 시간계획을 수립하고, 이에 따라 시간을 효율적으로 활용하여 관리하는 능력

② **예산관리능력** : 기업 활동에서 필요한 예산을 파악하고, 예산을 최대한 확보하여 실제 업무에 어떻게 활용할 것인지에 대한 예산계획을 수립하고, 이에 따른 예산을 효율적으로 집행하여 관리하는 능력

③ **물적자원관리능력** : 기업 활동에서 필요한 물적자원(재료, 시설자원 등)을 파악하고, 물적자원을 최대한 확보하여 실제 업무에 어떻게 활용할 것인지에 대한 계획을 수립하고, 이에 따른 물적자원을 효율적으로 활용하여 관리하는 능력

④ **인적자원관리능력** : 기업 활동에서 필요한 인적자원을 파악하고, 인적자원을 최대한 확보하여 실제 업무에 어떻게 배치할 것인지에 대한 예산계획을 수립하고, 이에 따른 인적자원을 효율적으로 배치하여 관리하는 능력

(3) 자원관리의 과정

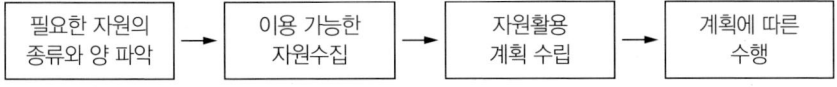

필요한 자원의 종류와 양 파악 → 이용 가능한 자원수집 → 자원활용 계획 수립 → 계획에 따른 수행

(4) 자원의 낭비요인

① **비계획적 행동** : 자원 활용에 대한 계획 없이 충동적이고 즉흥적으로 행동하는 경우

② **편리성 추구** : 자원의 활용 시 자신의 편리함을 최우선으로 추구하는 경우

③ **자원에 대한 인식 부재** : 자신이 중요한 자원을 가지고 있다는 인식이 없는 경우

④ **노하우 부족** : 자원관리의 중요성은 알고 있으나 효과적으로 수행하는 방법을 알지 못하는 경우

2 〉〉 시간관리능력

(1) 시간의 특성
① 시간은 매일 24시간이 반복적으로 주어진다.
② 시간은 일정한 속도로 진행된다.
③ 시간의 흐름은 멈출 수 없다.
④ 시간은 빌리거나 저축할 수 없다.
⑤ 시간을 사용하는 방법에 따라 가치가 달라진다.
⑥ 시절에 따라 밀도와 가치가 다르다.

(2) 시간의 낭비요인
① 외적인 요인 : 본인이 조절할 수 없는 외부인이나 외부에서 발생하는 시간에 의한 것
② 내적인 요인 : 계획의 부족이나 우유부단함 등 개인 내부의 습관에 인한 것

(3) 시간 계획
① 의의 : 시간자원을 최대한 활용하기 위하여 가장 많이 반복되는 일에 가장 많은 시간을 분배하고, 최단시간에 최선의 목표를 달성한다.
② 시간계획의 순서

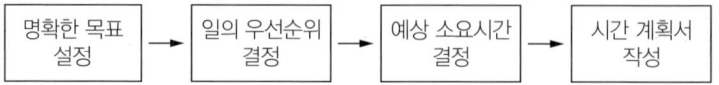

3 〉〉 예산관리능력

(1) 예산과 예산관리
① 예산 : 사업이나 활동을 하기 위해 필요한 비용을 미리 계산하는 것, 넓은 의미에서는 개인 및 조직의 수입과 지출에 관한 것도 포함된다.
② 예산관리 : 비용 산정＋예산 수립＋예산 집행(통제)
• 예산은 실제 비용과 가장 비슷하게 책정하는 것이 바람직하다.

> 책정비용 ＞ 실제비용 ⇨ 경쟁력 손실
> 책정비용 ＜ 실제비용 ⇨ 적자의 발생
> 책정비용 ＝ 실제비용 ⇨ 이상적 상태

(2) 직접비용과 간접비용

① **직접비용(Direct Cost)** : 제품의 생산이나 서비스를 창출하기 위해 직접 소비된 비용

→ 재료비, 원료와 장비, 시설비, 여행 및 잡비, 인건비 등

② **간접비용(Indirect Cost)** : 생산에 직접 관련되지 않은 비용

→ 보험료, 건물관리비, 광고비, 통신비, 사무비품비, 각종 공과금 등

(3) 예산관리 절차

① **필요한 과업 및 활동 규명** : 예산 범위 내에서 수행해야 하는 활동과 소요예산 정리

② **우선순위 결정** : 우선적으로 예산이 배정되어야 하는 활동을 도출하기 위해 활동별 예산 지출 규모를 확인하고 우선순위 확정

③ **예산 배정** : 우선순위가 높은 활동부터 예산을 배정하고 사용

(4) 과업세부도

① 과제 및 활동계획 수립 시 가장 기본적인 수단으로 활용되는 그래프

② 필요한 모든 일들을 중요한 범주에 따라 체계화해서 구분해 놓음

4 물적자원관리능력

(1) 물적자원의 종류

① **자연자원** : 자연 상태 그대로의 자원

→ 석유, 석탄, 나무 등

② **인공자원** : 인위적으로 가공하여 만든 자원

→ 시설, 장비 등

(2) 물적자원관리의 중요성

① 물적자원을 효과적으로 관리할 경우 과제 및 사업의 성공으로 경쟁력을 향상 시킬 수 있다.

② 물적자원관리가 부족할 경우 과제 및 사업에 실패하여 경제적 손실을 얻게 된다.

(3) 물적자원 활용의 방해요인

① 보관장소를 파악하지 못하는 경우

② 물적자원이 훼손된 경우

③ 물적자원을 분실한 경우

④ 분명한 목적 없이 물적자원을 구입한 경우

(4) 물적자원관리 과정

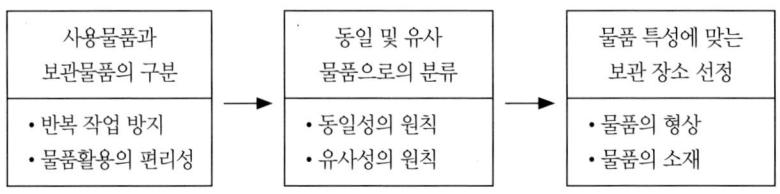

① **사용물품과 보관물품의 구분** : 계속 사용할 물품인지 아닌지를 구분하여 가까운 시일내에 활용하지 않는 물품은 창고나 박스에 보관한다.
② **동일 및 유사 물품의 분류** : 동일성의 원칙을 반영하여 같은 품종을 작은 장소에 보관하고, 유사성의 원칙대로 유사품은 인접한 장소에 보관해 소요시간을 단축시킨다.
③ **물품의 특성에 맞는 보관 장소 선정** : 재질, 무게, 부피 등 물품의 특성을 고려하여 보관 장소를 선정한 후에 회전대응 보관의 원칙을 지켜 활용 빈도가 상대적으로 높은 것을 가져다 쓰기 쉬운 위치에 먼저 보관한다.

5 〉 **인적자원관리능력**

(1) 인적자원

산업이 발달함에 따라 생산현장이 첨단화, 자동화 되었더라도 물적자원, 예산 등의 생산요소를 효율적으로 결합시켜 가치를 창조하는 일을 하는 것은 바로 사람이기 때문에 기업 경영에서는 구성원들이 능력을 최고로 발휘하기 위한 인적자원의 선발, 배치 및 활용이 중요하다.

(2) 효율적인 인적자원관리의 원칙

① **적재적소 배치의 원리** : 해당 직무 수행에 가장 적합한 인재를 배치해야 한다.
② **공정 보상의 원칙** : 근로자의 인권을 존중하고 공헌도에 따라 노동의 대가를 공정하게 지급해야 한다.
③ **공정 인사의 원칙** : 직무 배당, 승진, 상벌, 근무 성적의 평가, 임금 등을 공정하게 처리해야 한다.
④ **종업원 안정의 원칙** : 직장에서 신분이 보장되고 계속해서 근무할 수 있다는 믿음을 갖게 하여 근로자가 안정된 회사 생활을 할 수 있도록 해야 한다.

⑤ **창의력 계발의 원칙** : 근로자가 창의력을 발휘할 수 있도록 새로운 제안, 건의 등의 기회를 마련하고 적절한 보상을 위해 인센티브를 제공해야 한다.

⑥ **단결의 원칙** : 직장 내에서 구성원들이 소외감을 느끼지 않도록 배려하고, 서로 유대감을 가지고 협동, 단결하는 체제를 이루도록 한다.

(3) 개인 차원에서의 인적자원관리(인맥관리)

① 인맥은 가족, 친구, 직장동료 등 개인이 알고 있거나 관계를 형성하고 있는 사람들을 의미한다.

② 인맥은 핵심인맥과 파생인맥으로 분류할 수 있다.

- **핵심인맥** : 자신과 직접적인 관계가 있는 사람들
- **파생인맥** : 핵심인맥을 통해 알게 된 사람, 우연히 알게 된 사람 등

③ 개인적 차원의 인맥관리 방법으로는 명함관리, 인맥관리카드 작성 등이 있다.

05
자원관리
능력

(4) 인적자원의 특성

능동성	인적자원은 능동적이고 반응적인 성격을 지니고 있으며 성과는 인적자원의 욕구와 동기, 태도와 행동, 만족감에 따라 달라진다.
개발가능성	인적자원은 자연적인 성장, 성숙과 함께 오랜 기간에 걸쳐 개발될 수 있는 잠재능력과 자질을 보유하고 있다.
전략적 자원	다양한 자원을 활용하는 주체는 사람이므로 다른 어떤 주제보다도 전략적으로 중요하다.

(5) 인력배치

① 인력배치의 원칙

적재적소주의	• The right man for the right job • 팀원의 능력이나 성격 등과 가장 적합한 위치에 인력을 배치하여 팀원 개개인의 능력을 최대로 발휘해 줄 것을 기대하는 것
능력주의	• 개인에게 능력을 발휘할 수 있는 기회와 장소를 부여하고, 그 성과를 바르게 평가하여 평가된 능력과 실적에 대해 그에 상응하는 보상을 주는 것
균형주의	• 팀 전체의 적재적소를 고려하여 모든 팀원에 대하여 평등하게 인력을 배치하는 것

② 배치의 유형

양적배치	작업량과 조업도, 부족인원을 감안하여 소요인원을 결정하여 배치하는 것
질적배치	적재적소의 배치
적성배치	팀원의 적성 및 흥미에 따른 배치

기초 문제

▶ 정답 및 해설 318p

01 자원관리의 기본단계로 옳은 것은?

① 자원 파악 → 자원 확보 → 자원 활용계획 수립 → 자원 활용 및 관리

② 자원 확보 → 자원 파악 → 자원 활용 및 관리 → 자원 활용계획 수립

③ 자원 활용계획 수립 → 자원 파악 → 자원 활용 및 관리 → 자원 확보

④ 자원 파악 → 자원 활용계획 수립 → 자원 확보 → 자원 활용 및 관리

02 자원관리능력의 구성으로 옳지 않은 것은?

① 예산관리능력 : 기업 활동에서 필요한 예산을 파악하고, 예산을 최대한 확보하여 실제 업무에 어떻게 집행할 것인지에 대한 계획을 수립하고, 예산을 효율적으로 집행하여 관리 하는 능력

② 물적자원관리능력 : 기업 활동에서 필요한 물적자원을 파악하고, 물적자원을 최대한 확보하여 실제 업무에 어떻게 활용할 것인지에 대한 계획을 수립하고, 물적자원을 효율적으로 활용하여 관리하는 능력

③ 인적자원관리능력 : 기업 활동에서 필요한 인적자원을 파악하고, 인적자원을 최대한 확보하여 실제 업무에 어떻게 배치할 것인지에 대한 계획을 수립하고, 인적자원을 효율적으로 배치하여 관리하는 능력

④ 공간자원관리능력 : 기업 활동에서 필요한 공간자원을 파악하고, 공간자원을 최대한 확보하여 실제 업무에 어떻게 사용할 것인지에 대한 계획을 수립하고, 공간자원을 효율적으로 사용하여 관리하는 능력

03 자원의 낭비 요인으로 옳지 않은 것은?

① 비계획적 행동   ② 편리성 추구

③ 자원에 대한 인식의 부재   ④ 자원의 무한성

04 시간의 특성으로 옳지 않은 것은?

① 매일 24시간이 똑같이 반복적으로 주어진다.

② 시간을 멈출 수 없다.

③ 나이에 따라 시간이 가는 속도가 다르다.

④ 빌리거나 저축할 수 없다.

05 기업의 시간단축 효과로 옳지 않은 것은?

① 가격의 인하   ② 생산성의 향상

③ 위험의 감소   ④ 시장 점유율의 증가

06 다음 제시문에 해당되는 시간 관리의 효과로 옳은 것은?

> 직장에서 일을 수행하는 시간이 감소하여 다양한 삶의 향유가 가능하다.

① 스트레스 관리   ② 균형적인 삶

③ 생산성의 향상   ④ 목표 성취

07 시간계획의 순서로 옳은 것은?

① 예상 소요시간 결정 → 일의 우선순위 확정 → 명확한 목표 설정 → 시간계획서 작성

② 일의 우선순위 확정 → 예상 소요시간 결정 → 명확한 목표 설정 → 시간계획서 작성

③ 명확한 목표 설정 → 일의 우선순위 확정 → 예상 소요시간 결정 → 시간계획서 작성

④ 명확한 목표 설정 → 예상 소요시간 결정 → 일의 우선순위 확정 → 시간계획서 작성

08 예산관리 능력에 대한 설명으로 옳지 않은 것은?

① 예산관리는 비용 산정 + 예산 수립 + 예산 집행(통계)이다.

② 예산 관리 능력이란 이용 가능한 예산을 확인하고 어떻게 사용할 것인지 계획하여, 계획대로 사용하는 능력이다.

③ 적정예산은 무조건 적은 비용으로 책정하여 비용을 낮출 수 있도록 한다.

④ 개인이나 기업의 예산은 한정되어 있으므로 정해진 예산을 효율적으로 사용하여 최대한의 성과를 내기위해 필요한 것이다.

09 다음 제시문에 해당되는 예산관리의 절차로 옳은 것은?

> 우선순위가 높은 활동부터 예산을 배정한다.

① 예산배정 ② 우선순위 결정

③ 예산이 필요한 활동 규명 ④ 적정예산의 결정

10 물적자원의 종류 중 자연자원으로 옳지 않은 것은?

① 석탄 ② 석유

③ 나무 ④ 장비

11 물적자원관리 과정으로 옳지 않은 것은?

① 사용 물품과 보관 물품의 구분 ② 제조사 또는 서식지의 분류

③ 동일 및 유사 물품으로의 분류 ④ 물품 특성에 맞는 보관 장소 선정

응용 문제

정답 및 해설 321p

[01-02] 다음 그림은 일의 우선순위를 결정하기 위한 매트릭스이다. 다음 자료를 보고 각 물음에 답하시오.

구분	긴급한 일	긴급하지 않은 일
중요한 일	1사분면	2사분면
중요하지 않은 일	3사분면	4사분면

01 가장 우선적으로 실시해야 하는 일로 옳은 것은?

① 1사분면   ② 2사분면

③ 3사분면   ④ 4사분면

02 다음과 같은 일이 속하는 곳으로 옳은 것은?

> ㉠ 예방 생산 능력 활동   ㉡ 인간관계 구축
> ㉢ 새로운 기회 발굴   ㉣ 중장기 계획

① 1사분면   ② 2사분면

③ 3사분면   ④ 4사분면

03 다음 제시문에서 설명하는 것으로 옳은 것은?

> • 하는 일 : 만나는 사람들에게 자신을 빠르고 정확하게 어필할 수 있는 가장 좋은 방법
> • 제작 노하우 : 하고자 하는 말을 간단명료하면서 일목요연하게 압축해서 제작 하는 것이 중요함.
> • 중요성 : 나의 신상 정보, 하는 일 등 신상정보를 알린다. 보관되고 간직할 수 있도록 한다. 용무가 있는 사람이 연락을 할 수 있도록 연락처를 알려준다.

① 주민등록증   ② 명함

③ 자기소개서   ④ 이력서

[04-05] 경쟁관계에 있는 M회사와 S회사가 제품별 홍보에 따라 벌어들일 수 있는 수익체계를 정리한 표이다. 이 표를 참고하여 이어지는 질문에 답하시오.

홍보 제품별 수익체계

구분		S회사		
		A제품	B제품	C제품
M회사	A제품	(−6, 4)	(4, −2)	(2, 10)
	B제품	(−7, 12)	(6, 3)	(3, 8)
	C제품	(10, −2)	(−4, 4)	(14, 7)

• 괄호 안의 숫자는 M회사와 S회사가 홍보로 인한 월 수익(억 원)을 뜻한다. (M회사 월 수익, S회사 월 수익)
• M회사가 A제품을 홍보하고 S회사가 B제품을 홍보 하였을 때, M회사의 월 수익은 4억 원이고, S회사의 월 손해는 2억 원이다.

시기별 소비자 선호도

시기	선호품목
1~3월	B제품
4~6월	A제품
7~9월	C제품
10~12월	A, B제품

• 제품을 선호하는 시기에 홍보하면 수익체계에 나타나는 월 수익의 50%가 증가, 월 손해의 50%가 감소된다.

04 다음 중 홍보 시 M회사와 S회사가 얻는 수익의 합이 가장 클 경우로 옳은 것은?

① M : A , S : C

② M : C , S : B

③ M : C , S : C

④ M : A , S : A

05 다음 중 6월에 홍보 시 M회사와 S회사가 얻는 수익의 합이 가장 클 경우로 옳은 것은?

① M : A , S : A   ② M : A , S : C

③ M : B , S : A   ④ M : C , S : A

[06-09] 아래는 각 제품의 특성들을 정리한 표이다. 제시된 표를 바탕으로 이어지는 물음에 답하시오.

구분	가격	브랜드가치	발색	디자인	유형
A	★★☆☆☆	★★★★★	★★★★☆	★★☆☆☆	촉촉함
B	★★☆☆☆	★★★★☆	★★★☆☆	★★☆☆☆	촉촉하지 않음
C	★★★★☆	★★★☆☆	★★★★★	★★★☆☆	촉촉하지 않음
D	★★★☆☆	★★☆☆☆	★★★☆☆	★★★★★	촉촉함

★★★★★ : 매우 좋음 ★★★★☆ : 좋음 ★★★☆☆ : 보통 ★★☆☆☆ : 나쁨 ★☆☆☆☆ : 매우 나쁨

06 고객이 가격이 저렴하면서 발색이 좋은 립스틱을 구매하려 할 때 제안할 상품으로 옳은 것은?

① A   ② B

③ C   ④ D

07 브랜드 가치를 가장 중요시 여기는 고객이 촉촉한 립스틱을 구매하려 할 때 제안할 상품으로 옳은 것은?

① A   ② B

③ C   ④ D

08 다음은 연령별 소비자 선호 특성을 나타낸 표이다. 30대와 40대 고객에게 그들의 선호 특성에 맞게 제품을 판매하려 할 때 가장 알맞은 제품으로 옳은 것은?

연령별 소비자 선호도

연령대	선호 특성
20대	디자인, 가격
30대	브랜드가치, 디자인
40대	가격, 발색

① A   ② B
③ C   ④ D

09 다음 중 선호하는 특성에 알맞게 제품을 구매한 사람으로 옳은 것은?

① 영아 : 난 유명 브랜드의 촉촉한 제품을 원해서 C제품을 구입했어.
② 민석 : 선물용으로 디자인이 예쁘면서 촉촉한 제품을 원해서 D제품을 구입했어.
③ 유정 : 저렴하면서 발색이 좋은 제품을 원해서 B제품을 구입했어.
④ 정운 : 디자인이 예쁜 제품을 원해서 A제품을 구입했어.

[10-11] 운송회사에 근무 중인 M은 배송할 화물의 운송 계획을 세우고 있다.

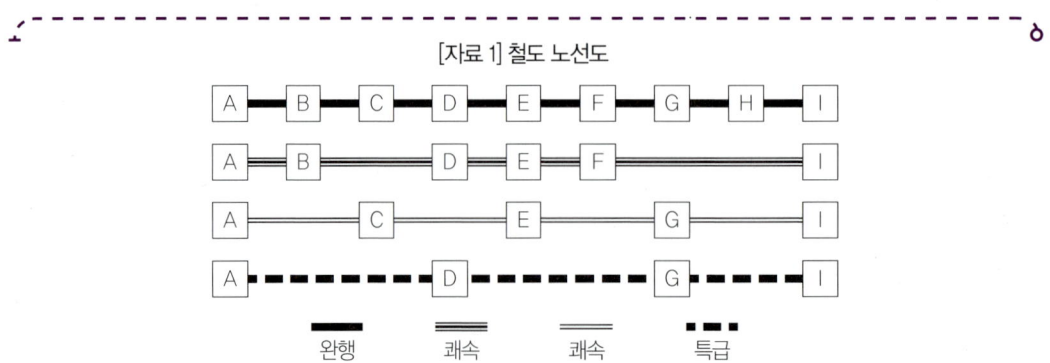

[자료 1] 철도 노선도

- 전체 노선길이는 720km이며 완행열차 기준으로 한 역 사이의 거리는 동일하다.
- 모든 노선은 기점과 종착역을 제외하고 역에 들릴 때마다 10분씩 정차 한다.
- 연비는 해당 연료 1L당 열차가 달릴 수 있는 거리를 나타낸다.

[자료 2] 노선 정보

구분	평균속력(km/h)	연료	1리터(L)당 연료가격(원)	연비(km/L)
완행	80	무연탄	800	2
쾌속	120	중유	1,000	4
급행	180	디젤	1,600	6
특급	360	가솔린	2,400	5

10 A역에서 화물을 실어 I역까지 배송할 때, 총 연료비가 가장 저렴하게 드는 철도 노선으로 옳은 것은?

① 완행
② 쾌속
③ 급행
④ 특급

11 A역에서 화물을 실어 I역까지 배송할 때, 가장 빨리 도착하는 노선과 가장 늦게 도착하는 노선의 배송 시간의 차로 옳은 것은?

① 7시간 50분
② 6시간 40분
③ 4시간 20분
④ 2시간 10분

12 다음 중 인력배치의 원칙으로 옳은 것은?

① 보상주의
② 적성주의
③ 작업주의
④ 능력주의

대인관계능력

- 대인관계능력은 모든 직장인에게 공통적으로 요구하는 직업기초 능력으로, 직장생활에서 협조적인 관계를 유지하고 조직의 갈등을 원만히 해결하고, 고객의 요구를 충족시켜줄 수 있는 능력을 기를 수 있다.
- 직장생활 중 조직구성원들의 업무향상에 도움을 주며 동기화시킬 수 있고, 조직의 목표 및 비전을 제시할 수 있는 능력을 기를 수 있다.
- 핵심이론과 관련된 일반적인 지식 문제와 실제 직업 생활에서 일어날 수 있는 사례들을 제시한 응용·심화 문제 등이 출제된다.

1. 대인관계능력
– 대인관계능력이 무엇인지 알아본다.

2. 팀워크능력
– 팀워크능력이 무엇인지 알아본다.
– 효과적인 팀의 특성을 알아본다.

3. 리더십능력
– 리더십의 의미와 유형에 대해 알아본다.

4. 갈등관리능력
– 갈등의 쟁점 및 유형에 대해 알아본다.
– 효과적인 갈등 해결방법에 대해 알아본다.

5. 협상능력
– 협상의 의미와 종류에 대해 알아본다.
– 효과적인 협상과정에 대해 알아본다.

6. 고객서비스능력
– 고객의 불만표현 유형 및 대응 방안에 대해 알아본다.
– 고객불만 처리 프로세스 8단계에 대해 알아본다.

1 〉 대인관계능력

(1) 대인관계능력이란?

① 직장생활에서 협조적인 관계를 유지하고 조직 구성원들에게 도움을 줄 수 있으며, 조직 내부 및 외부의 갈등을 원만히 해결하고 고객의 요구를 충족시켜줄 수 있는 능력이다.

② 대인관계 형성 시 가장 중요한 요소는 무엇을 말하느냐, 어떻게 행동하느냐 보다는 우리의 사람됨, 즉 깊은 내면 또는 성품이다.

2 〉 팀워크능력

(1) 팀워크란?

① Team + Work의 개념으로, 팀 구성원이 공동의 목적을 달성하기 위하여 상호관계성을 가지고 서로 협력하여 업무를 수행하는 것을 말한다.

② 단순히 모이는 것을 중요시하는 것이 아니라 목표달성 의지를 가지고 성과를 내는 것이다.

③ 팀이 성과는 내지 못하면서 분위기만 좋은 것은 팀워크가 아니라 응집력이다.

(2) 효과적인 팀의 특성

① 팀의 사명과 목표를 명확하게 기술함

② 창조적으로 운영함

③ 결과에 초점을 맞춤

④ 역할과 책임을 명료화함

⑤ 조직화가 잘 되어있음

⑥ 개인의 강점을 활용함

⑦ 리더십 역량을 공유함

⑧ 팀 풍토를 발전시킴

⑨ 의견 불일치를 건설적으로 해결함

⑩ 개방적인 의사소통을 함

⑪ 객관적인 결정을 내림

⑫ 팀 자체의 효과성을 평가함

(3) 팀의 발전 과정

① 형성기(Forming) : 팀이 구축되고 형성되는 단계로, 팀원들은 안전하고 예측 가능한 행동에 대

06

대인관계
능력

한 지침이 필요하기 때문에 리더에게 상당히 의지하고, 팀에서 인정받기를 원한다.

② **격동기(Storming)** : 팀원들이 가제를 수행하기 위해 체계를 갖추게 되면서 필연적으로 마찰이 일어나며 리더십, 구조, 권한, 권위에 대한 문제 전반에 걸쳐서 경쟁심과 적대감이 나타난다.

③ **규범기(Norming)** : 팀원 간에 응집력이 생기고 공동체 형성과 팀의 문제 해결에 더욱 집중하여 단결된 모습을 보인다.

④ **성취기(Performing)** : 팀원들 간 조화를 이루고 팀원으로서의 충성심을 드러낸다. 전체적인 목표는 문제 해결과 일을 통한 생산성 향상이다.

(4) 멤버십(Membership)

① 멤버십이란 조직의 구성원으로서 자격과 지위를 갖는 것으로, 훌륭한 멤버십은 팔로워십(= 리더를 잘 따르는 것)의 역할을 충실하게 수행하는 것이다.

② 멤버십과 리더십의 두 개념은 상호보완적이며 필수적인 관계이다.

③ **멤버십의 유형**

  ㉠ 소외형
   • 자립적, 냉소적이며 일부러 반대의견을 제시함
   • 조직이 자신을 인정하지 않으며 적절한 보상이 없다고 생각함

  ㉡ 순응형
   • 기쁜 마음으로 과업을 수행하며 획일적인 태도를 보임
   • 리더나 조직에 헌신하며 리더의 의견을 거스르는 것이 어려움

  ㉢ 실무형
   • 조직에 운영방침에 민감함, 규정과 규칙을 중시함, 사건을 균형 잡힌 시각으로 바라봄

  ㉣ 수동형
   • 판단, 사고 시 리더에 의존함, 지시가 있어야 행동함
   • 업무 수행 시 감독이 반드시 필요함

  ㉤ 주도형
   • 독립적·혁신적 사고 측면에서 건설적 비판을 하며 자기 나름의 개성과 창조성을 지님
   • 적극적 참여와 실천 측면에서 솔선수범하고 주인의식을 가지고 기대 이상의 성과를 내려고 노력함

3 〉리더십능력

(1) 리더십이란?

조직의 목표 달성을 위하여 개인이 조직원들에게 영향을 미치는 과정이다.

(2) 리더와 관리자의 비교

리더	관리자
• 새로운 상황 창조자 • 혁신 지향적이다. • 내일에 초점을 맞춘다. • 사람의 마음에 불을 지핀다. • 사람을 중시한다. • 정신적이다. • 계산된 위험(Risk)를 취한다. • '무엇을 할까'를 생각한다.	• 상황에 수동적이다. • 유지 지향적이다. • 오늘에 초점을 맞춘다. • 사람을 관리한다. • 체제나 기구를 중시한다. • 기계적이다. • 위험(Risk)를 회피한다. • '어떻게 할까'를 생각한다.

(3) 리더십 유형

① 독재자 유형

- 정책 의사결정과 대부분의 핵심정보를 본인만이 소유하고 고수하려는 경향이 있다.
- 질문을 금지하며, 실수를 용납하지 않고 모든 정보는 내것이라는 생각을 지닌다.
- 집단이 통제 없이 방만한 상태에 있을 때, 가시적인 성과물이 보이지 않을 때 효과적이다.

② 민주주의에 근접한 유형

- 그룹에 정보를 잘 전달하고, 전체 그룹 구성원 모두를 목표방향 설정에 참여하게 함으로써 구성원들에게 확신을 심어주려고 노력한다.
- 참여를 중시하고 토론을 장려한다. 거부권은 리더에게만 있다.
- 탁월한 부하직원을 거느리고 있을 때 효과적이다.

③ 파트너십 유형

- 리더와 집단 구성원 간 구분이 희미하며, 리더가 조직의 한 구성원이 되기도 한다.
- 평등과 집단의 비전을 강조하고 책임을 공유한다.
- 소규모 조직이나 성숙한 조직에서 풍부한 경험과 재능을 소유한 조직원이 있을 때 효과적이다.

④ 변혁적 유형

- 개개인과 팀이 유지해 온 기존의 업무수행 상태를 뛰어넘고자 한다.
- 카리스마와 자기 확신을 지니고 있으며, 조직원들에게 존경심과 충성심을 불어넣는다. 칭찬과 감화 또한 아끼지 않는다.

(4) 동기부여 방법

　　① 긍정적 강화법을 활용한다.

　　② 새로운 도전의 기회를 부여한다.

　　③ 창의적인 문제해결법을 찾는다.

　　④ 책임감으로 철저히 무장한다.

　　⑤ 코칭을 한다.

　　⑥ 변화를 두려워하지 않는다.

　　⑦ 지속적으로 교육한다.

4 〉 갈등관리능력

(1) 갈등의 의미와 원인

　　① 갈등이란 조직을 구성하는 개인과 집단, 조직 간에 잠재적 또는 현재적으로 대립하고 마찰하는 사회적 · 심리적 상태를 의미한다.

　　② 갈등이 항상 부정적인 결과만 가져오는 것은 아니며, 새로운 해결책을 만들어 주는 기회를 제공하기도 한다.

　　③ 갈등이 적절 수준(XI)일 때 조직 내부적으로 생동감이 넘치고 변화 지향적이며 문제 해결능력이 발휘된다. 그 결과 조직의 성과는 높아진다.

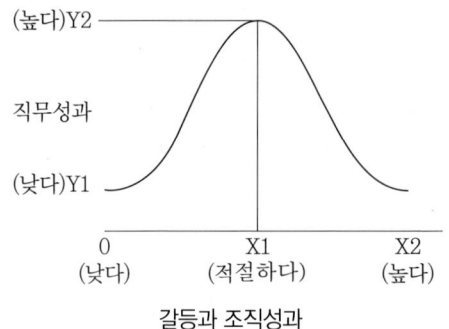

갈등과 조직성과

　　④ 갈등의 단서

　　　• 지나치게 감정적인 논평과 제안하기

　　　• 타인의 의견발표가 끝나기도 전에 타인 의견에 대해 공격하기

　　　• 핵심을 이해하지 못한 것에 대해 서로 비난하기

　　　• 편 가르기와 타협하기의 거부하기

- 미묘한 방식으로 서로 공격하기
⑤ 갈등 증폭의 원인 : 적대적 행동, 입장 고수, 감정적 관여

(2) 갈등의 쟁점과 유형

① 갈등의 두 가지 쟁점

핵심 문제	감정적 문제
• 역할 모호성 • 방법에 대한 불일치 • 목표에 대한 불일치 • 절차에 대한 불일치 • 책임에 대한 불일치 • 가치에 대한 불일치 • 사실에 대한 불일치	• 공존할 수 없는 개인적 스타일 • 통제나 권력 확보를 위한 싸움 • 자존심에 대한 위협 • 질투 • 분노

② 갈등의 두 가지 유형

구분	내용
불필요한 갈등	개개인이 저마다 문제를 다르게 인식하거나 정보가 부족할 경우에 발생 편견 때문에 발생한 의견 불일치로 적대적 감정이 생길 경우에 발생 본인이 가장 중요하다고 여기는 문제가 다른 사람 때문에 해결되지 못한다고 느낄 경우에 발생
해결할 수 있는 갈등	목표와 욕망, 가치, 문제를 바라보는 시각과 이해하는 시각이 다를 경우에 발생

(3) 갈등의 진행 과정

의견 불일치 → 대결 국면 → 격화 국면 → 진정 국면 → 갈등의 해소

(4) 갈등의 해결방법

① 갈등 해결방법 유형

    ㉠ **회피형** : 나도 지고 너도 지는 방법(I Lose-You Lose)

    ㉡ **경쟁형** : 나는 이기고 너는 지는 방법(I Win-You Lose)

    ㉢ **수용형** : 나는 지고 너는 이기는 방법(I Lose-You Win)

    ㉣ **타협형** : 서로가 받아들일 수 있는 결정을 위해 타협적으로 주고받는 방법(Give and Take)

    ㉤ **통합형** : 나도 이기고 너도 이기는 방법(I Win-You Win)

06

대인관계
능력

② 성공적인 갈등해결을 위해 명심해야 할 사항

　　㉠ 다른 사람들의 입장을 이해한다.

　　㉡ 어려운 문제는 피하지 말고 맞선다.

　　㉢ 자신의 의견을 명확하게 밝히고 지속적으로 강화한다.

　　㉣ 사람들과 눈을 자주 마주친다.

　　㉤ 마음을 열어놓고 적극적으로 경청한다.

　　㉥ 타협하려 애쓴다.

　　㉦ 어느 한쪽으로 치우치지 않는다.

　　㉧ 논쟁하고 싶은 유혹을 떨쳐낸다.

　　㉨ 존중하는 자세로 사람들을 대한다.

(5) 원–원 갈등관리법

① 원–원 갈등관리법이란 갈등과 관련된 모든 사람으로부터 의견을 받아 문제의 본질적인 해결책을 얻는 것이다.

② 원–원 갈등관리법 모델

　　㉠ 충실한 사전 준비

　　㉡ 긍정적인 접근 방식

　　㉢ 두 사람의 입장을 명확히 하기

　　㉣ 원–원에 기초한 기준에 동의하기

　　㉤ 몇 가지 해결책을 생각해내기

　　㉥ 몇 가지 해결책 평가하기

　　㉦ 최종 해결책을 선택하고, 실행에 동의하기

5　〉 협상능력

(1) 협상의 의미

협상이란 갈등관계에 있는 이해당사자들이 대화와 논쟁을 통해 서로를 설득하여 문제를 해결하고자 하는 정보전달과정이자 의사결정 과정이다.

(2) 협상의 과정

① 협상과정 5단계

협상시작	• 협상당사자들 간 상호 친근감을 쌓음 • 간접적인 방법으로 협상의사를 전달함 • 상대방의 협상의지를 확인함 • 협상진행을 위한 체제를 짬
상호이해	• 갈등문제의 진행상황과 현재의 상황을 점검함 • 적극적으로 경청하고 자기주장을 제시함 • 협상을 위한 협상대안 안건을 결정함
실질이해	• 겉으로 주장하는 것과 실제로 원하는 것을 구분하여 실제로 원하는 것을 찾아냄 • 분할과 통합 기법을 활용하여 이해관계를 분석함
해결대안	• 협상 안건마다 대안들을 평가함 • 개발한 대안들을 평가함 • 최선의 대안에 대해서 합의하고 선택함 • 대안 이행을 위한 실행계획을 수립함
합의문서	• 합의문을 작성함 • 합의문 상의 합의 내용, 용어 등을 재점검함 • 합의문에 서명함

② 협상과정 3단계

협상 전 단계	• 협상기획 : 협상과정(준비, 집행, 평가 등)을 계획 • 협상준비 : 목표설정, 협상환경 분석, 협상형태파악, 협상팀 선택과 정보수집, 자기분석, 상대방 분석, 협상전략과 전술수립, 협상대표 훈련
협상 진행단계	• 협상진행 : 상호인사, 정보교환, 설득, 양보 등 협상전략과 전술구사 • 협상종결 : 합의 및 합의문 작성과 교환
협상 후 단계	• 협의내용 비준 • 협의내용 실행 • 평가와 피드백

(3) 협상전략의 종류

① 협력전략

　㉠ 문제를 해결하는 합의에 이르기 위해 협상 당사자들이 서로 협력하는 문제해결 전략

　㉡ 모두가 승리하고 잘되는 'I Win-You Win'전략

② 유화전략

　㉠ 상대방의 욕구와 주장에 자신의 욕구와 주장을 조정하고 순응시켜 굴복하는 양보 · 화해 전략

ⓛ 상대방의 승리를 위해서 나는 손해를 보아도 괜찮다는 'I Lose-You Win'전략

③ 회피전략

㉠ 협상을 피하거나 잠정적으로 중단 혹은 철수하는 무행동전략

ⓛ 나도 손해보고 상대방도 피해를 입어 모두가 손해 보는 'I Lose-You Lose'전략

④ 강압전략

㉠ 상대방의 주장을 무시하고 힘으로 일방적으로 밀어붙여 상대방에게 자신의 입장을 강요하는 경쟁전략

ⓛ 내가 승리하기 위해 상대방은 희생되어야 한다는 'I Win-You Lose'전략

(4) 설득전략

① See-Feel-Change 전략 : 시각화를 통해 직접 보게 하여 스스로가 느끼게 한 후 변화시켜 설득에 성공하는 전략

② 상대방 이해 전략 : 상대방에 대한 이해를 바탕으로 갈등해결을 용이하게 하는 전략

③ 호혜관계 형성 전략 : 협상 당사자 간에 어떤 혜택들을 주고받음으로써 호혜관계를 형성한 후 협상을 용이하게 하는 전략

④ 헌신과 일관성 전략 : 협상 당사자 간 기대하는 바에 일관성 있게 헌신적으로 부응하여 행동함으로써 협상에 성공하는 전략

⑤ 사회적 입증 전략 : 어떤 과학적인 논리보다도 동료나 사람들의 행동에 의해서 상대방을 설득하는 전략

⑥ 연결 전략 : 갈등 문제와 갈등관리자가 아닌, 갈등을 야기한 사람과 관리자를 연결하여 갈등을 해결하는 전략

⑦ 권위 전략 : 직위나 전문성, 외모 등을 이용하여 협상을 용이하게 하는 전략

⑧ 희소성 해결 전략 : 인적, 물적 자원 등의 희소성을 해결함으로써 협상을 용이하게 하는 전략

⑨ 반항심 극복 전략 : 자신의 행동을 통제하려는 상대방에게 반항하는 심리를 적절히 억제시킴으로서 협상을 용이하게 하는 전략

6 〉 고객서비스능력

(1) 고객서비스란?

다양한 고객의 요구를 파악하고 대응법을 마련하여 고객에게 양질의 서비스를 제공하는 것을 의미한다.

(2) 고객 불만표현 유형 및 대응방안

① 거만형
  ㉠ 자신의 과시욕을 드러내고 싶어 하며, 일반적으로 제품을 폄하하는 고객
  ㉡ 정중하게 대하고 고객의 과시욕이 채워지도록 뽐내든 말든 내버려 두는 것이 효과적이다.

② 의심형
  ㉠ 직원의 설명이나 제품의 품질에 대해 의심을 많이 하는 고객
  ㉡ 분명한 증거 또는 근거를 제시하여 스스로 확신을 갖도록 하고, 책임자가 응대하는 것이 효과적이다.

③ 트집형
  ㉠ 사소한 것으로 트집을 잡는 까다로운 고객
  ㉡ 이야기를 경청하고, 맞장구치고, 추켜세우고, 설득하며, 사과하는 것이 효과적이다.

④ 빨리빨리형
  ㉠ 성격이 급하고, 확신 있는 말이 아니면 잘 믿지 않는 고객
  ㉡ 애매한 화법을 피하고 만사를 시원스럽게 처리하는 모습을 보이는 것이 효과적이다.

(3) 고객 불만처리 과정 8단계

① **경청** : 고객의 항의를 끝까지 경청하며, 선입관을 버리고 문제를 파악한다.
② **감사와 공감표시** : 일부러 시간을 내서 해결의 기회를 준 것에 감사하며, 고객의 항의에 공감을 표시한다.
③ **사과** : 고객의 이야기를 듣고 문제점에 대해 인정하며, 잘못된 부분에 대해 사과한다.
④ **해결약속** : 고객이 불만을 느낀 상황에 대해 관심과 공감을 보이며, 문제의 빠른 해결을 약속한다.
⑤ **정보파악** : 문제해결을 위해 꼭 필요한 질문만 하여 정보를 습득한다.
⑥ **신속처리** : 잘못된 부분을 신속하게 시정한다.
⑦ **처리 확인과 사과** : 불만처리 후 고객에게 처리 결과에 만족하는지에 대해 질문한다.
⑧ **피드백** : 고객 불만 사례를 회사 및 전 직원에게 알려 같은 문제의 발생을 방지한다.

기초 문제

▶ 정답 및 해설 325p

01 다음 중 대인관계 향상 방법으로 옳지 않은 것은?

① 상대방에 대해 이해한다.

② 사소한 일에 대해 관심을 가진다.

③ 언행을 일치시킴으로써 신뢰감을 준다.

④ 잘못한 일에 대해서는 반복적으로 사과한다.

02 다음 중 팀워크에 대한 설명으로 옳지 않은 것은?

① 팀워크란 팀 구성원이 공동의 목적을 달성하기 위해 협력하여 업무를 수행하는 것이다.

② 팀워크에 있어서 중요한 것은 업무 성과보다는 분위기이다.

③ 팀워크의 유형은 협력, 통제, 자율 세 가지 기제를 통해 구분된다.

④ 팀워크를 형성하려면 공동의 목표와 비전이 분명해야 한다.

03 T씨는 인재개발원에서 실시하는 멤버십 유형 테스트 결과 '실무형'의 유형이 나왔다. 다음 중 T씨가 직장 동료들에게 자주 들을 수 있는 말로 옳은 것은?

① T씨는 굉장히 자립적인 사람으로, 가끔씩 일부러 반대 의견을 제시해.

② T씨는 조직에 잘 순응하는 사람으로, 리더와 조직을 잘 믿고 따르는 사람이야.

③ T씨는 조직의 운영 방침에 민감하고, 사건을 균형 잡힌 시각으로 보는 경향이 있어.

④ T씨는 지나치게 리더에게 의존하는 경향이 있고, 지시가 있어야만 행동을 해.

04 다음에서 설명하는 갈등 해결 방법으로 옳은 것은?

> • 자신에 대한 관심은 낮고, 상대방에 대한 관심은 높음
> • I Lose-You Win의 방법

① 수용형　　　　　　　　　　② 회피형
③ 타협형　　　　　　　　　　④ 통합형

05 다음 중 리더와 관리자의 역할을 비교한 내용으로 옳지 않은 것은?

① 리더는 새로운 상황을 창조하며, 관리자는 상황에 수동적이다.
② 리더는 혁신 지향적이고, 관리자는 유지 지향적이다.
③ 리더는 사람을 중시하고, 관리자는 체제나 기구를 중시한다.
④ 리더는 '어떻게 할까?'를 생각하고, 관리자는 '무엇을 할까?'를 생각한다.

06 갈등에 대처하는 태도로 옳은 것은?

① 갈등을 해결하기 위해서는 자신의 생각을 강력하게 주장해야 한다.
② 갈등은 항상 부정적인 결과를 초래한다.
③ 갈등에서 벗어나는 회피전략은 갈등을 해결하는 최악의 방법이다.
④ 때로는 갈등이 조직의 침체를 예방해 주기도 한다.

07 다음 중 갈등의 두 가지 쟁점 중 성격이 다른 하나는 무엇인가?

① 자존심에 대한 위협　　　　　② 역할 모호성
③ 통제나 권력 확보를 위한 싸움　④ 질투와 분노

08 다음은 협상과정 중 어느 단계에 해당하는가?

> • 갈등문제의 진행상황과 현재의 상황을 점검함
> • 적극적으로 경청하고 자기주장을 제시함
> • 협상을 위한 협상대상 안건을 결정함

① 협상시작　　　　　　② 상호이해
③ 실질이해　　　　　　④ 해결대안

09 마케팅팀 팀장 A씨는 요즘 들어 업무 성과도 저조하고, 매사에 의욕이 없는 B사원에게 동기 부여를 하고자 한다. 다음 중 A팀장이 B사원에게 할 행동으로 옳지 않은 것은?

① 기존과는 다른 새로운 일에 도전할 기회를 준다.
② 긍정적 강화법을 활용하여, 결과에 대해 즉시 보상해준다.
③ 지속적으로 교육을 시킨다.
④ 금전적인 보상을 해준다.

10 다음 중 고객의 불만표현 유형에 대한 대응 방안으로 바르게 짝지어진 것은?

① 거만형 – 이야기를 경청하고, 맞장구치며 추켜세우고 설득한다.
② 의심형 – 의심을 계속 하든 말든 내버려 두며, 정중하게 대한다.
③ 트집형 – 분명한 증거나 근거를 제시하여 스스로 확신을 갖도록 유도한다.
④ 빨리빨리형 – "글쎄요?", "아마도" 등의 애매한 화법을 피하고, 일을 시원스럽게 처리하는 모습을 보인다.

응용 문제

정답 및 해설 328p

01 ○○회사에서는 격주로 사원 소식지 '우리 가족'을 발행하고 있다. 이번 호의 특집 테마는 '팀워크'에 관한 것으로, 이와 관련된 사례를 모으고 있다. 다음 중 팀워크의 사례로 옳지 않은 것은?

① 팀원들의 개성과 장점을 살려 사내 직원 연극대회에서 대상을 받은 사례

② 팀장의 갑작스러운 부재 상황에서 팀원들이 서로 역할을 분담하고 소통하여 목표를 원만하게 달성했던 사례

③ 자재 조달의 차질로 인해 납기 준수가 어려웠던 상황에서 팀원들이 똘똘 뭉쳐 헌신적으로 일한 결과 주문 받은 물품을 성공적으로 납품했던 사례

④ 인간적이고 편안한 분위기로, 직무순환 시기가 도래해도 팀원들이 타 부서로의 이동을 원치 않는 부서 사례

06

대인관계 능력

02 2019년 연말에 H회사는 사내 공모전을 시행하였다. A사원은 팀 회식 중 공모전에 대한 이야기를 하다가, 옆 팀 B사원이 낸 아이디어와 자신의 것이 너무 비슷해서 놀랐다고 말했다. 생각해 보니 입사 동기인 B사원과 점심 식사 도중 공모전 이야기를 하면서 서로의 아이디어를 말한 적이 있었다. 이 때 A사원이 취할 행동으로 옳은 것은?

① 공모전 주최 부서에 연락해 자신이 제안한 아이디어는 폐기 처리해 달라고 한다.

② 회식 중에 사실 관계에 대해 정확히 이야기한다.

③ 다음 날 B사원에게 어떻게 된 일인지 이야기해 본다.

④ 다음 날 감사팀에 이의제기를 한다.

03 ☆☆회사 인사팀에서는 각 팀의 팀장들을 대상으로 조직 운영 역량 평가를 위한 설문지를 만들었다. 다음 설문지의 내용 중 평가 항목으로 옳지 않은 것은?

2019년도 근무 평가 설문지				
대상자	○○팀 △△팀장			
대분류 : 팀워크 형성 및 팀 운영 역량	평가			비고
	상	중	하	
⊙ 팀의 사명과 목표를 명확하게 설정하였는가?				
ⓒ 창조적인 운영방침을 적용하였는가?				
ⓒ 개개인의 역할과 책임을 명료화 하였는가?				
ⓔ 일의 진행 과정에 초점을 맞추었는가?				

① ⊙

② ⓒ

③ ⓒ

④ ⓔ

04 ○○회사 인사팀에서는 '올해의 우수 신입사원' 선정을 위해 각 팀의 팀장들에게 추천서를 요청했다. 다음 중 우수 신입사원 후보로 선정되기 어려운 경우는?

① 영업팀의 A사원은 항상 고객의 요구를 파악하고 그에 맞는 대응법을 찾기 위해 노력합니다.

② 개발팀의 B사원은 항상 창의적인 문제 해결법을 찾으려고 힘씁니다.

③ 마케팅팀의 C사원은 항상 열정과 도전정신으로 리스크에 맞섭니다.

④ 재무팀의 D사원은 한 가지 일이 주어지면 책임감을 가지고 맡은 일을 끝까지 완수해 냅니다.

05 관리팀 강 대리는 협상과정 5단계를 거쳐 협상을 진행하고자 한다. 다음 중 강대리가 괄호의 단계에서 고려해야 할 내용으로 옳은 것은?

협상 시작	• 협상 당사자들 간 상호 친근감을 쌓는다. • 간접적인 방법으로 협상의사를 전달한다.
( )	• _____ . • _____ .
실질 이해	• 상대가 실제로 원하는 것을 찾아낸다. • 분할과 통합 기법을 활용하여 이해관계를 분석한다.
해결 대안	• 협상 안건마다 대안들을 평가한다. • 최선의 대안을 선택하고 실행계획을 수립한다.
합의 문서	• 합의문을 작성한다. • 합의 내용, 용어 등을 재점검한다.

① 적극적으로 경청하고 본인의 주장을 제시한다.

② 상대방의 협상의지를 확인한다.

③ 협상 진행을 위한 체제를 계획한다.

④ 개발한 대안들을 평가한다.

06
**대인관계
능력**

06 최근 들어 부쩍 팀원들 간의 불화와 갈등이 심해져서 고민 중인 기획팀 H팀장은 갈등을 증폭시키는 원인이 무엇인지 찾아보고자 한다. 다음 중 H팀장이 찾은 갈등 증폭의 원인으로 옳지 않은 것은?

① A사원은 감정을 앞세워 자신의 의견을 말한다.

② B사원은 처음 정한 의견을 끝까지 고수한다.

③ C사원은 본인의 업적 달성을 최우선으로 여긴다.

④ D사원과 E사원은 갈등이 생길 경우, 상황을 회피한다.

07 Z씨는 올해 초, 대기업에 입사하게 되었다. 그런데 조직 생활의 경직된 구조에 적응하기가 힘들어 고민하다가 오랜만에 만난 친구에게 고민을 털어 놓았다. 다음 중 Z씨의 친구가 Z씨에게 해줄 수 있는 말로 옳은 것은?

① 아직은 처음이라 그렇게 느끼는 걸 거야. 너무 불안해하지 말고 마음을 편하게 먹고 기다려봐.

② 조직생활에 적응해야 업무 능력도 습득할 수 있으니까, 힘들더라도 조금만 더 적극적으로 행동하도록 노력해봐. 처음이 어렵지 나중엔 괜찮아 질 거야.

③ 적응이 너무 힘들면 규모가 조금 작은 회사로 옮기는 건 어때?

④ 어느 조직이나 어려움은 다 있는 거니까 너무 부정적으로 생각하기보다는 있는 상황을 받아들이도록 노력해보는 것이 어떻겠니?

08 □□의류회사 마케팅 부서에 재직 중인 F씨와 G씨는 올해 하반기부터 진행 될 신규 사업의 총 책임자 역할을 맡게 되었다. 이를 준비하기에 앞서 F씨와 G씨는 고객만족 조사 계획을 수립하기로 했다. F씨와 G씨가 나눈 다음의 대화 내용 중 옳지 않은 것은?

① F씨 : 일단은 조사할 분야와 대상을 명확하게 설정하도록 합시다.

② G씨 : 조사 목적을 분명히 해야 할 필요도 있습니다. 저는 고객 만족도 조사를 통해 부족한 부분을 개선하는 것이 최우선의 목적이 되어야 한다고 생각해요.

③ F씨 : 네 아주 중요한 부분이죠. 조사는 설문조사와 심층면접법을 혼합하여 각각 1회씩 조사하는 것이 가장 바람직하다고 생각합니다.

④ G씨 : 네 그렇다면 가장 마지막에는 조사 목적에 맞게 구체적인 계획을 세워야겠군요.

09 다음은 갈등해결을 위한 6단계 프로세스이다. 3단계에 해당하는 대화의 내용으로 옳은 것은?

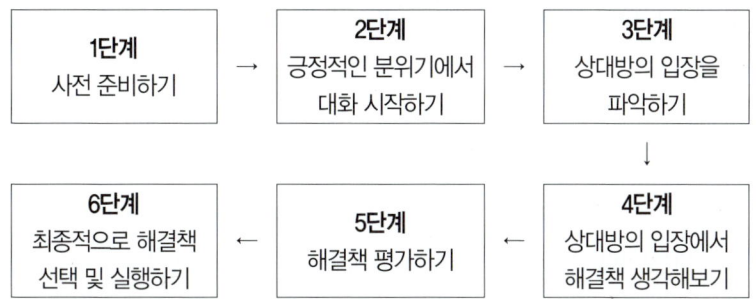

① 제 생각은 이런데, A씨의 생각은 어떠신가요?

② A씨의 입장에서 함께 해결책을 생각해 볼까요?

③ A씨가 제시하신 해결책이 아주 좋은 것 같아요.

④ 그럼 A씨의 입장대로 진행하시죠.

06

대인관계
능력

[10~11] 다음은 백화점 의류매장의 한 고객과 직원의 대화이다. 제시된 대화를 보고 질문에 답하시오.

> 고객 : 이 코트는 울100%라고 표시되어 있는데, 제가 보기엔 원단이 그렇게 고급스러워 보이진 않네요. 여기 보푸라기 보이시죠? 그리고 소매 부분에 실밥이 약간 터진 것 같은데요. 가격은 터무니없이 비싼 것 아닌가요?
>
> 직원 : 고객님, 이 코트는 표기된 대로 울100%가 맞습니다. 정말 소매 부분에 실밥이 약간 터졌네요. 정말 예리하시네요. 이 제품은 새로운 것으로 다시 가져다 두겠습니다. 가격이 좀 비싸긴 하죠? 그런데 이게 올해 초에 출시된 신상품이라 가격대가 좀 센 편이에요. 그래도 요즘 가장 잘나가는 제품 중 하나입니다. 고객 분들께서도 많이 찾으시구요.
>
> 고객 : 그렇군요. 아 그런데 이 아이보리 색상은 때가 탄 것처럼 보이고 디자인이 굉장히 애매하네요.
>
> 직원 : _____ .

10 다음 중 위의 고객은 어떤 유형에 해당하는가?

① 거만형   ② 의심형

③ 트집형   ④ 빨리빨리형

11 대화의 밑줄 친 부분에서 직원이 할 수 있는 말로 옳은 것은?

① 고객님 죄송하지만 절대로 때가 타서 그런 것은 아닙니다. 20대 여성분들이 가장 선호하는 디자인이기도 하구요.

② 고객님, 요즘에는 아이보리가 가장 유행하는 컬러이기도 하고 컬러풀한 색상보다는 아이보리 색상이 더 무난하고 깔끔해 보입니다.

③ 정말 죄송합니다. 고객님의 의견은 제가 본사에 꼭 전하도록 하겠습니다.

④ 정말 때가 탄 것처럼 보이네요. 고객님 말씀처럼 디자인이 좀 특이해서 애매해 보인다고 하시는 분들이 많더라구요. 그래도 요즘 유행하는 디자인이라 많이들 찾으시곤 합니다.

12 □□회사에서는 급하게 프로젝트를 진행하게 되었고, △△부서의 팀장Y가 프로젝트를 맡게 되었다. 팀장Y에게는 부하직원이 3명 있는데 그중 일을 잘하는 직원 A는 현재 휴가를 간 상태이다. 나머지 2명은 평소 못미덥게 일을 하여 별로 도움이 될 것 같지는 않다. 조직이 가장 좋은 결과를 얻기 위해 팀장Y가 해야 할 행동으로 가장 바람직한 것은?

① Y 혼자서 프로젝트를 진행한다.

② 휴가지에 있는 A에게 연락해 회사로 오게 한다.

③ A를 제외한 부하직원들을 믿고 프로젝트에 참여시킨다.

④ 프로젝트를 다른 팀에게 양보한다.

13 영업팀 A사원과 B사원은 대외협상능력을 기르기 위해 '성공적인 협상전략'이라는 주제의 사내 강연에 참석하였다. 강연을 듣고 난 뒤 A사원과 B사원이 나눈 대화의 내용으로 옳지 않은 것은?

① A사원 : 언제나 협력전략을 통해 모두가 윈윈(Win-Win)하면 얼마나 좋을까?

② B사원 : 그렇긴 하지. 그런데 때로는 회피전략을 통해 협상을 중단하거나 철수 하는 것이 좋을 수도 있겠어.

③ A사원 : 그런데 유화전략은 되도록이면 사용하지 않는 게 좋겠어. 결과적으로 모두에게 이익이 돌아가지 않는 영합(Zero Sum)의 결과가 산출되잖아.

④ B사원 : 나는 그동안 상대방이 제시하는 것을 일방적으로 수용하여 협상의 가능성을 높이는 유화전략을 많이 사용해왔던 것 같아.

MEMO

시스컴은 여러분을 응원합니다!

정보능력

- 정보능력은 모든 직장인에게 공통적으로 요구하는 직업기초 능력으로 NCS 10과목 중에서 많이 채택되는 영역이다.
- 정보능력은 기본적인 컴퓨터를 이용하여 필요한 정보를 수집, 분석, 활용하는 중요한 영역이다.
- 핵심이론과 관련된 컴퓨터 활용 능력을 묻는 문제와 응용문제에서 요구하고 있는 주어진 규칙을 분석 및 적용하는 능력 등이 문제로 출제된다.

1. 정보능력
– 자료와 정보의 차이점을 알아본다.

2. 정보화 사회
– 정보화 사회의 특징을 알아본다.

3. 컴퓨터 및 컴퓨터 활용
– 컴퓨터가 활용되는 분야를 알아본다.

4. 정보처리
– 정보의 처리과정을 알아본다.

5. 네티켓
– 사이버 공간에서 지켜야 할 예절에 대해 알아본다.

6. 개인정보
– 개인정보 유출방지법에 대해 알아본다.

1 〉 정보능력

(1) 정보능력이란?

직장생활에서 컴퓨터를 활용하여 수많은 정보 중에서 필요한 정보를 수집하고, 분석하며, 매일 수십 개의 정보가 생성·소멸될 정도로 변화가 빠른 정보화시대에서 정보능력은 필수적이다.

(2) 자료·정보·지식의 차이

구분	내용	활용예시
자료	• 정보작성을 위하여 필요한 데이터 • 객관적 실제의 반영이며, 그것을 전달 할 수 있도록 기호화 한 것	• 고객의 주소, 성별, 이름, 나이, 스마트폰 기종, 스마트폰 활용 횟수 등
정보	• 자료를 특정한 목적과 문제해결에 도움이 되도록 가공한 것	• 중년층의 스마트폰 기종 • 중년층의 스마트폰 활용 횟수
지식	• 정보를 집적하고 체계화하여 장래의 일반적인 사항에 대비해 보편성을 갖도록 한 것	• 스마트폰 디자인에 대한 중년층의 취향 • 중년층을 주요 타깃으로 신종 스마트폰 개발

(3) 정보화 사회

① 정보화 사회란?

이 세상에서 필요로 하는 정보가 사회의 중심이 되는 사회로서 컴퓨터 기술과 정보통신 기술을 활용하여 사회 각 분야에서 필요로 하는 가치 있는 정보를 창출하고, 보다 유익하고 윤택한 생활을 영위하는 사회로 발전시켜 나가는 것을 의미한다.

② 미래의 사회

㉠ 부가가치 창출요인이 토지, 자본, 노동에서 지식 및 정보 생산 요소로 전환

※ **미래사회를 이끌어갈 주요산업 (6T)** : 정보기술(IT), 생명공학(BT), 나노기술(NT), 환경기술(ET), 문화산업(CT), 우주항공기술(ST)

㉡ 세계화의 진전

세계화는 모든 국가의 시장이 국경 없는 하나의 세계 시장으로 통합됨을 의미한다. 이때 세계 시장에서 실물 상품뿐만 아니라 노동, 자본, 기술 등의 생산요소와 교육과 같은 서비스의 국제 교류도 모두 포함된다.

㉢ 지식의 폭발적인 증가

미래사회에서는 지식 특히, 과학적 지식이 폭발적으로 증가할 것이다. 2050년경이 되면 지식이 급증하여 지금의 지식은 1% 밖에 사용할 수 없게 될 것이라고 전망하는 미래학자도 있다.

③ 정보화 사회에서 필수적으로 해야 할 일

    ㉠ 정보검색

    ㉡ 정보관리

    ㉢ 정보전파

(4) 컴퓨터의 활용

① 기업 경영 분야에서의 활용

생산에서부터 판매, 회계, 재무, 인사 및 조직관리는 물론 금융 업무까지도 활용하고 있다. 특히 경영정보시스템(MIS), 의사결정지원시스템(DSS), 사무자동화(OA), 전자상거래(EC)등을 이용하여 업무처리의 효율을 높이고 있다.

② 행정 분야에서의 활용

행정기관에서 민원처리, 각종 행정 통계 등의 여러 가지 행정에 관련된 정보를 데이터베이스를 구축하여 활용하고 있다.

③ 산업 분야에서의 활용

공업, 상업 등 각 분야에서 널리 활용될 뿐만 아니라 중요한 역할을 담당하고 있다. 특히 컴퓨터 이용 설계(CAD)와 컴퓨터 이용 생산(CAM)등을 이용하여 제품의 경쟁력을 높이고 있다.

④ 기타 분야에서의 활용

컴퓨터는 교육, 연구소, 출판, 가정, 도서관, 예술 분야 등에서도 널리 활용되고 있다. 특히 교육에서 컴퓨터 보조 교육(CAI), 컴퓨터 관리 교육(CMI)와 복잡한 계산이나 정밀한 분석 및 실험 등의 여러 가지 형태로 이용되고 있다.

(5) 정보의 활용

효과적으로 정보를 활용하기 위해서는 기획, 수집, 관리, 활용의 절차를 거치는 것이 바람직하다.

① 정보의 기획

정보활동의 가장 첫 단계로서 정보관리의 가장 중요한 단계이며, 5W2H에 의해 기획을 한다.

5W2H	
WHAT (무엇을)	정보의 입수대상을 명확히 한다.
WHERE (어디서)	정보의 소스(정보원)를 파악한다.
WHEN (언제까지)	정보의 요구(수집)시점을 고려한다.
WHY (왜)	정보의 필요목적을 염두에 둔다.

WHO (누가)	정보활동의 주체를 확정한다.
HOW (어떻게)	정보의 수집방법을 검토한다.
HOW MUCH (얼마나)	정보수집의 비용성(효용성)을 중시한다.

② 정보의 수집

다양한 정보원으로부터 목적에 적합한 정보를 입수하는 것이다. 정보 수집의 목적은 예측을 잘하기 위함으로, 과거의 정보를 모아 연구하는 것도 결국 장래가 어떻게 될까를 예측하기 위해서이다.

③ 정보의 관리

수집된 다양한 형태의 정보를 어떤 문제해결이나 결론도출에 사용하기 쉬운 형태로 바꾸는 일이다. 관리할 때에는 다음 3가지 원칙을 고려해야 한다.

㉠ 목적성 : 사용목적을 명확히 설명해야 한다.

㉡ 용이성 : 쉽게 작업할 수 있어야 한다.

㉢ 유용성 : 즉시 사용할 수 있어야 한다.

④ 정보의 활용

정보기기에 대한 이해나 최신 정보기술이 제공하는 주요 기능, 특성에 대한 지식을 아는 능력만 포함되는 것이 아니라, 정보가 필요하다는 문제 상황을 인지할 수 있는 능력, 문제해결에 적합한 정보를 찾고 선택할 수 있는 능력 등 다양한 능력이 기반 되어야 한다.

07

정보
능력

(6) 사이버 공간에서 지켜야할 예절 (네티켓)

① 전자우편(E-mail)을 사용할 때의 네티켓

• 메시지는 가능한 짧게 요점만 작성한다.

• 메일 보내기 전에 주소가 올바른지 다시 한 번 확인한다.

• 제목은 메시지 내용을 함축해 간략하게 써야한다.

• 가능한 메시지 끝에 성명, 직위, 단체명, 메일주소, 전화번호 등을 포함시키되, 너무 길지 않도록 한다.

• 메일은 쉽게 전파 될 수 있기 때문에 메일 상에서 타인에 대해 말할 때는 정중함을 지켜야 한다.

• 타인에게 피해를 주는 비방이나 욕설은 쓰지 않는다.

② 온라인 대화(채팅)를 할 때의 네티켓

• 마주보고 이야기하는 마음가짐으로 임한다.

- 대화방에 들어가면 지금까지 진행된 대화의 내용과 분위기를 경청한다.
- 엔터키를 치기 전에 한 번 더 생각한다.
- 광고, 홍보 등을 목적으로 악용하지 않는다.
- 유언비어, 속어와 욕설 게재는 삼가고, 상호 비방의 내용은 금한다.

③ 게시판을 사용할 때의 네티켓
- 글의 내용을 간결하게 요점만 작성한다.
- 제목에는 글의 내용을 파악할 수 있는 함축된 단어를 쓴다.
- 글을 쓰기 전에 이미 같은 내용의 글이 없는지 확인한다.
- 글의 내용 중에 잘못된 점이 있으면 빨리 수정하거나 삭제한다.
- 게시판의 주제와 관련 없는 내용은 올리지 않는다.

④ 공개 자료실에서의 네티켓
- 음란물을 올리지 않는다.
- 상업용 소프트웨어를 올리지 않는다.
- 공개 자료실에 등록한 자료는 가급적 압축한다.
- 프로그램을 올릴 때에는 사전에 바이러스 감염 여부를 점검한다.
- 유익한 자료를 받았을 때에는 올린 사람에게 감사의 편지를 보낸다.

⑤ 인터넷 게임을 할 때의 네티켓
- 상대방에게 항상 경어를 사용한다.
- 인터넷 게임에 너무 집착하지 않는다.
- 온라인 게임은 온라인상의 오락으로 끝나야 한다.
- 게임 중에 일방적으로 퇴장하는 것은 무례한 일이다.
- 매일 본다고 상대를 존중하는 것을 잊어서는 안 된다.
- 게이머도 일종의 스포츠맨이므로 스포츠맨십을 가져야 한다.
- 이겼을 때는 상대를 위로하고, 졌을 때는 깨끗하게 물러서야 한다.

(7) 개인정보

① 개인정보란?

생존하는 개인에 관한 정보로서 정보에 포함되어 있는 성명, 주민등록번호 등의 사항에 의하여 개인을 식별할 수 있는 정보를 말한다. 또한 해당 정보만으로는 특정 개인을 식별할 수 없더라도 다른 정보와 용이하게 결합하여 식별할 수 있는 것들도 모두 포함된다.

② 개인정보 유출 방지 방법
  ㉠ 회원 가입 시 이용약관 읽기

ⓒ 이용 목적에 부합하는 정보를 요구하는지 확인

ⓒ 비밀번호 정기적으로 교체하기

ⓔ 정체불명의 사이트는 멀리하기

ⓜ 가입 해지 시 정보 파기 여부 확인

ⓗ 남들이 쉽게 유추할 만한 비밀번호 사용금지

2 〉 컴퓨터 활용 능력

(1) 인터넷 서비스

① **전자우편(E-mail) 서비스** : 정보 통신망을 이용하여 다른 사용자들과 편지나 여러 정보를 주고 받는 통신 방법을 말한다. 전자우편의 주소는 3개의 기본요소인 이름, @, 도메인 이름을 가지고 있다.

② **인터넷 디스크/웹하드** : 웹 서버에 대용량의 저장 기능을 갖추고 사용자가 개인용 컴퓨터의 하드 디스크와 같은 기능을 인터넷을 통하여 이용할 수 있게 하는 서비스를 의미한다.

③ **메신저** : 인터넷에서 실시간으로 메시지와 데이터를 주고받을 수 있는 소프트웨어이다.

④ **전자 상거래(인터넷을 통해 물건 사고팔기)** : 좁은 뜻으로는 인터넷이라는 전자적인 매체를 통하여 상품을 사고팔거나 재화나 용역을 거래하는 사이버 비즈니스를 뜻한다. 넓은 뜻으로는 소비자와의 거래뿐만 아니라 거래와 관련된 공급자, 금융기관, 정부기관, 운송기관 등과 같이 거래에 관련되는 모든 기관과의 관련행위를 포함하는 뜻이다.

(2) 정보검색

① **정보검색이란?**

여러 곳에 분산되어 있는 수많은 정보 중에서 특정 목적에 적합한 정보만을 신속하고 정확하게 찾아내어 수집, 분류, 축적하는 과정을 뜻한다.

② **정보검색 단계**

검색주제 선정 → 정보원 선택 → 검색식 작성 → 결과 출력

③ **검색엔진의 유형**

ㄱ **키워드 검색 방식** : 찾고자 하는 정보와 관련된 핵심적인 언어인 키워드를 직접 입력하여 이를 검색 엔진에 보내어 검색엔진이 키워드와 관련된 정보를 찾는 방식

ㄴ **주제별 검색 방식** : 인터넷상에 존재하는 웹 문서들을 주제별, 계층별로 정리하여 데이터베이스를 구축한 후 이용하는 방식

07

정보
능력

ⓒ **자연어 검색 방식** : 검색엔진에서 문장 형태의 질의어를 형태소 분석을 거쳐 언제, 어디서, 누가, 무엇을, 왜, 어떻게, 얼마나에 해당하는 5W2H를 읽어내고 분석하여 각 질문에 답이 들어있는 사이트를 연결해 주는 검색엔진

ⓓ **통합형 검색 방식** : 사용자가 입력하는 검색어들이 연계된 다른 검색 엔진에게 보내고, 이를 통하여 얻어진 검색 결과를 사용자에게 보여주는 방식

(3) 정보검색 연산자

① 검색과 관련 있는 2개 이상의 단어를 연산자로 조합하여 키워드로 사용하는 것이 가장 일반적인 검색 방법

② 연산자는 대/소문자의 구분이 없고, 앞뒤로 반드시 공백을 넣어주어야 한다.

기호	연산자	검색 조건
*, &	AND	두 단어가 모두 포함된 문서를 검색
|	OR	두 단어가 모두 포함되거나, 두 단어 중에서 하나만 포함된 문서를 검색
–, !	NOT	'–'기호나 '!'기호 다음에 오는 단어를 포함하지 않는 문서를 검색
~, near	인접검색	앞/뒤의 단어가 가깝게 인접해 있는 문서를 검색

(4) 검색엔진의 종류 및 특징

① **검색엔진(Search Engine)** : 인터넷상에 산재해 있는 정보를 수집한 후 이를 체계적으로 데이터베이스로 구축하여 사용자가 원하는 정보를 쉽게 찾을 수 있도록 안내자 역할로 도움을 주는 웹 사이트 또는 프로그램을 뜻한다.

② **포털사이트(Portal Site)** : 사용자가 인터넷에서 어떤 정보를 찾으려고 할 때 가장 먼저 접속하는 사이트를 뜻한다.

ⓐ 네이버(Naver) : http://www.naver.com/

ⓑ 다음(Daum) : http://www.daum.net/

ⓒ 구글(Google) : http://www.google.co.kr/

(5) 인터넷 정보 검색을 할 때의 주의사항

① 검색 엔진의 특징을 알아두어야 한다.

② 적절한 검색 엔진의 선택이 중요하다.

③ 키워드의 선택이 중요하다.

④ 키워드와 검색 연산자를 조합하여 작성한 검색식을 정보 검색에 이용한다.

⑤ 검색속도가 느린 경우 웹 브라우저에서 그림파일을 보이지 않도록 설정하여 검색속도를 높

인다.

⑥ 웹 검색이 정보 검색의 최선은 아니므로 도서관, 뉴스 등 다른 방법도 적극 활용한다.

⑦ 웹 검색 결과로 검색 엔진이 제시하는 결과물의 가중치를 너무 신뢰해서는 안 된다.

(6) 응용 소프트웨어

① **워드프로세서** : 우리가 보는 책이나 신문, 잡지 등은 여러 가지 형태의 문자와 그림, 표, 그래프 등이 조화롭게 구성되어 만들어진 것이다. 이와 같이 여러 형태의 문서를 작성, 편집, 저장, 인쇄할 수 있는 프로그램을 워드프로세서라고 한다.

② **스프레드시트** : 전자 계산표 또는 표 계산 프로그램으로 워드프로세서와 같이 문서를 작성하고 편집하는 기능 이외에 수치나 공식을 입력하여 그 값을 계산해내고, 계산 결과를 차트로 표시할 수 있는 특별한 기능을 가지고 있다.

③ **프리젠테이션** : 컴퓨터나 기타 멀티미디어를 이용하여 그 속에 담겨있는 각종 정보를 사용자 또는 대상자에게 전달하는 행위를 의미한다. 프리젠테이션 프로그램은 보고, 회의, 상담, 교육 등에서 정보를 전달하는데 널리 활용되는 것으로 파워포인트, 프리랜스 그래픽스 등이 있다.

④ **데이터 베이스** : 대량의 자료를 관리하고 내용을 구조화하여 검색이나 자료관리 작업을 효과적으로 실행하는 프로그램으로, 테이블, 질의, 폼, 보고서 등을 작성할 수 있는 기능을 가지고 있다.

⑤ **그래픽 소프트웨어** : 새로운 그림을 그리거나 그림 또는 사진 파일을 불러와 편집하는 프로그램으로 그림확대, 그림 축소, 필터 기능을 가지고 있다.

⑥ **유틸리티 프로그램** : 사용자가 컴퓨터를 좀 더 쉽게 사용할 수 있도록 도와주는 소프트웨어라고 한다. 유틸리티 프로그램은 본격적인 응용 소프트웨어라고 하기에는 크기가 작고 기능이 단순하다는 특징을 가지고 있으며, 사용자가 컴퓨터를 사용하면서 처리하게 되는 여러 가지 작업을 편리하게 할 수 있도록 도와준다.

(7) 데이터베이스

① **데이터베이스란?**

파일시스템에서는 하나의 파일은 독립적이고 어떤 업무를 처리하는데 필요한 모든 정보를 가지고 있다. 파일도 데이터의 집합이므로 데이터베이스라고 볼 수도 있으나 일반적으로 데이터베이스라 함은 여러 개의 서로 연관된 파일을 의미한다.

② **데이터베이스의 필요성**

㉠ 데이터 중복을 줄인다.

㉡ 데이터의 무결성을 높인다.

ⓒ 검색을 쉽게 해준다.

ⓔ 데이터의 안정성을 높인다.

ⓜ 개발기간을 단축한다.

③ 데이터베이스의 기능

ⓐ 입력기능

ⓑ 데이터의 검색 기능

ⓒ 데이터의 일괄 관리

ⓓ 보고서 기능

④ 데이터베이스의 작업 순서

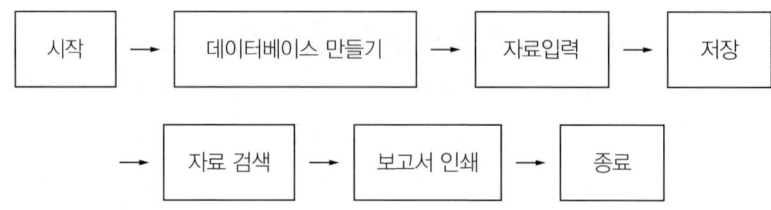

3 〉 정보처리능력

(1) 정보수집

① 정보의 필요성

정보의 활용은 의사결정을 하거나 문제의 답을 알아내고자 할 때 가지고 있는 정보로는 부족하여 새로운 정보가 필요하다는 상황을 인식하는 순간부터 시작된다.

② 정보를 수집할 수 있는 원천(정보원)

ⓐ 1차 자료 : 단행본, 학술지 논문, 학술회의자료, 연구보고서, 학위논문, 신문 등

ⓑ 2차 자료 : 사전, 백과사전, 편람, 연감, 서지데이터베이스 등

③ 효과적인 정보수집

ⓐ 정보는 인간력이다.

중요한 정보를 수집하기 위해서는 우선적으로 신뢰관계가 전제가 되어야 한다.

ⓑ 인포메이션이 아닌 인텔리전스를 수집한다.

• 인포메이션 : 하나하나의 개별적인 정보

• 인텔리전스 : 무수히 많은 인포메이션 중에 몇 가지를 선별해 그것을 연결시켜 뭔가 판단하기 쉽게 도와주는 하나의 정보 덩어리

ⓒ 선수필승 : 격동의 시대에는 남들보다 1초라도 빠른 정보수집이 결정적인 효과를 가져 올

가능성이 크다.

ⓔ 머릿속에 서랍을 많이 만든다.

자신에게 맞는 방법을 찾아 정리를 해놓으면 정보 수집을 효과적으로 할 수 있을 것이다.

ⓜ 정보수집용 하드웨어 활용

사람의 기억력은 한계가 있으므로 지금 당장은 유용하지 않은 정보일지라도 향후 유용한

정보가 될 수 있는 것들은 이러한 물리적인 하드웨어를 활용하여 수집하는 것이 필요할

것이다.

(2) 정보분석

① 정보분석이란?

여러 정보를 상호관련지어 새로운 정보를 생성해내는 활동

② 정보분석의 절차

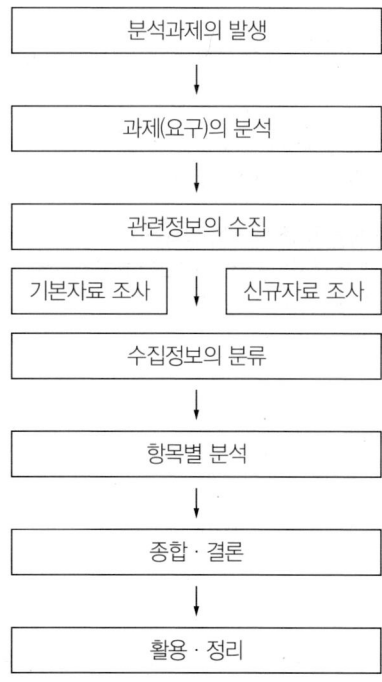

07

정보
능력

기초 문제

정답 및 해설 332p

01 정보 처리 과정으로 옳지 않은 것은?

① 기획　　　　　　　　　　　　② 수집

③ 반영　　　　　　　　　　　　④ 활용

02 자료, 정보, 지식에 대한 설명으로 옳지 않은 것은?

① 자료는 아직 특정한 목적에 대하여 평가되지 않은 상태의 숫자나 문자들을 단순히 나열해 놓은 것이다.

② 정보는 특정한 목적을 달성하기 위해 과학적 또는 이론적으로 추상화되거나 정립되어 있는 일반화된 것들을 말한다.

③ 지식은 어떤 대상에 대하여 원리적, 통일적으로 조직되어 객관적 타당성을 요구할 수 있는 판단의 체계를 제시한다.

④ 자료는 정보작성을 위해 필요한 데이터이다.

03 사이버공간에서 지켜야 할 예절(네티켓)로 옳지 않은 것은?

① 전자우편을 사용할 때는 가능한 한 짧게 요점만 작성한다.

② 온라인 대화를 할 때, 상대는 전혀 모르는 사람이므로 개인정보의 누설을 피하고 홍보나 광고의 목적으로만 이용한다.

③ 게시판을 사용할 때는 게시판의 주제와 관련이 있는 내용인지 확인하고 올린다.

④ 공개 자료실을 사용할 때는 프로그램을 올리기 전에 바이러스 감염 여부를 점검한다.

04 개인정보 유출 방지 방법으로 옳지 않은 것은?

① 회원 가입 시 이용 약관을 읽을 것

② 정체불명의 사이트는 멀리할 것

③ 이용 목적에 부합하는 정보를 요구하는지 확인할 것

④ 비밀번호는 생일이나 휴대폰 번호 등 가능한 쉽게 설정하고 자주 바꿀 것

05 인터넷 서비스에 대한 설명으로 옳지 않은 것은?

① 전자우편(E-mail)서비스 : 정보통신망을 이용하여 다른 사용자들과 편지나 여러 정보를 주고 받는 통신방법

② 인터넷 디스크(Internet Harddisk) : 인터넷이라는 전자매체를 통하여 상품을 사고팔거나, 재 화나 용역을 거래하는 사이버 비즈니스

③ 메신저(Messenger) : 인터넷에서 실시간으로 메시지와 데이터를 주고받을 수 있는 소프트웨어

④ SNS(Social Networking Service) : 온라인 인맥 구축을 목적으로 개설된 커뮤니티 형 웹 사이트

07
정보
능력

06 검색엔진의 유형으로 옳지 않은 것은?

① 키워드 검색 방식 : 찾고자 하는 정보와 관련 키워드를 직접 입력해 검색엔진에 보내면 검색엔 진이 키워드와 관련된 정보를 찾는 방법

② 주제별 검색 방식 : 인터넷상에 존재하는 웹 문서들을 주제, 계층별로 정리하여 데이터 베이스 를 구축한 후 이용하는 방식

③ 자연어 검색 방식 : 검색엔진에서 키워드만 입력하면 각 질문에 답이 들어 있는 사이트를 연결 해 주는 방식으로 검색 결과가 지나치게 많아 비효율적인 검색이 될 수 있다.

④ 통합형 검색 방식 : 사용자가 입력한 검색어들을 다른 검색엔진에 보내고, 이를 통해 얻어진 검 색 결과를 사용자에게 보여주는 방식

07 다음 정보검색 연산자에 대한 설명으로 옳지 않은 것은?

	기호	연산자	검색 조건
①	*, &	AND	두 단어를 포함하지 않은 모든 문서를 검색
②	|	OR	두 단어가 모두 포함되거나, 하나만 포함된 문서를 검색
③	–, !	NOT	'–' 기호나 '!' 기호 다음에 오는 단어를 포함하지 않은 문서를 검색
④	~, near	인접검색	앞/뒤의 단어가 가깝게 인접해 있는 문서를 검색

08 정보를 검색 할 때의 주의사항으로 옳지 않은 것은?

① 사용하려는 검색엔진의 특징을 알아둘 것

② 검색엔진이 보여주는 결과물을 지나치게 신뢰하지 않을 것

③ 검색 결과가 너무 많을 경우 결과 내 재검색 기능을 활용하여 범위를 좁힐 것

④ 모든 검색엔진의 연산자는 모두 동일하므로 정확히 외울 것

09 소프트웨어에 대한 설명으로 옳지 않은 것은?

① 워드프로세서 : 여러 가지 형태의 문서를 작성, 편집, 저장, 인쇄할 수 있는 프로그램

② 유틸리티 프로그램 : 새로운 그림을 그리거나 그림 또는 사진 파일을 불러와 편집하는 프로그램

③ 프레젠테이션 : 보고, 회의, 상담, 교육 등에서 정보를 전달하는데 주로 활용되는 프로그램

④ 데이터베이스 : 대량의 자료를 관리하고 구조화하여 검색이나 자료 관리 작업을 효과적으로 실행하는 프로그램

10 스프레드시트에 대한 설명으로 옳은 것은?

① 스프레드시트의 대표 프로그램으로는 Microsoft Office Access 등이 있다.

② 스프레드시트의 구성단위로는 셀, 열, 행, 영역이 있다.

③ 스프레드시트의 주요기능으로는 입력기능, 표시기능, 저장기능, 편집기능, 인쇄기능 등이 있다.

④ 스프레드시트란 대량의 자료를 관리하고 구조화하여 검색이나 자료 관리 작업을 효과적으로 실행하는 프로그램을 말한다.

응용 문제

▶ 정답 및 해설 335p

01 다음 중 입력한 데이터에 지정된 표시형식에 따른 결과가 옳은 것은?

① 입력자료 : 24678

　표시형식 : #.##

　결과 : 24678

③ 입력자료 : 14500

　표시형식 : [DBNum2]G/표준

　결과 : 壹萬四阡伍百

② 입력자료 : 2005-04-05

　표시형식 : mm-dd

　결과 : Apr-04

④ 입력자료 : 0.457

　표시형식 : 0%

　결과 : 45.7%

02 다음과 같은 워크시트에서 〈프로시저1〉을 실행시켰을 때 나타나는 결과로 옳은 것은?

	A	B	C
1	1		
2		3	
3	2		
4			

```
〈프로시저1〉
Private Sub Worksheet_Activate()
    Range("B2").CurrentRegion.Select
End Sub
```

① [B2]셀이 선택된다.

③ [A1:B2]셀이 선택된다.

② [A1:B3]셀이 선택된다.

④ [A1:C3]셀이 선택된다.

03 다음 시트의 데이터를 이용하여 =HLOOKUP("1분기실적", A2:C7, 3) 수식의 결과 값으로 옳은 것은?

	A	B	C
1			(단위 : 천만원)
2	지점	1분기실적	2분기실적
3	서울	241	985
4	부산	1,177	845
5	인천	241	325
6	대구	278	710
7	광주	405	458

① 241   ② 1,177

③ 985   ④ 845

07

정보
능력

04 다음 중 한글 Windows XP에서 사용하는 바로가기 키에 대한 설명으로 옳지 않은 것은?

① 〈F5〉 : 최신 정보로 고치기

② 〈Alt〉 + 〈Spacebar〉 : 현재 열려 있는 창의 창 조절 메뉴를 표시한다.

③ 〈Shift〉 + 〈F10〉 : 선택된 항목의 등록 정보를 나타낸다.

④ 〈Ctrl〉+〈Shift〉+〈Esc〉 : Windows 작업 관리자 대화상자를 호출한다.

[05-09] 다음은 한 화장품 회사의 상품코드이다. 표를 보고 이어지는 질문에 답하시오.

예) 상품 코드

2016년 2월에 전라도 제 1공장에서 만들어진 25,421개 핸드크림

<u>1602</u> - <u>5M</u> - <u>05018</u> - <u>25421</u>

생산연월	생산 공장				제품 종류				생산 순서
	지역 코드		고유 번호		분류 코드		고유 번호		
	1	경기도	A	제1공장	01	기초 화장품	001	클렌징 오일	
			B	제2공장			002	아이크림	
			C	제3공장			003	화장수	
	2	강원도	D	제1공장			004	스킨	
• 1607			E	제2공장			005	로션	
– 2016년 7월			F	제3공장			006	에센스	
• 1410	3	충청도	G	제1공장	02	메이크업 화장품	007	파운데이션	00001부터 시작하여 상품 수량만큼 5자리의 번호가 매겨짐
– 2014년 10월			H	제2공장			008	립스틱	
• 1505			I	제3공장			009	아이라이너	
– 2015년 5월							010	마스카라	
			J	제1공장			011	아이섀도우	
	4	경상도	K	제2공장	03	모발 화장품	012	샴푸	
			L	제3공장			013	헤어 트리트먼트	
							014	헤어 스프레이	
			M	제1공장	04	방향 화장품	015	향수	
	5	전라도	N	제2공장	05	바디 화장품	016	바디 로션	
			O	제3공장			017	선크림	
							018	핸드크림	
							019	바디 샴푸	

05 2015년 11월에 충청도 제3공장에서 만들어진 화장수 32,174개의 상품 코드로 옳은 것은?

① 15113I0100332174

② 15113G0100432174

③ 14114J0301225421

④ 15113H0401532174

06 2016년 1월에 강원도 제1공장에서 만들어진 마스카라 26,771개의 상품 코드로 옳은 것은?

① 15015N0200926771

② 16012D0201026771

③ 16014L0100526771

④ 16011C0301426771

07 상품 코드가 14124K0301214926 으로 입력되었다. 이 코드를 읽고 잘못 해석한 정보로 옳은 것은?

① 이 상품은 2014년 후반기에 만들어졌다.

② 이 상품은 전라도에서 만들어졌다.

③ 이 상품은 모발 화장품에 속하는 샴푸이다.

④ 이 상품은 15,000개 이하로 만들어졌다.

08 다음 중 15년 생산량이 17,219개 이하인 전라도에서 만들어진 아이크림의 코드로 옳은 것은?

① 14042D0100217218

② 15065M0100114118

③ 15015N0200717229

④ 15045O0100216831

09 다음 중 경기도에서 만들어진 상품으로 옳지 않은 것은?

① 16093I0401512981

② 16021B0201142115

③ 16021C0100614713

④ 16071A0201114201

10 [A1]셀에 =SUMPRODUCT({1, 2, 3}, {4, 5, 6})을 입력하고 〈Enter〉 키를 눌렀을 때 수식의 결과 값으로 옳은 것은?

① 24

② #VALUE!

③ 32

④ 90

11 차트의 3차원 보기 대화상자에 대한 설명으로 옳지 않은 것은?

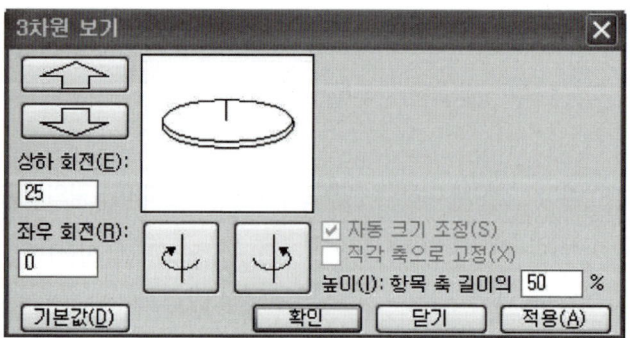

① [기본값] 단추를 클릭하면 2차원 차트로 변경된다.

② '자동 크기 조정' 옵션을 선택하면 '높이' 옵션을 선택할 수 없다.

③ 차트의 가로축(X), 세로축(Y) 등을 회전할 수 있다.

④ '직각 축으로 고정' 확인란을 선택하면 '원근감' 옵션을 설정할 수 있다.

MEMO

시스컴은 여러분을 응원합니다!

Chapter 08

기술능력

- 기술능력은 이공계 계열과 관련 직군에 필요한 지식을 활용하는 내용으로 되어있다.
- 기술능력은 기술의 의미와 기술의 혁신, 개발, 활용 등에 대한 방법으로 되어있다.
- 기술능력은 이론의 내용에 대비해야 되며 응용문제에서는 도형과 그래프의 규칙을 묻거나 매뉴 얼에 대한 이해를 묻는 문제가 출제되고 있다.

1. 기술능력

– 직장생활에 필요한 기술이 무엇인지 알아본다.
– 지속가능한 발전과 산업재해의 의미와 예방대책에 대해 알아본다.

2. 기술이해능력

– 기술시스템과 기술혁신이 무엇인지 알아본다.
– 실패한 기술과 유망한 기술에 대해 알아본다.

3. 기술선택능력

– 기술선택을 위한 의사결정을 알아본다.
– 벤치마킹과 매뉴얼의 특징에 대해 알아본다.
– 지식재산권에 대해 알아본다.

4. 기술적용능력

– 기술적용의 의미와 기술 적용시 고려사항을 알아본다.
– 기술 경영자와 기술 관리자에 대해 알아본다.
– 네트워크 혁명과 기술 융합에 대해 알아본다.

1 〉 기술능력

(1) 기술능력이란?

① 일상적으로 요구되는 수단, 도구, 조작 등에 관한 기술적인 요소들을 이해하고, 적절한 기술을 선택하며, 적용하는 능력을 의미한다.

② 직장 생활에서 접하는 기술을 이해하고, 효율적인 기술을 선택하고 적용하기 위해 필수적인 능력이다.

(2) 기술이란?

① 기술의 의미

- 물리적인 것뿐만 아니라 사회적인 것으로서 지적인 도구를 특정한 목적에 사용하는 지식체계
- 인간이 주위환경에 대한 통제를 확대시키는 데 필요한 지식의 적용
- 제품이나 용역을 생산하는 원료, 생산공정, 생산방법, 자본재 등에 관한 지식의 집합체

② 노하우(know-how)와 노와이(know-why)

- 노하우(know-how) : 특허권을 수반하지 않는 과학자, 엔지니어 등이 가지고 있는 체화된 기술
- 노와이(know-why) : 어떻게 기술이 성립하고 작용하는 가에 관한 원리적 측면
- 기술은 원래 know-how의 개념이 강하였으나 시대가 지남에 따라 know-how와 know-why가 결합하게 되었으며, 현대적인 기술은 주로 과학을 기반으로 하는 기술(science-based technology)이 되었다.

③ 기술과 과학 : 기술은 과학이론을 실제로 적용하여 자연의 사물을 인간 생활에 유용하도록 가공하는 수단이고 과학은 인간이 원하는 방식으로 활용하도록 해주는 상호연관적인 지식들이기 때문에 기술은 과학의 응용이다.

(3) 기술의 특징

① 하드웨어나 인간에 의해 만들어진 비자연적인 대상

② 기술은 '노하우(know-how)'를 포함한다.

③ 기술은 하드웨어를 생산하는 과정이자 활용을 뜻한다.

④ 기술은 정의 가능한 문제를 해결하기 위해 순서화되고 이해 가능한 노력이다.

(4) 지속가능한 발전

① 지금 우리의 현재욕구를 충족시키지만, 동시에 후속 세대의 욕구 충족을 침해하지 않는 발전

08

기술
능력

② 지속가능 발전 기술
- 이용 가능한 자원과 에너지를 고려한다.
- 자원이 사용되고 그것이 재생산되는 비율의 조화를 추구한다.
- 자원의 질을 생각한다.
- 자원이 생산적인 방식으로 사용되는가에 주의를 기울이는 기술

(5) 산업 재해

① 산업 활동 중의 사고로 인해 사망하거나 부상을 당하고, 또는 유해 물질에 의한 중독 등으로 직업성 질환에 걸리거나 신체적 장애를 가져오는 것

② 산업 재해의 원인
- **기본적 원인** : 교육적 원인 / 기술적 원인 / 작업 관리상 원인
- **직접적 원인** : 불안정한 행동(사람의 부주의 등) / 불안정한 상태(기계의 결함 등)

③ 산업 재해의 예방 대책

안전 관리 조직 → 사실의 발견 → 원인 분석 → 기술 공고화 → 시정책 적용 및 뒤처리

2 〉 기술이해능력

(1) 기술 이해 능력이란?

기본적인 직장생활에서 필요한 기술의 원리 및 절차를 이해하는 능력

(2) 기술 혁신

① 기술 혁신의 특성
- 기술혁신은 그 과정 자체가 매우 불확실하고 장기간의 시간을 필요로 한다.
- 기술혁신은 지식 집약적인 활동이다.
- 혁신 과정의 불확실성과 모호함은 기업 내에서 많은 논쟁과 갈등을 유발할 수 있다.
- 기술혁신은 조직의 경계를 넘나드는 특성을 갖고 있다.

3 〉 기술 선택 능력

(1) 기술 선택 능력이란?

기본적인 직장생활에 필요한 기술을 선택하는 능력

(2) 기술 선택

① 기술 선택이란?

기업이 어떤 기술을 외부로부터 도입하거나 자체 개발하여 활용할 것인가를 결정하는 것

② 기술선택을 위한 의사결정

- ㉠ **상향식 기술선택** : 기업 전체 차원에서 필요한 기술에 대한 체계적인 분석이나 검토 없이 연구자나 엔지니어들이 자율적으로 기술을 선택하는 것

  특징 : 실무 기술자들의 흥미 유발과 창의적인 아이디어 창출 / 흥미위주의 기술을 선택함에 따른 시장·고객의 요구와 서비스 개발에 부적합한 기술이 선택될 수 있다.

- ㉡ **하향식 기술선택** : 기술경영진과 기술기획담당자들에 의한 체계적인 분석을 통해 기업이 획득해야 하는 대상기술과 목표기술수준을 결정하는 것

  특징 : 기업의 중장기적인 사업목표를 성정하고, 이를 달성하기 위해 확보해야 할 고객층과 그들에게 제공할 제품과 서비스를 결정하고, 기술에 대한 획득 우선순위를 결정해야 한다.

③ 기술선택을 위한 절차

- ㉠ **외부 환경 분석** : 수요변화 및 경쟁자 변화, 기술 변화 등 분석
- ㉡ **중장기 사업목표 설정** : 기업의 장기비전, 중장기 매출목표 및 이익목표 설정
- ㉢ **내부 역량 분석** : 기술능력, 생산능력, 마케팅/영업능력, 재무능력 등 분석
- ㉣ **사업 전략 수입** : 사업 영역결정, 경쟁 우위 확보 방안 수립
- ㉤ **요구기술 분석** : 제품 설계/디자인 기술, 제품 생산공정, 원재료/부품 제조기술 분석
- ㉥ **기술전략 수립** : 핵심기술의 선택, 기술 획득 방법 결정

④ 기술선택을 위한 우선순위 결정

- ㉠ 제품의 성능이나 원가에 미치는 영향력이 큰 기술
- ㉡ 기술을 활용한 제품의 매출과 이익 창출 잠재력이 큰 기술
- ㉢ 쉽게 구할 수 없는 기술
- ㉣ 기업 간에 모방이 어려운 기술
- ㉤ 기업이 생산하는 제품 및 서비스에 보다 광범위하게 활용할 수 있는 기술
- ㉥ 최신 기술로 진부화될 가능성이 적은 기술

(3) 벤치마킹

특정 분야에서 뛰어난 업체나 상품, 기술, 경영 방식 등을 배워 합법적으로 응용하는 것

① 벤치마킹의 종류

- ㉠ 비교대상에 따른 분류

- 내부 벤치마킹 : 같은 기업 내의 다른 지역, 타부서, 국가 간의 유사한 활용을 비교 대상으로 한다.
- 경쟁적 벤치마킹 : 제품, 서비스 및 프로세스의 단위 분야에 있어 가장 우수한 실무를 보이는 비경쟁적 기업 내의 유사 분야를 대상을 한다.
- 글로벌 벤치마킹 : 프로세스에 있어 최고로 우수한 성과를 보유한 동일업종의 비경쟁적 기업을 대상으로 한다.

ⓒ 수행 방식에 따른 분류

- 직접적 벤치마킹 : 벤치마킹 대상을 직접 방문하여 수행하는 방법
- 간접적 벤치마킹 : 인터넷 및 문서형태의 자료를 통해서 수행하는 방법

② 벤치마킹 주요 단계

㉠ 벤치마킹 4단계 발전

1. 계획단계	기업은 반드시 자사의 핵심 성공요인, 핵심 프로세스, 핵심 역량 등을 파악해야 하고, 벤치마킹 할 프로세스는 문서화되어야 하고 특성이 기술되어야 한다. 그리고 벤치마킹 파트너 선정에 필요한 요구조건도 작성되어야 한다.
2. 자료 수입 단계	벤치마킹 프로세스의 자료수집 단계에서는 내부 데이터 수집, 자료 및 문헌조사, 외부 데이터 수집이 포함된다.
3. 분석단계	벤치마킹 프로세스 모델의 분석단계에서는 데이터 분석, 근본원인 분석, 결과 예측, 동인 판단 등의 업무를 수행하여야 한다. 분석단계의 목적은 벤치마킹 수행을 위해 개선 가능한 프로세스 동인들을 확인하기 위한 것이다.
4. 개선 단계	개선 단계의 궁극적인 목표는 자사의 핵심 프로세스를 개선함으로써 벤치마킹 결과를 현실화 시키자는 것이다. 이 단계에서는 벤치마킹 연구를 통해 얻은 정보를 활용함으로써 향상된 프로세스를 조직에 적응시켜 지속적인 향상을 유도하여야 한다.

ⓒ 주요단계

- 범위 결정 : 상세 분야 결정/목표와 범위 결정/벤치마킹을 수행할 인력 결정
- 측정범위 결정 : 상세분야 대한 측정 항목 결정/측정 항목 적정한가를 검토
- 대상 결정 : 비교 분석할 기업·기관 결정/벤치마킹할 타당성 검토/최종 대상 및 대상별 수행 방식 결정
- 벤치마킹 : 직·간접적 벤치마킹 진행
- 성과차이 분석 : 벤치마킹 결과의 성과차이를 측정 항목별로 분석
- 개선계획 수립 : 성과 차이 원인 분석/개선을 위한 성과목표 결정/성과목표를 위한 개선계획 수립
- 변화 관리 : 개선 목표 달성을 위한 지속적 관리/개선 후 변화와 예상 변화 비교

(4) 매뉴얼

어떤 기계의 조작 방법을 설명해 놓은 지침서(사용서, 설명서, 편람, 안내서, 군대 교범)

① 매뉴얼 종류

- **제품 매뉴얼** : 사용자를 위해 제품의 특징이나 기능 설명, 사용 방법과 고장 조치 방법, 유지 보수 및 A/S, 폐기까지 제품에 관련된 모든 서비스에 대해 소비자가 알아야 할 모든 정보를 제공
- **업무 매뉴얼** : 어떤 일의 진행 방식, 지켜야할 규칙, 관리상의 정차 등을 일관성 있게 여러 사람이 보고 따라할 수 있도록 표준화하여 설명하는 지침서

(5) 지식재산권

인간의 창조적 활동 또는 경험 등을 통해 창출하거나 발견한 지식 · 정보 · 기술이나 표현, 표시 그 밖에 무형적인 것으로 재산적 가치가 실현될 수 있는 지적 창작물에 부여된 권리

① 지식 재산권 특징

- 국가 산업발전 및 경쟁력을 결정짓는 '산업자본'이다.
- 눈에 보이지 않는 무형의 재산이다.
- 지식 재산권을 활용한 다국적기업화가 이루어지고 있다.
- 연쇄적인 기술개발을 촉진하는 계기를 마련해 준다.

② 지식 재산권의 종류

- **산업 재산권** : 산업분야의 창작물과 관련된 산업 재산권(특허권, 실용신안권, 상표권, 디자인권)
- **저작권** : 문화예술분야의 창작물
- **신지식 재산권** : 반도체 배치 설계나 온라인 디지털 콘텐츠와 같이 경제, 사회 · 문화의 변화나 과학기술의 발전에 따른 새로운 분야에서 나타남

08
기술
능력

4 〉 기술적용능력

(1) 기술적용능력이란?

기본적인 직장생활에 필요한 기술을 실제로 적용하고 결과를 확인하는 능력

① 기술 적용 형태

㉠ 선택한 기술을 그대로 적용한다.

- 시간절약, 비용 절감/실패 시 위험 부담 큼
ⓒ 선택한 기술을 그대로 적용하되, 불필요한 기술은 과감히 버리고 적용한다.
- 시간 절약, 비용절감 프로세스 효율성/위험부담, 불필요한 기술인가에 대한 문제점
ⓒ 선택한 기술을 분석하고, 가공하여 활용한다.
- 직장 여건과 환경 분석, 업무 프로세스 효율성의 최대화/시간적인 부담

② 기술 적용 시 고려 사항
ⓐ 기술 적용에 따른 비용이 많이 드는가?
- 기술 적용에 따른 비용이 성과보다 더 많이 든다면 그것은 좋은 기술이라고 할 수 없다.
ⓑ 기술의 수명 주기는 어떻게 되는가?
- 현재 요구되는 기술이라도 단기간에 기술이 진보하거나 변화할 것이라고 예상되는 기술을 적용하는 것은 바람직하지 못하다.
ⓒ 기술의 전략적 중요도는 어떻게 되는가?
- 새로운 기술을 적용하는데 있어 해당 기술이 얼마나 자신의 직장생활의 성과 향상을 위해 전략적으로 중요한가를 확인하는 활동은 매우 중요한 일이다.
ⓓ 잠재적으로 응용 가능성이 있는가?
- 새롭게 받아들여 활용하고자 하는 기술이 단순한 기술인지, 아니면 가까운 미래에 또 다른 발전된 기술로 응용 가능성이 있는지를 검토하는 것은 매우 중요하다.

③ 기술 경영자와 기술 관리자
ⓐ 기술 경영자에게 필요한 능력
- 기술을 기업의 전반적인 전략 목표에 통합시키는 능력
- 빠르고 효과적으로 새로운 기술을 습득하고 기존의 기술에서 탈피하는 능력
- 기술을 효과적으로 평가할 수 있는 능력
- 기술 이전을 효과적으로 할 수 있는 능력
- 새로운 제품개발 시간을 단축할 수 있는 능력
- 크고 복잡하고 서로 다른 분야에 걸쳐 있는 프로젝트를 수행할 수 있는 능력
- 조직 내의 기술 이용을 수행할 수 있는 능력
- 기술 전문 인력을 운용할 수 있는 능력
ⓑ 기술 관리자에게 필요한 능력
- 기술을 운용하거나 문제 해결을 할 수 있는 능력
- 기술직과 의사소통을 할 수 있는 능력
- 혁신적인 환경을 조성할 수 있는 능력
- 기술적, 사업적, 인간적인 능력을 통합할 수 있는 능력

- 시스템적인 관점에서 인식하는 능력
- 공학적 도구나 지원방식에 대한 이해 능력
- 기술이나 추세에 대한 이해 능력
- 기술팀을 통합할 수 있는 능력

④ 네트워크 혁명

ㄱ 네트워크 혁명의 3가지 법칙

- **무어의 법칙** : 컴퓨터의 반도체 성능이 18개월마다 2배씩 증가한다는 법칙으로 지금까지 들어맞고 있다.
- **메트칼피의 법칙** : 네트워크의 가치는 수용자 수의 제곱에 비례한다는 법칙으로 네트워크를 기반한 경제활동을 하는 사람들이 주목해야 한다.
- **카오의 법칙** : 창조성은 네트워크에 접속되어 있는 다양성에 지수함수로 비례한다는 법칙으로 다양한 사고의 사람이 네트워크로 연결되면 그만큼 정보교환이 활발해져 창조성이 증가한다는 것을 나타낸다.

⑤ **기술융합**

ㄱ 4대 핵심기술인 나노기술(NT), 생명공학기술(BT), 정보기술(IT), 인지과학(Cognitive science)이 상호 의존적으로 결합되는 것(NBIC)을 융합기술(CT)라 정의한다.

기초 문제

▸ 정답 및 해설 338p

01 다음의 김규환씨 같은 사람의 특징으로 적절하지 않은 것은?

> 대우중공업 김규환 명장은 고졸의 학력에도 불구하고 끊임없는 노력과 열정으로 국내 최다 국가기술자격증 보유, 5개 국어 구사, 업계 최초의 기술명장으로 인정을 받고 있다. 김규환 명장은 고졸이라는 학력 때문에 정식사원으로 입사를 하지 못하고 사환으로 입사를 시작하였다. 그러나 새벽 5시에 출근하여 기계 작업을 준비하는 등 남다른 성실함으로 정직 기능공, 반장 등으로 승진을 하여 현재의 위치에 오르게 되었다. 하루는 무서운 선배 한명이 세제로 기계를 모두 닦아 놓으라는 말에 2,612개나 되는 모든 기계 부품을 분리하여 밤새 닦아서 놓았다. 그 후에도 남다른 실력으로 서로 문제가 있는 다른 기계를 봐 달라고 하는 사람들이 점점 늘어났다. 또한, 정밀기계 가공시 1℃ 변할 때 쇠가 얼마나 변하는지 알기 위해 국내의 많은 자료를 찾아보았지만 구할 수 없어 공장 바닥에 모포를 깔고 2년 6개월간 연구를 한 끝에 재질, 모형, 종류, 기종별로 X-bar(평균)값을 구해 1℃ 변할 때 얼마나 변하는지 온도 치수가공조건표를 만들었다. 이를 산업인력공단의 〈기술시대〉에 기고하였으며, 이 자료는 기계 가공 분야의 대혁명을 가져올 수 있는 자료로 인정을 받았다.

① 인식된 문제를 위해 다양한 해결책을 개발하고 평가한다.

② 주어진 한계 속에서 그리고 제한된 자원을 가지고 일한다.

③ 기술적 해결에 효용성을 평가한다.

④ 전문 연수원을 통한 기술과정 연수한다.

02 다음은 한화그룹의 (   )기술 개발 사례이다. 이 기술 대한 설명으로 옳지 않은 것은?

> 한화는 지속가능한 기술을 다수 개발했다. 우선 잉크, 도료, 코팅에 쓰이던 유기 용제를 물로 대체한 수용성 수지를 개발했다. 이 신제품은 휘발성 유기화합물의 배출이 없었기 때문에 대기오염 물질을 줄이는 친환경 제품으로 평가받으며, 인쇄성, 전이성, 광택성이 우수하고 휘발분 함량이 낮아 거품 발생이 적기 때문에 작업성이 우수한 특징을 가지고 있다. 또한, 2003년부터는 기존에 소각 처리해야 했던 석유화학 옥탄올 공정을 변경하여 폐수처리로 전환하고 공정 최적화를 통해 화약 제조 공정에 발생하는 총 질소의 양을 원칙적으로 감소시키는 공정 혁신을 이룸으로써 연간 4천 톤의 오염 물질 발생량을 줄였으며 60억 원의 원가도 절감했다.

> (   )기술 : 1987년 세계경제발전위원회의 보고서가 "환경보호와 경제적 발전이 반드시 갈등 관계에 있는 것만은 아니다"라면서 널리 퍼지게 되었다. 즉 지구촌의 현재와 미래를 포괄하는 개념으로 지금 우리의 현재 욕구를 충족시키지만, 동시에 후속 세대의 욕구 충족을 침해하지 않는 발전을 의미한다. 이러한 기술을 (   )이라고 정의할 수 있다.

① 새로운 자원 발견을 고려한 기술

② 이용 가능한 자원과 에너지를 고려한 기술

③ 자원이 사용되고 그것이 재생산되는 비율의 조화를 추구하는 기술

④ 자원의 질을 생각하는 기술

03 다음은 기술 혁신의 한 사례이다. 기술 혁신의 특징에 대한 설명으로 옳지 않은 것은?

> 일본과 미국에 비해 반도체 분야에 후발 주자로 뛰어든 삼성은 끊임없는 추격과 기술 개발을 통해 1992년 이후에는 메모리 분야에서 시장 점유율 세계 제1의 기업으로 성장했다. 삼성은 초기에 64K D램의 개발에서 선진국과 6년 격차를, 양산에는 4년 격차를 보였다. 그러나 삼성은 16M, 64M D램의 개발과 양산에서는 선진국의 선도 기업과 동일한 시기에 이루어졌으며, 256M, 1G D램부터는 선진국을 추월하여 64M, 256M, 1G D램을 세계 최초로 개발했다. 1993년 8인치 웨이퍼 양상 라인을 세계 최초로 완공했다. 삼성은 일본 오키 사에 싱크로너스 설계기술을 수출하는 등 기술 역수출의 예를 보여주었으며, 지금은 삼성의 기술이 사실상의 세계 표준으로 결정되는 경우도 종종 발생하고 있다. 또한 2004년 삼성전자의 순이익은 매월 평균 1조가 넘어서, 1년 순이익이 12조를 넘는 기염을 토했다.
> '삼성'이란 브랜드네임은 이제 국제시장에서 소니를 앞지르고 있다.

08

기술
능력

① 과정이 매우 불확실하고 장기간의 시간이 필요하다.

② 지식 집약적인 활동이다.

③ 과정에서 많은 논쟁과 갈등을 유발할 수 있다.

④ 조직 내에서 이루어지는 특성이 있다.

04 다음에서 K씨가 사용한 방법에 대한 설명으로 적절하지 않은 것은?

> 네덜란드 PTC+ 교육이 시작된 이래 현재까지 딸기 재배의 가장 성공적인 케이스로 꼽히는 K씨. 그는 자신의 지역에서 하이베드 딸기 재배의 선구자로 꼽히고 있다. 하이베드 딸기는 높은 침대에서 자란 딸기라는 뜻으로 작물을 관리하기 쉽게 작업자의 높이에 맞추어 베드를 설치하여 재배하는 방법이다. 따라서 일반 딸기들이 지상에서 토경 재배되는 것과는 달리 지상 80cm 위에서 양액재배를 하기 때문에 노동력이 적게 들고, 연작장애가 없고 위생적인 관리가 가능한 농법이다.
> 그러나 K씨는 네덜란드 PTC+에서 배워온 딸기 재배 기법을 단순 적용한 것이 아니라 우리나라 실정에 맞게 재배 기법을 변형하여 실시함으로써 고수익을 올린 것으로 유명하다. 그는 수개월간 노력 끝에 네덜란드의 기후, 토양의 질 등과는 다른 우리나라 환경에 적합한 딸기를 재배하기 위해 배양액의 농도, 토질, 조도시간, 생육기관과 당도까지 최적의 기술을 연구함으로써 국내 최고의 질을 자랑하는 딸기를 출하할 수 있게 되었다.

① 수행방식에 따른 분류에서 간접적 벤치마킹을 하였다.

② 비교대상에 따른 분류에서 글로벌 벤치마킹이다.

③ 기술 습득이 상대적으로 용이하다.

④ 비경쟁적 방법이다.

05 물리적인 것뿐만 아닌 사회적인 것으로서, 지적인 도구를 특정한 목적에 사용하는 지식체계를 기술이라 한다. 다음 중 기술에 대한 설명으로 적절하지 않은 것은?

① 제품이나 용역을 생산하는 원료, 생산공정, 생산방법, 자본재 등에 관한 지식의 종합한 것을 기술이라 한다.

② 기술 중 Know-how는 특허권을 얻은 과학자, 엔지니어 등이 가지고 있는 체화된 기술로 어떻게 기술이 성립하고 작용하는가에 관한 원리적 측면에 중심을 두었다.

③ 기술은 원래 Know-how개념이 강하였으나 점차 Know-why가 결합하게 되었다.

④ 현대적 기술은 주로 과학을 기반으로 하는 기술로 이루어져 있다.

06 기술을 선택하기 위한 우선순위 결정에 대한 설명으로 옳지 않은 것은?

① 기술을 활용한 제품의 매출과 이익 창출 가능성이 큰 기술

② 쉽게 구할 수 없는 기술

③ 최신 기술로 진부화 될 가능성이 높은 기술

④ 타 기업이 모방하기 어려운 기술

07 기술 혁신에 대한 설명으로 적절하지 않은 것은?

① 아이디어 창안 : 일을 수행하는 새로운 방법을 고안하고 혁신적인 진보를 위한 탐색과정

② 챔피언 : 혁신을 위한 자원을 확보하고 아이디어를 전파하는 과정

③ 프로젝트 관리 : 불필요한 제약에서 프로젝트를 보호하고 혁신에 대한 자원 획득을 지원하는 과정

④ 정보 수문장 : 조직 외부의 정보를 내부 구성원들에게 전달하고 조직 내 정보원 기능을 하는 과정

08 네트워크 혁명에 대한 설명으로 적절하지 않은 것은?

① 무어의 혁명은 컴퓨터가 18개월마다 2배씩 증가한다는 법칙이다.

② 메트칼피의 법칙은 창조성은 네트워크에 접속되어 있는 다양한 지수함수로 비례한다는 법칙이다.

③ 네트워크의 혁명의 역기능에는 디지털 격차, 정보화에 따른 실업의 문제 등이 있다.

④ 메트칼피의 법칙과 카오의 법칙은 어떤 네트워크가 양적 · 질적으로 가치를 지니는지를 표현하고 무어의 법칙은 정보기술이 무서운 속도로 발전하고 있다는 점을 보여준다.

09 다음 중 매뉴얼에 대한 설명으로 적절하지 않은 것은?

① 매뉴얼에는 사용서, 설명서, 편람, 안내서, 교범 등이 있다.

② 언제, 어디서, 누가, 무엇을, 어떻게, 왜 라는 사용자의 질문을 예상하고 만들어야 한다.

③ 수동태의 동사를 사용하며 추상적 명사를 사용해서 알기 쉬운 문장으로 만들어야 한다.

④ 필요한 정보를 빠르게 찾을 수 있어야 한다.

10 다음은 (㉮)에 2등은 없다는 글이다. ㉮에 대한 설명으로 적절하지 않은 것은?

> (㉮)은 무형의 자산으로 최근 급속한 정보, 통신 및 교통의 발달과 더불어 전 세계로 쉽게 전파되어 다국적 기업화 등 각국 경제의 상호관계 촉진에 기여하고 있다. 중요한 것은 (㉮) 분야는 먼저 등록하고 권리를 취득한 사람이 절대적으로 유리한 고지에 선다는 점이다.
> 한 시간 빠른 특허출원으로 권리를 획득한 것은 알렉산더 그레햄 벨의 전화기 발명 사례가 좋은 예이다. 사실은 벨이 전화기를 발명하기 얼마 전에 이미 필립 라이스라는 사람이 전화기 발명에 성공했었다. 라이스는 전화기 발명에 대한 실험을 성공하였으나 그의 발명품은 인정을 받지 못했고, 결국 라이스의 죽음과 함께 사장되고 말았다.
> 그로부터 2년 뒤 '엘리사 글레인'과 '알렉산더 그레햄 벨'이라는 두 명의 전화기 발명가가 나타났다. 벨은 '전동과 전자석의 연결에 따라 소리를 전류로 바꾸어 전할 수 있다.'는 아이디어로 전화기를 발명하여 워싱턴의 특허청에 특허를 출원하였다. 1876년 2월 15일 오후 1시의 일이었다. 그런데 우연하게도 또 다른 전화기의 발명가 엘리사 글레인 역시 바로 그날 전화기의 특허를 출원하러 특허청에 갔었다. 그러나 벨의 특허출원이 한 시간쯤 빨랐다는 특허청 접수계의 증언에 따라 벨에게 특허가 돌아갔다. 이처럼 (㉮)에서 2등은 없다.

① 국가 산업 발전 및 경쟁력을 결정짓는 산업자본이다.

② 눈에 보이는 유형의 재산이다.

③ 이를 활용한 다국적기업화가 이루어지고 있다.

④ 연쇄적인 기술개발을 촉진하는 계기를 마련해 준다.

응용 문제

정답 및 해설 341p

[01-03] 다음 표를 참고하여 질문에 답하시오.

스위치	기 능
◈	오른쪽으로 90° 회전함
◉	왼쪽으로 90° 회전함
◷	상하 대칭
◻	좌우 대칭

01 처음 상태에서 스위치를 한 번 눌렀더니 화살표 모양과 같은 상태로 바뀌었다. 어떤 스위치를 눌렀는가?

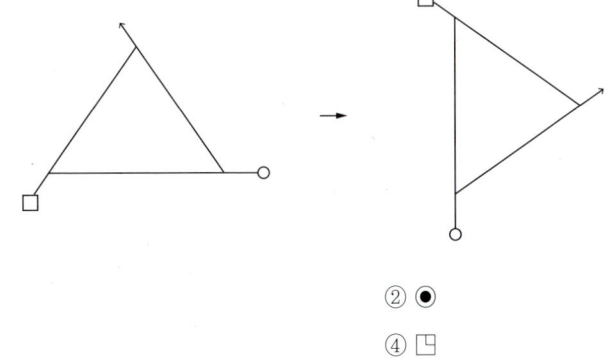

① ◈

② ◉

③ ◷

④ ◻

08

기술
능력

02 처음 상태에서 스위치를 두 번 눌렀더니 화살표 모양과 같은 상태로 바뀌었다. 어떤 스위치를 눌렀는가?

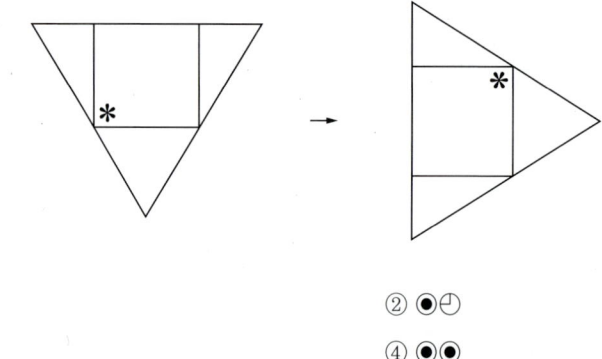

① ◆◷
③ ◆◆
② ◉◷
④ ◉◉

03 처음 상태에서 스위치를 두 번 눌렀더니 화살표 모양과 같은 상태로 바뀌었다. 어떤 스위치를 눌렀는가?

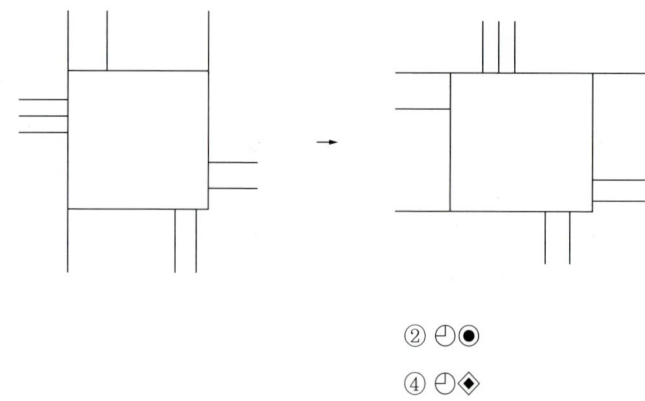

① ◉◉
③ ◆◆
② ◷◉
④ ◷◆

[04-06] 다음은 각 스위치의 기능을 나타낸 것이다. 제시된 도형이 몇 개의 스위치를 눌러 화살표 후 도형으로 바뀌었다면 어떤 과정을 거쳐야 하는지 고르시오.

스위치	기 능
◣	1번 도형을 시계 방향으로 90° 회전함
◤	2번 도형을 시계 방향으로 90° 회전함
◎	3번 도형을 반시계 방향으로 90° 회전함
◨	1번과 3번 도형을 색 반전한다. (유색→무색, 무색→유색)
◧	2번과 3번 도형을 색 반전한다. (유색→무색, 무색→유색)

04

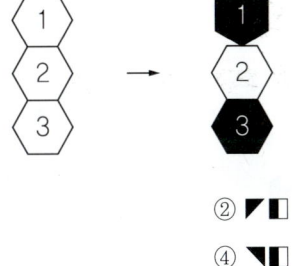

① ◣◎　　　　　　　　　　② ◤◨

③ ◎◨　　　　　　　　　　④ ◣◧

05

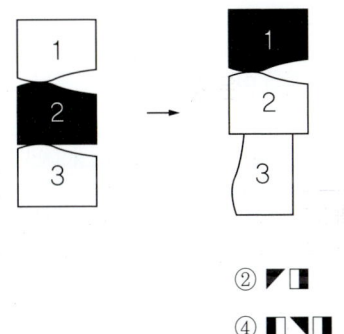

① ◣◧　　　　　　　　　　② ◤◨

③ ◎◨◨　　　　　　　　　④ ◨◣◧

08
기술
능력

06

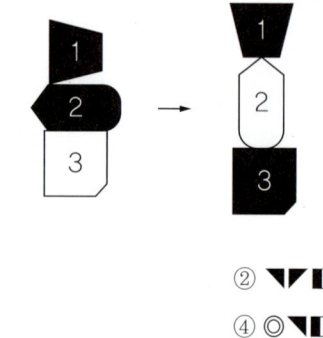

① ▼▮   ② ▼▮
③ ◢◎▮   ④ ◎◣▮

[07-08] 아래 〈보기〉는 그래프 구성 명령어 실행 예시이다. 〈보기〉를 참고하여 다음 물음에 답하시오.

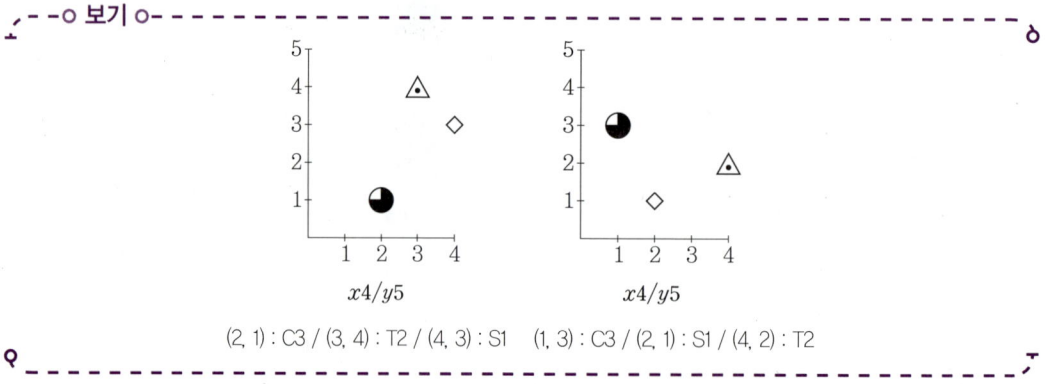

07 다음 중 명령어에 관한 정의로 옳지 않은 것은?

①	X4/Y5	가로축이 4까지, 세로축이 5까지 있음을 나타낸다.
②	C, T, S	도형을 나타내는 기호로 각각 원, 삼각형, 마름모를 의미한다.
③	T2	삼각형의 안쪽에 있는 검은색이 두 번째로 많음을 나타낸다.
④	(2, 1)	도형의 좌표를 나타내는 것으로, 가로축 2, 세로축 1에 도형이 위치해 있다.

08 다음의 그래프에 알맞은 명령어는 무엇인가?

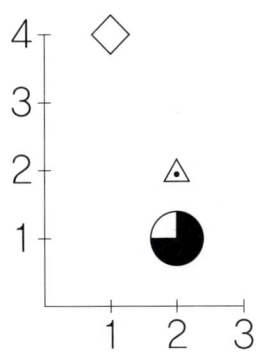

① X3/Y4

  (2, 1) : C3 / (2, 2) : T1 / (1, 4) : S2

② X3/Y4

  (1, 4) : C3 / (2, 2) : T1 / (2, 1) : S2

③ X4/Y3

  (2, 1) : C3 / (2, 2) : T1 / (1, 4) : S2

④ X4/Y3

  (1, 4) : C3 / (2, 2) : T1 / (2, 1) : S2

[09-10] 아래 〈보기〉는 그래프 구성 명령어 실행 예시이다. 〈보기〉를 참고하여 다음 물음에 답하시오.

○ 보기 ○

$w4/h5$

$w4/h5$

(1, 1) : P1 / (2, 4) : Q3 / (4, 2) : M2 R(1, 5) : P3 / L(3, 3) : Q2 / S(2, 1) : M1

09 위의 〈보기〉의 왼쪽 그래프를 기준으로 W4/H5 S(3, 2) : P3 / R(3, 5) : Q1 / L(2, 4) : M2의 그래프를 산출할 때, 다음 중 산출된 그래프의 형태로 옳은 것은?

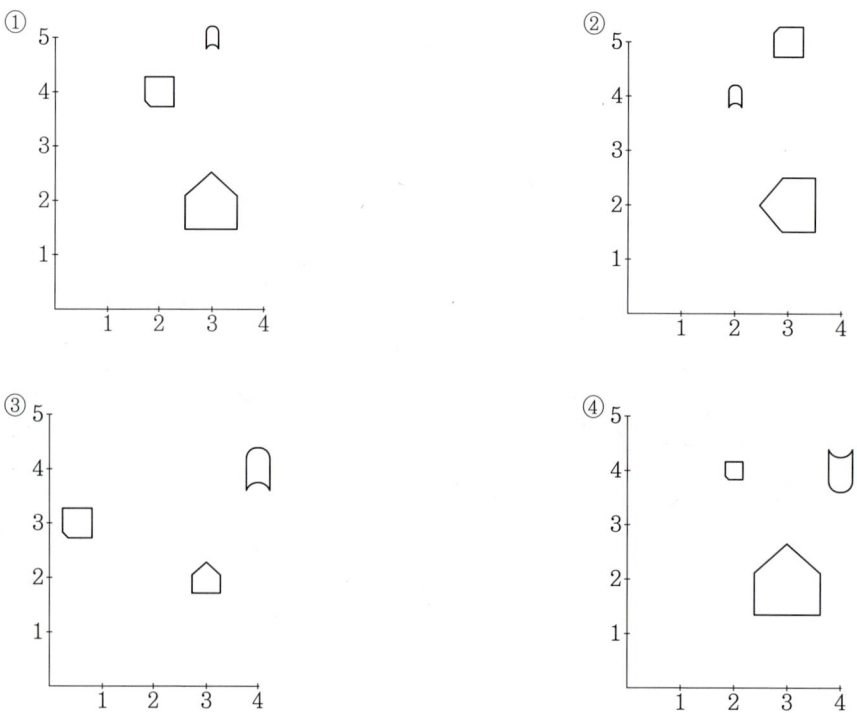

10 위의 〈보기〉의 왼쪽 그래프를 기준으로 각각의 명령어를 입력하여 〈보기1〉과 〈보기2〉의 그래프가 산출되었다. 입력된 명령어 중 같은 것으로 옳은 것은?

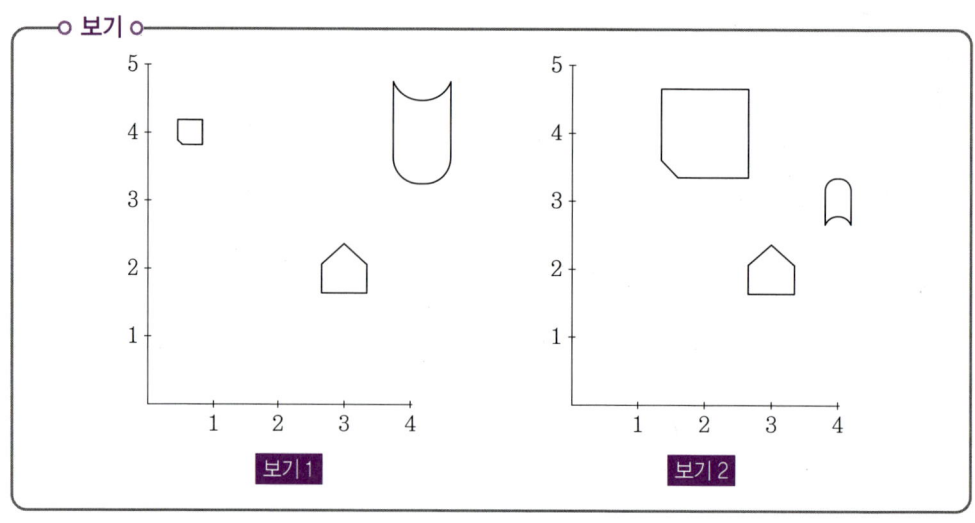

① L(1, 4) : M1   ② L(4, 4) : Q3

③ R(3, 2) : P2   ④ S(3, 2) : P2

11 다음은 ○○회사의 공개 채용 공고문이다. 이 회사에 채용되기 위해 구직자가 갖추어야 될 능력으로 적절하지 않은 것은?

※ 채용 공고

- 담당업무 : 〈상세요강〉 참조
- 근무부서 : 사업본부/서울
- 성별/나이 : 무관
- 고용형태 : 정규직/경력2
- 모집인원 : 1
- 급여조건 : 회사규정에 따름

〈상세요강〉

1. 직무상 요구되는 능력
   - 기술을 운용하거나 문제해결을 할 수 있는 능력
   - 기술직과 의사소통을 할 수 있는 능력
   - 혁신적인 환경을 조성할 수 있는 능력
   - 기술적, 사업적, 인간적인 능력을 통합할 수 있는 능력
   - 시스템적인 관점
2. 제출서류 : 이력서, 경력소개서, 자격증 사본
3. 전형방법 : 서류전형 후 면접전형

---

① 조직 내의 기술 이용을 수행할 수 있는 능력

② 공학적 도구나 지원 방식에 대한 이해 능력

③ 기술이나 추세에 대한 이해 능력

④ 기술팀을 통합할 수 있는 능력

Chapter 09

조직이해능력

- 조직이해능력은 모든 직군에 필요하나 NCS 과목으로 비중이 높지 않다. 규모가 큰 기업과 외국인과 협업해야 하는 조직의 경우 선택된다.
- 일정하게 정해진 유형은 없으나 SWOT 분석 문제와 규정문제, 기타 조직 업무와 외국인을 대할 때의 모습을 묻는 문제가 출제된다.
- 이론과 SWOT 분석 문제는 반드시 이해해야 된다.

1. 조직이해능력
- 조직의 업무와 운영 및 체제에 대해 알아본다.

2. 경영이해능력
- 조직의 경영방법과 의사결정 과정을 알아본다.
- 조직의 경영전략과 조직경영 참여에 대해 알아본다.

3. 체제이해능력
- 조직의 목표와 구조를 알아본다.
- 조직문화와 집단의 특징을 알아본다.

4. 업무이해능력
- 업무특성과 업무처리과정에 대해 알아본다.
- 업무의 방해 요인을 알아본다.

5. 국제감각
- 국제감각의 필요와 국제 문화의 이해에 대해 알아본다.
- 국제적인 동향과 국제매너를 알아본다.

1 〉 조직 이해 능력

(1) 조직 이해 능력이란?

- 직업인이 속한 조직의 경영과 체제업무를 이해하고, 직장생활과 관련된 국제 감각을 가지는 능력이다.
- 조직은 두 사람 이상이 공동의 목표를 달성하기 위해 의식적으로 구성된 상호작용과 조정을 행하는 행동의 집합체이다.
- 기업은 직장생활을 하는 대표적인 조직으로 노동, 자본, 물자, 기술 등을 투입하여 제품이나 서비스를 산출하는 기관이다.

(2) 경영이란?

조직의 목적을 달성하기 위한 전략, 관리, 운영활동

① 경영의 구성요소
- **경영목적** : 조직의 목적을 달성하기 위한 방법이나 과정
- **인적자원** : 조직의 구성원, 인적자원의 배치와 활용
- **자금** : 경영활동에 요구되는 돈, 경영의 방향과 범위 한정
- **경영전략** : 변화하는 환경에 적응하기 위한 경영활동 체계화

② 경영자의 역할

경영자는 조직의 전략, 관리 및 운영활동을 주관하며, 조직구성원들과 의사결정을 통해 조직이 나아갈 방향을 제시하고 조직의 유지와 발전에 대해 책임을 지는 사람이다.
- **대인적 역할** : 조직의 대표자, 조직의 리더, 지도자, 상징자
- **정보적 역할** : 외부환경 모니터, 변화전달, 정보전달자
- **의사결정적 역할** : 문제 조정, 대외적 협상 주도, 분쟁 조정자, 자원 배분자, 협상가

(3) 조직체제

① 조직체제 구성요소
- **조직 목표** : 조직이 달성하려는 장래의 상태
- **조직의 구조** : 조직 내의 부문 사이에 형성된 관계로 조직구성원들의 상호작용
  (규칙과 규정이 정해진 기계적 조직, 의사결정권이 하부구성원에게 많이 위임되고 업무가 고정적이지 않은 유기적 조직)
- **조직 문화** : 조직 구성원들이 생활양식이나 가치를 공유하는 것
- **규칙 및 규정** : 조직의 목표나 전략에 따라 수립. 조직 구성원들의 활동 범위를 제약하고 일관성을 부여함

09
조직이해
능력

2 〉 경영이해능력

(1) 경영이해능력이란?

직업인이 자신이 속한 조직의 경영 목표와 경영 방법을 이해하는 능력

(2) 경영의 과정

- **경영계획** : 미래상 설정, 대안분석, 실행방안 선정
- **경영실행** : 조직목적 달성
- **경영평가** : 수행결과 감독, 교정 → 피드백

(3) 경영활동 유형

- **외부경영활동** : 조직 외부에서 조직의 효과성을 높이기 위해 이루어지는 활동
- **내부경영활동** : 조직 내부에서 인적, 물적 자원 및 생산기술을 관리하는 활동

(4) 의사결정

① 의사결정 과정

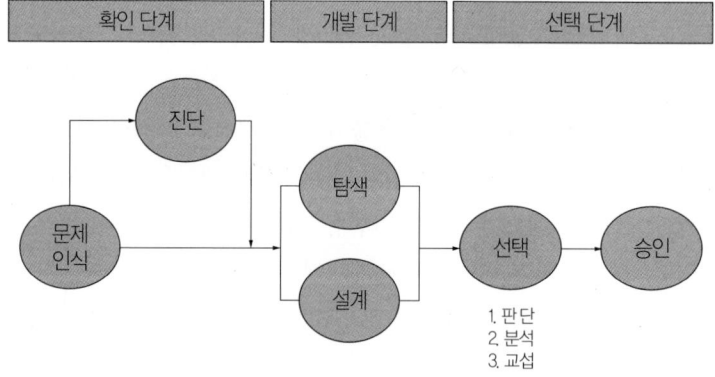

② 집단의사결정의 특징

㉠ 장점

- 한 사람이 가진 지식보다 집단이 가지고 있는 지식과 정보가 더 많아 효과적인 결정을 할 수 있다.
- 집단구성원의 능력이 다르기 때문에 다양한 견해를 가지고 접근할 수 있다.
- 결정된 사항에 대하여 의사결정에 참여한 사람들이 해결책을 수월하게 수용하며, 의사소통의 기회가 향상된다.

ⓒ 단점

　　의견이 불일치하는 경우 결정된 사항에 대하여 의사결정을 내리는데 시간이 특정 구성원에 의해 의사결정이 독점될 가능성이 있다.

③ 브레인스토밍

집단의사결정의 대표적인 방법으로 여러 명이 한 가지의 문제를 놓고 아이디어를 비판 없이 제시하여 그 중에서 최선책을 찾아내는 방법

- 다른 사람의 아이디어를 제시할 때에는 비판하지 않는다.
- 문제에 대한 제안은 자유롭게 이루어질 수 있다.
- 아이디어는 많이 나올수록 좋다.
- 모든 아이디어들이 제안되고 나면 이를 결합하고 해결책을 마련한다.

(5) 경영전략

① 경영전략이란?

조직이 변화하는 환경에 적응하기 위하여 경영활동을 체계화하는 것

② 경영전략 추진과정

　㉠ **전략 목표 설정** : 비전설정, 미션 설정
　㉡ **환경 분석** : 내부 환경 분석, 외부 환경 분석 (SWOT 분석 기법)
　㉢ **경영 전략 도출** : 조직 전략, 사업 전략, 부문 전략
　㉣ **경영 전략 실행** : 경영 목적 달성
　㉤ **평가 및 피드백** : 경영 전략 결과 평가, 전략 목표 및 경영 전략 재조정

③ 경영 전략 유형

- **차별화 전략** : 조직이 생산품이나 서비스를 차별화하여 고객에게 가치가 있고 독특하게 인식되도록 하는 전략
- **원가우위 전략** : 원가절감을 통해 해당 산업에서 우위를 점하는 전략으로, 이를 위해서는 대량생산을 통해 단위 원가를 낮추거나 새로운 생산기술을 개발하는 전략
- **집중화 전략** : 경정조직들이 소홀히 하고 있는 한정된 시장을 원가우위나 차별화 전략을 써서 집중적으로 공략하는 전략

④ 경영참가제도 유형

　㉠ **경영참가** : 경영자의 권한인 의사결정과정에 근로자 또는 노동조합이 참여하는 것
　㉡ **이윤참가** : 조직의 경영성과에 대하여 근로자에게 배분하는 것
　㉢ **자본참가** : 근로자가 조직 재산의 소유에 참여하는 것
　　- 장점 : 근로자들이 조직에 소속감을 느끼고 몰입하게 되어 발전적 협력이 가능

• 단점 : 경영 능력이 부족한 근로자가 경영에 참여할 경우 의사 경영이 늦어지고 합리 적이지 못할 수 있다./경영자의 고유권한인 경영권이 약화된다./분배문제를 해결함 으로써 노동조합의 단체교섭 기능이 약화될 수 있다.

3 〉 체제이해능력

(1) 체제이해능력이란
조직의 구조와 목적, 체제 구성 요소, 규칙, 규정 등을 이해하는 능력

(2) 조직 목표
① 조직목표의 기능
• 조직이 존재하는 정당성과 합법성 제공
• 조직이 나아갈 방향 제시
• 조직구성원 의사결정의 기준
• 조직구성원 행동수행의 동기유발
• 수행평가 기준
• 조직설계의 기준

② 조직 목표의 특징
• 공식적 목표와 실제적 목표가 다를 수 있음
• 다수의 조직목표 추구 기능
• 조직목표간 위계적 관계가 있음
• 가변적 속성
• 조직의 구성요소와 상호관계를 가짐

③ 조직목표의 분류
• 전체성과 : 영리조직은 수익성, 사회복지 기관은 서비스 제공 등
• 자원 : 조직에 필요한 재료와 재무자원을 획득 등
• 시장 : 시장점유율, 시장에서의 지위향상 등
• 인력개발 : 교육훈련, 승진, 성장 등
• 혁신과 변화 : 불확실한 환경변화에 대한 적응가능성 향상, 내부의 유연성 향상 등
• 생산성 : 투입된 자원에 대비한 산출량 향상, 1인당 생산량 및 투입비용 등

(3) 조직 구조

① 조직구조의 구분
- **기계적 조직** : 구성원들의 업무가 분명하게 정의되고 많은 규칙과 규제들이 있으며, 상하 간의 의사소통이 공식적인 경로를 통해 이루어지며 엄격한 위계질서가 존재
- **유기적 조직** : 의사결정권한이 조직의 하부구성원들에게 많이 위임되어 있으며 업무도 고정되지 않고 공유 가능한 조직

② 조직구조의 결정요인
- **전략** : 조직의 목적을 달성하기 위하여 수립한 계획
- **규모** : 소규모조직, 대규모조직
- **기술** : 투입요소를 산출물로 전화시키는 지식, 기계, 절차 등
- **환경** : 안정적 환경은 기계적 조직, 급변하는 환경은 유기적 조직이 적합

③ 조직구조의 형태

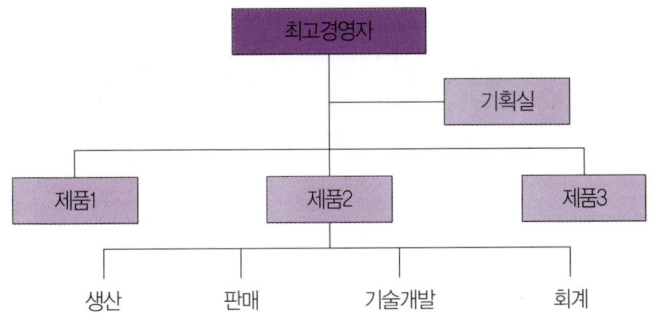

(4) 조직문화
조직구성원들의 공유된 생활양식이나 가치

① 조직문화의 기능
- 조직구성원들에게 일체감, 정체성 부여
- 조직몰입 향상
- 조직구성원들의 행동지침 : 사회화 및 일탈행동 통제
- 조직의 안정성 유지

② 조직문화 구성요소

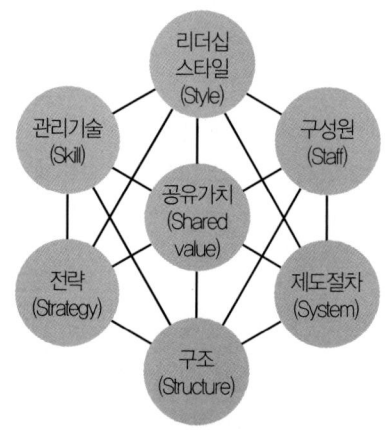

- **공유가치** : 조직 구성원들의 행동이나 사고를 특정 방향으로 이끌어 가는 원칙
- **리더십 스타일** : 구성원들을 이끌어 나가는 리더의 전반적인 조직관리 스타일
- **구성원** : 조직의 인력 구성과 구성원들의 능력
- **시스템** : 조직 운영의 의사 결정과 일상 운영의 틀이 되는 각종 시스템
- **구조** : 조직의 전략을 수행하는데 필요한 틀
- **전략** : 조직의 장기적인 목적과 계획 그리고 이를 달성하기 위한 장기적 행동지침
- **기술** : 하드웨어는 물론 이를 사용하는 소프트웨어 기술

(5) 집단

① 집단의 유형
- **공식적인 집단** : 조직의 공식적인 목표를 추구하기 위해 조직에서 의도적으로 만든 집단
- **비공식적 집단** : 조직구성원들의 요구에 따라 자발적으로 형성된 집단

② 집단 간 관계
- **장점** : 경쟁이 일어나면 집단 내부에서는 응집성이 강화되고 집단의 활동이 더욱 조직화
  된다.
- **단점** : 집단 간 경쟁이 과열되면 공통된 목적을 추구하는 조직 내에서 집단 갈등은 자원
  의 낭비, 업무 방해, 비능률 등의 문제를 초래한다.

③ 팀의 역할
- 팀은 다른 집단들에 비해 구성원들의 개인적 기여를 강조하고 개인적 책임뿐만 아니라 상
  호 공동책임을 중요시한다.
- 팀은 생산성을 높이고 의사결정을 신속하게 내리며 구성원들의 다양한 창의성 향상을 도
  모하기 위하여 조직되고 성공하기 위해서는 조직 구성원들의 협력의지와 관리자층의 지지

가 중요하다.

4 〉 업무이해능력

(1) 업무이해능력이란?
- 직업인이 자신에게 주어진 업무의 성격과 내용을 알고 그에 필요한 지식, 기술, 행동을 확인하는 능력
- 업무는 상품이나 서비스를 창출하기 위한 생산적인 활동

(2) 업무의 특성
- 공통된 조직의 목적 지향
- 요구되는 지식, 기술, 도구의 다양성
- 다른 업무와의 관계, 독립성
- 업무수행의 자율성, 재량권

(3) 업무수행 계획
① 업무수행 계획 단계

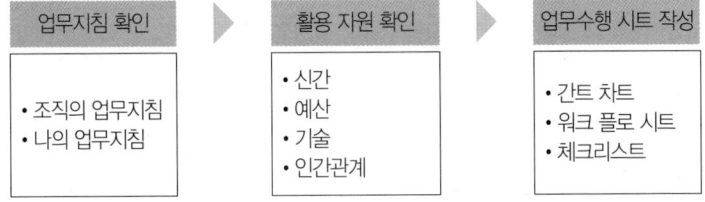

업무지침 확인	활용 자원 확인	업무수행 시트 작성
• 조직의 업무지침 • 나의 업무지침	• 신간 • 예산 • 기술 • 인간관계	• 간트 차트 • 워크 플로 시트 • 체크리스트

② 업무수행 시트
- **간트 차트** : 단계별로 업무를 시작해서 끝나는데 걸리는 시간을 바(bar) 형식으로 표시한 차트 / 전체 일정을 한 눈에 볼 수 있고, 단계별로 소요되는 시간과 각 업무활동 사이의 관계를 보여준다.
- **워크 플로 시트** : 일의 흐름을 동적으로 보여주는데 효과적인 시트 / 사용하는 도형을 다르게 표현함으로써 주된 작업과 부차적인 작업, 개인 작업과 협조가 필요한 작업 등을 구분할 수 있다.
- **체크리스트** : 업무의 각 단계를 효과적으로 수행했는지를 스스로 점검해볼 수 있는 도구 / 시간의 흐름을 표현하는 데에는 한계가 있지만, 업무를 세부적인 활동들로 나누고 각 활동별로 수행수준을 달성했는지를 확인하는데 효과적이다.

(4) 업무 수행 방해요인과 해결책

요인	해결책
방문, 인터넷, 전화, 메신저	• 시간을 정해 놓고 효과적으로 관리한다.
갈등관리	• 갈등상황을 받아들이고 이를 객관적으로 평가한다.
스트레스	• 시간 관리를 통해 업무과중을 극복하고, 명상과 같은 방법으로 긍정적인 사고방식을 가지며, 신체적 운동을 하거나 전문가의 도움을 받는다.

5 국제감각

(1) 국제감각이란?

직장생활을 하는 동안에 다른 나라의 문화를 이해하고 국제적인 동향을 이해하는 능력

① 세계화 : 활동범위가 세계로 확대되는 것

② 국제경영 : 다국적 내지 초국적 기업이 등장하여 범지구적 시스템과 네트워크 안에서 기업 활동이 이루어지는 것

③ 국제 감각이 필요한 이유

    • 세계화에 따른 해외에 직업 투자

    • 무역 등 여러 분야의 경제적 이익

(2) 국제동향

① 국제동향 파악 방법

    • 해외사이트 방문, 신문 국제면 및 국제잡지 정기 구독

    • 협의체 사이트를 통해 국제동향 확인

    • 업무 관련 외국어 습득

    • 국제 학술대회 참석

② 국제적인 법규나 규정 숙지

업무와 관련된 국제적인 법규나 규정을 제대로 이해하지 못하면 큰 피해를 입을 수 있기 때문에 국제적인 업무를 수행하기 위해서는 국제적인 법규나 규정을 알아봐야 한다.

(3) 국제 매너

① 인사법

    ㉠ 영미권 인사 : 일어서서 상대방의 눈이나 얼굴을 보고 오른손으로 상대방의 오른손을 힘주

어 잡았다가 놓는다. (손끝만 잡는 것은 예의에 어긋난다.)

   ⓛ 영미권 명함 교환
- 업무용 명함은 악수를 한 후 명함을 교환하고, 아랫사람이나 손님이 먼저 꺼내 오른손으로 주고, 받는 사람은 두 손으로 받는다.
- 받은 명함은 보고나서 탁자 위에 보이게 놓거나 명함지갑에 넣고, 구기거나 계속 만지지 않는다.

   ⓒ 미국대화
- 이름이나 호칭은 어떻게 부를지 먼저 물어본다.
- 인사를 하거나 대화할 때 너무 다가서지 말고 개인공간을 지켜줘야 한다.

   ⓔ 아프리카 대화 : 시선을 마주하는 것은 실례이므로 코 끝 정도를 보면서 대화한다.

   ⓜ 러시아 · 라틴아메리카 인사 : 포옹 또는 입맞춤 인사는 친밀함의 표현이다.

② 시간약속

   ㉠ 영미권 : 시간을 돈과 같이 여겨 시간 엄수를 매우 중요하게 생각한다.

   ㉡ 라틴아메리카 · 동부 유럽 · 아랍 지역 : 시간 약속은 형식적이며 상대방이 기다릴 것으로 생각한다.

③ 식사예절(서양 요리)
- 스프는 소리를 내지 않고 먹고, 뜨거우면 숟가락을 저어서 식힌다.
- 몸 쪽의 바깥에 있는 식기부터 사용한다.
- 빵은 손으로 떼어 먹으며, 수프를 먹고 난 후부터 먹으며 디저트 직전 식사가 끝날 때까지 먹을 수 있다.
- 생선은 뒤집어 먹지 않고, 스테이크는 잘라 가면서 먹는다.

09

조직이해
능력

기초 문제

정답 및 해설 346p

01 개인과 조직의 상호관계에서 조직이 개인에게 줄 것으로 적절하지 않은 것은?

> • 개인 → (지식, 기술) → 조직
> • 조직 → (   ) → 개인

① 연봉   ② 성과금
③ 만족감   ④ 경험

02 다음은 경영의 구성요소에 대한 설명이다. 설명이 바르지 않은 것은?

① 경영목적 : 조직의 목적 달성을 위한 방법 또는 과정
② 인적자원 : 조직의 구성원의 배치와 활용
③ 자금 : 조직이 성과로 얻은 순이익
④ 경영전략 : 변화하는 상황에 따른 경영활동

03 의사결정 중 집단의사결정의 특징으로 적절하지 않은 것은?

① 집단이 가지고 있는 지식과 정보가 많다.
② 다양한 의견으로 인하여 빠른 의사결정이 내려진다.
③ 대표적인 방법으로 브레인스토밍이 있다.
④ 어떤 상황에 대하여 다양한 견해로 접근할 수 있다.

04 조직에 대한 설명 중 적절하지 않은 것은?

① 조직문화는 조직체의 구성원들이 공유하고 있는 가치관, 신념, 생활양식, 이데올로기, 규범, 전통 및 기술 등이 포함된 종합적인 개념이다.

② 공식적인 집단은 목표나 임무가 명확하고 구성원들이 인위적으로 결정된다.

③ 군대 같은 조직은 유기적 조직으로 엄격한 위계질서가 잡혀있다.

④ 비공식적 집단은 조직구성원들의 요구에 따라 자발적으로 형성된다.

05 업무에 대한 설명으로 적절하지 않은 것은?

① 업무란 조직의 목적을 지향하며 지식, 기술, 도구 등 다양한 것이 요구된다.

② 업무수행차트 확인 후 업무지침을 만들어 가진 활용 자원을 확인하며 실행한다.

③ 업무수행시트를 만들면 문제가 발생했을 때 발생지점을 파악하여 시간과 비용을 절약할 수 있다.

④ 조직은 총무부, 영업부, 기획부 등으로 나뉘어 업무를 나누어 담당할 수 있다.

06 국제 감각에 대한 설명으로 옳지 않은 것은?

① 경쟁이 세계적인 수준으로 확대되면서 세계화에 대응하기 위한 전략을 마련해야 한다.

② 문화충격에 대비하여 개방적인 태도를 견지하고, 자신이 속한 문화를 기준으로 다른 문화를 평가해야 한다.

③ 관련 분야 해외 사이트를 방문해 최신 이슈를 확인한다.

④ 자신의 업무와 관련하여 국제적인 동향을 파악하고 이를 적용해야한다.

09

조직이해
능력

[07~08] 다음은 조직이 변화하는 한 사례이다. 지문을 읽고 이어지는 질문에 답하시오.

공학기계를 제작하는 S사에서 근무하고 있는 H부장은 지난 달 보너스를 받았다. 경쟁업체의 도약으로 하마터면 망할 뻔 했던 회사를 살려낸 것이다. 처음 공학기계 제작의 신기술이 세계적으로 알려졌을 때, H부장을 제외한 다른 사람들은 이를 잘 알지 못했고 H부장은 신기술 도입의 중요성을 인지하고 이를 사내에 소개하였다. 그러나 회사의 다른 사람들은 새로운 기술이 도입될 경우, 기술을 새로 배워야 하는 번거로움과 라인의 변경 등에 따른 추가비용의 부담이 발생한다는 이유로 도입을 꺼려하였다. 그러나 H부장은 경쟁업체가 이를 받아들일 경우 회사에 막대한 손실을 끼칠 것이라는 구체적인 예상결과를 제시하였고, (   )에 따른 조직변화 방향을 수립하였다.

실제로 경쟁업체에서도 신기술을 받아들여 획기적인 발전을 이루었지만, 이에 대해 대비를 하고 철저하게 준비하였던 S사는 계속해서 동종업계 1위 자리를 고수할 수 있었다.

07 위 지문의 빈칸에 들어갈 조직변화의 유형은?

① 제품과 서비스   ② 전략과 구조

③ 기술   ④ 문화

08 지문의 조직변화의 과정에 대한 설명으로 옳지 않은 것은?

① 환경인지 변화 : 신기술의 발명

② 조직변화 방향 수립 : 신기술의 도입

③ 조직변화 실행 : 신기술 예산결과 제시

④ 변화결과 평가 : 동종업계 1위 자리 고수

[09~10] 다음 지문을 읽고 이어지는 질문에 답하시오.

A씨는 최근 직장을 그만두고 지인들과 컨설팅 회사를 설립하였다. A씨가 직장을 그만두게 된 데에는 최고경영자의 경영이념이 자신의 이념과 상충되었기 때문이다.

이전 직장의 최고경영자는 신기술을 가장 빠르게 받아들이고 꾸준히 '기술적인 혁신'을 이룩할 것을 경영이념으로 삼았지만, A씨는 조직을 운영하는데 가장 기본이 되는 것은 사람이므로 '인간 존중'이 최우선이라고 생각하였다.

이에 따라 A씨와 지인들은 '인간 존중'을 경영목적으로 하고, 구체적인 경영전략을 수립하였다. 또한 회사를 운영하기 위한 자금을 마련하여 법인으로 등록하고, 근로자를 모집, 채용하였다.

09 A씨의 경영에 대한 설명으로 옳은 것은?

① 조직 변화를 위해 기술을 최우선의 가치로 선택하였다.
② 인적자원에는 지인들과 모집될 근로자가 속한다.
③ 주로 외부경영활동을 통해 경영이 이루어진다.
④ 조직의 유형은 비영리조직에 속한다.

10 지문의 A씨가 맡은 역할로 옳지 않은 것은?

① 조직의 의사결정을 독점한다.
② 조직의 전략 관리 및 운영활동을 주관한다.
③ 조직의 변화 방향을 설정한다.
④ 조직의 유지와 발전을 책임진다.

09

조직이해
능력

11 다음은 조직문화 구성요소 7S모형에 대한 설명 중 옳지 않은 것은?

① 리더십 스타일 : 조직 구성원들의 행동이나 사고를 특정 방향으로 이끌어가는 원칙
② 시스템 : 조직 운영의 의사 결정과 일상 운영의 틀이 되는 각종 시스템
③ 전략 : 조직의 장기적인 목적과 계획 그리고 이를 달성하기 위한 장기적 행동지침
④ 구조 : 조직의 전략을 수행하는데 필요한 틀로서 구성원의 역할과 그들 간의 상호관계를 지배하는 공식요소

응용 문제

▶ 정답 및 해설 349p

01 다음 지문에서 A씨와 회사의 상호관계로 옳은 것은?

> A씨는 자동차 회사에 다니고 있다. 월요일부터 금요일까지 아침 9시가 되면 어김없이 출근해서 12시까지 일을 하고 점심을 먹는다. 점심식사 이후에 오후 1시부터 6시까지 하루 총8시간 근무를 한다. A씨가 하는 일은 조립된 자동차의 안전점검을 하는 일이다.
>
> A씨는 자동차 안전점검을 보다 잘 수행하기 위하여 관련 매뉴얼을 읽고 암기하며, 인터넷 동호회에 가입해서 노하우를 공유하기도 한다.
>
> 이렇게 열심히 한 달을 일하면 매달 25일에 월급을 받는다. 그리고 성과를 고려하여 1년에 2번씩 성과급이 나온다. A씨는 전체 조직에서 작은 업무지만 성실하게 수행함으로써 성실직원상이라는 표창을 받는 등 만족감을 느끼면서 열심히 생활하고 있다.

	회사 → 개인	개인 → 회사
①	성과급	연봉
②	지식	만족감
③	기술	공헌
④	인정	경험

02 다음은 불량률 해결을 위한 의사결정 과정이다. 지문에서 이어질 의사결정 과정의 선택 단계의 대화로 옳은 것은?

> L씨는 전자회사의 부품조립라인에 근무하는 근로자이다. 최근 부품에서 계속적인 불량품이 발생하여 L씨와 그의 동료들은 이에 대한 해결책을 마련하기 위하여 회의를 개최하였다.
>
> 먼저 그들은 조직 내에서 그 동안 부품 불량 문제가 발생한 경우 어떻게 해결을 해왔는지 관련 자료를 살펴보았다. 그러나 그는 뚜렷한 해결책을 발견하지 못하였고, 문제 해결을 위해 가능한 대안들을 모두 도출하고 관련 자료를 찾아보고 토의하는 과정을 통해 이들의 장단점을 분석하였다.
>
> 결론적으로 대안별 장단점을 비교해 보았더니, 부품 불량 문제가 발생하는 원인을 좀 더 과학적으로 분석할 필요가 있다고 판단되었다.

① 아무래도 옆 부서가 이쪽 방면으로 기술이 높으니깐 협력을 제의해야겠어.

② 이 부품이 계속 불량인데요?

③ 이제 불량 원인을 알았으니 금방 해결 되겠다.

④ 문제가 심각하니 비공식적으로 처리하자.

[03~05] 다음 월마트와 제너럴일렉트릭을 읽고 이어지는 질문에 답하시오.

월 마트는 세계 최대의 유통 체인망을 갖춘 그룹이다. 현재 월 마트는 전 세계적으로 5,000여 개에 달하는 매장을 가지고 있으며, 그 직원 수도 160만 명이 넘는다. 미국 월 마트사의 CEO 샘 월튼은 "월 마트의 관리 체계를 하나의 사상으로 집약시켜 본다면, 그것은 바로 대화 입니다."라고 말한 바 있다. 월 마트는 정보공유와 책임분담을 통해 원활한 대화 문화를 정착시키고자 하였다.

월 마트는 직원을 동반자라고 부른다. 이 회사는 직원들을 잘 보살펴서, 직원들이 스스로를 마치 대가족 안에서 구성원 가운데 하나라고 느끼게 한다. 관리자와 직원들 사이에 동반자 관계를 구축하고자 하는 정신은 월 마트 곳곳에 스며들어 있었으며, 이를 통해 직원들은 더 큰 잠재력을 발휘할 수 있었다.

또한, 월 마트는 저가 마케팅과 고객 만족 보장이라는 두 가지 기업정신을 통해 고객들이 돈을 한 푼이라도 아낄 수 있도록 경영하였다. 고객들이 1달러를 아낄 때마다 고객의 신뢰는 더욱 깊어진다고 생각하여 저렴한 가격으로 상품을 판매하였다.

출처 : 세계 500대 초일류 기업의 관리기법

제너럴일렉트릭(GE)은 세계에서 가장 큰 다원화된 서비스회사로 우수한 품질의 하이테크 공업재와 소비재를 제공한다. 뛰어난 CEO로 평가받고 있는 잭 웰치는 노동자들이 자신의 일에 대해 사장보다 더 잘 알고 있다고 생각하여 '전 직원 공동 결정 제도'를 만들어 직원들과 중간관리자들에게도 정책 경영에 참여할 수 있는 기회를 제공하였다.

GE의 기업문화를 대표하는 것 가운데 하나가 바로 의사소통이다. 위에서 아래로, 아래에서 위로의 수직적인 대화와 동료들 간의 수평적 대화도 원활하게 이루어지고 있다. 또한 의사소통 문화를 이룩하였다. 잭 웰치는 사전 약속 없이 부하 매니저와 오찬을 함께 하기도 하며 공장과 사무실을 방문한다. 잭 웰치는 가끔 직접 손으로 쓴 메모를 책임자부터 파트타임 직원에게 보내기도 한다. 그에게 있어 의사소통은 언제 어디서라도 가능한 일이다. 그는 회사의 직원들과 가족 같은 관계를 유지하기 위해 노력하며, 직원들과 이야기하는데 하루의 절반을 쓴다.

GE에서는 다원화 기업으로 하나의 전략을 통일적으로 적용하기 어려웠기 때문에 목표를 간단하게 '1등' 혹은 '2등'으로 정하였다. 이러한 목표에 따라 잭 웰치는 GE에 속하는 모든 기업들이 업계에서 1등이나 2등을 차지하도록 노력했고 그렇지 않으면 매각해 버렸다. 이를 통해 경쟁력 있는 분야에 자원을 집중하고 강력한 경쟁우위를 점할 수 있었다.

출처 : 세계 500대 초일류 기업의 관리기법

09

조직이해
능력

03 두 지문에 대한 내용으로 적절하지 않은 것은?

① 샘 월튼과 잭 웰치는 모두 조직구성원들이 조직의 목표에 부합된 행동을 할 수 있도록 이들을 결합하고 관리하는 일을 해야 한다.

② 월 마트와 GE의 경영활동 유형은 내부경영활동 유형에 속한다.

③ GE의 경영참가제도는 이윤참가 유형이다.

④ 월 마트는 경영 전략을 가격과 서비스에 치중하고 있다.

04 GE의 경영참가 제도에 대한 설명으로 옳지 않은 것은?

① 노사 간의 세력 균형을 위해 만들었다.

② 신속하고 합리적인 의사결정이 어려워 질 수 있다.

③ 중간관리자가 권익을 지속적으로 보장할 수 있는지 불투명하다.

④ 노동조합의 단체교섭 기능이 약화될 수 있다.

05 월 마트와 GE의 조직에 대한 설명으로 옳은 것은?

① 월 마트의 공식적인 집단을 위주로 움직인다.

② GE는 기능적 조직구조 형태이다.

③ 월 마트는 조직목표의 분류 중 인력개발에 중점을 두고 있다.

④ GE는 유기적 조직에 속한다.

[06~07] 다음은 귀하의 회사의 조직도이다. 조직도를 보고 이어지는 질문에 답하시오.

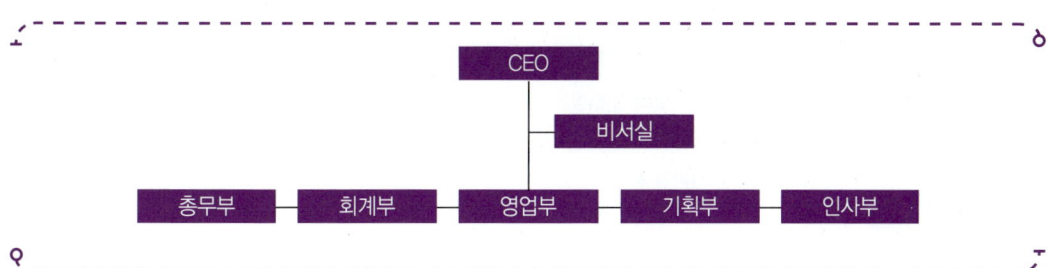

06 다음 중 아래의 업무를 보고 귀하가 다니게 될 부서로 옳은 것은?

> 집기비품 및 소모품의 구입하고 사무실 임차 및 관리하는 업무와 차량 및 통신시설을 운영하는 업무를
> 주로하고 때에 따라 복리후생과 법률자문과 소송 업무에 투입될 수 있다는 내용이었다.

① 비서실   ② 총무부
③ 회계부   ④ 영업부

07 귀하는 A대기업에 입사하여 다음과 같은 전달사항을 각 부서에 전달하라고 지시받았다. 전달사항을 전하기 위해 귀하가 가야할 부서는?

> "먼저 ㉮에 가서 이달 노사와 퇴직관리에 관한 사항을 금요일까지 올리라고 전하고 ㉯에 가서 이번 달
> 중장기 사업계획을 종합하고 거래처의 불만처리 사항을 정리해서 다음 주에 회의를 갖자고 전하세요."

① ㉮ 인사부   ㉯ 기획부   ② ㉮ 영업부   ㉯ 회계부
③ ㉮ 인사부   ㉯ 총무부   ④ ㉮ 총무부   ㉯ 기획부

09
조직이해
능력

08 다음 업무수행 시트의 특징으로 옳은 것은?

워크샵 준비		체 크	
		O	X
사전준비	버스대여 사항의 확인		
	호텔 및 혜택사항 확인		
	회의실 예약사항 확인		

① 단계별로 업무를 시작해서 끝나는데 걸리는 시간을 바 형으로 표시했다.

② 일의 흐름을 동적으로 보여주는 업무수행 시트이다.

③ 업무의 각 단계를 효과적으로 수행했는지 점검할 수 있는 시트이다.

④ 다수의 사람들에게 의견을 들어 관련된 사항을 준비하는 시트이다.

09 다음 지문의 C씨가 말하는 업무성과가 높은 이유가 중요해진 이유로 옳지 않은 것은?

> C씨는 입사동기에 비해 승진속도가 빠르다. 조직 내에서도 C씨는 환경의 변화방향을 읽고 능동적으로 업무를 추진하는 것으로 알려져 있다. 그러나 C씨의 입사동기인 P씨는 오늘도 부장님으로부터 한소리 들었다.
> "도대체 자네는 왜 다 지난 계획들만 작성해 오는 건가! 이건 예전에 우리조직에서 검토한 것들이네!" P 씨는 C씨를 만나 하소연을 했다. "도대체 뭐가 잘못된 건지 모르겠어. 나는 조직의 내·외부 환경을 면 밀하게 분석하고 우리 조직의 문제점도 잘 알고 있다고 생각하는데 말이야."
> C씨는 자신의 업무성과가 높은 이유를 설명해주었다. "조직의 내·외부 환경을 면밀하게 분석한다고? 자네는 한 가지 빠뜨린게 있어. 국제적 동향 말이야. 국제적인 동향을 보면 우리나라 산업의 방향이 보이지. 국제동향을 분석하고 이를 업무에 적용하도록 노력해 보게."

① 다국적 내지 초국적 기업의 등장

② 정치적인 전망이나 산업에 대한 조직들의 태도 변화

③ 범지구적 시스템과 네트워크의 등장

④ 개인으로 운영·관리하던 사기업의 공영화 추세

10 다음은 A씨가 외국 사람들과 만났던 모습이다. 밑줄 친 부분 중 국제매너로 잘못된 방법은?

> A씨는 오늘 뉴욕에서 미국인 변호사와 법률 상담을 받기로 하였다. 변호사는 ㉮A씨에게 악수를 청했고, A씨는 변호사의 얼굴을 보며 반갑게 맞이하였다. 이후 명함을 교환하고 A씨는 명함을 명함지갑에 바로 넣었다. 이야기를 마친 후 A씨는 기쁜 마음으로 한국으로 돌아왔다.
>
> A씨는 업무 차 동부 유럽으로 출장을 갔다. 그 쪽 직원과 오전 11시 30분에 점심을 먹기로 하였지만 12시가 지나도 오지 않았다. A씨는 자신이 잘 못 알고 있는 것인가 일정을 체크하였지만 상대방이 늦는 것이 맞았다. ㉯처음에는 사고가 생겼나 생각하다가 연락이 없는 상대방에게 화가 나서 다음에 만나야겠다고 생각하고 자리를 이동하였다.
>
> A씨가 러시아 회계사와 이번 수출 건에 대해 협상을 지으려 만났다. ㉰A씨는 회계사를 만나 크게 포옹을 하고 식사를 하였다. 빵과 스테익를 먹었는데, ㉱빵을 조금씩 떼어 먹다가 스테익가 나오자 다 자르고 이야기를 할까 하다가 대화를 하면서 천천히 잘라 먹었다.

① ㉮   ② ㉯

③ ㉰   ④ ㉱

11 다음 글의 내용과 부합하는 것만을 〈보기〉에서 모두 고르면?

> 공직의 기강은 상령하행(上令下行)만을 일컫는 것이 아니다. 법으로 규정된 직분을 지켜 위에서 명령하고 아래에서 따르되, 그 명령이 공공성에 기반한 국가 법제를 벗어나지 않았을 때 기강은 바로 설 수 있다. 만약 명령이 법 바깥의 사적인 것인데 그것을 수행한다면 이는 상령하행의 원칙을 잘못 이해한 것이다. 무릇 고위의 상급자라 하더라도 그가 한 개인으로서 하급자를 반드시 복종하게 할 권위가 있는 것은 아니다. 권위는 오직 그 명령이 국가의 법제를 충실히 따랐을 때 비로소 갖춰지는 것이다.
>
> 조선시대에는 6조의 수장인 판서가 공적인 절차와 내용에 따라 무엇을 행하라 명령하는데 아랫사람이 시행하지 않으면 사안의 대소에 관계없이 아랫사람을 파직하였다. 그러나 판서가 공적인 절차를 벗어나 법 외로 사적인 명령을 내리면 비록 미관말직이라 해도 이를 따르지 않는 것이 올바른 것으로 인정되었다. 이처럼 공적인 것에 반드시 복종하는 것이 기강이요, 사적인 것에 복종하지 않는 것도 기강이다. 만약 세력에 압도되고 이욕에 이끌려, 부당하게 직무의 분한(分限)을 넘나들며 간섭하고 간섭받게 된다면 공적인 지휘 체계는 혼란에 빠지고 기강은 무너질 것이다. 그러므로 기강을 확립할 때, 그 근간이 되는 상령하행과 공적 직분의 엄수는 둘이 아니라 하나이다. 공직의 기강은 곧 국가의 동맥이니, 이 맥이 찰나라도 끊어지면 어떤 지경에 이를 것인가? 공직자들은 깊이 생각해 보아야 할 것이다.

> **○ 보기 ○**
> ㉠ 상급자의 직위가 높아야만 명령의 권위가 갖춰진다.
> ㉡ 조선시대에는 상령하행이 제대로 준수되지 않았다.
> ㉢ 하급자가 상급자의 명령을 언제나 수행해야 하는 것은 아니다.

① ㉠   ② ㉢

③ ㉠, ㉡   ④ ㉡, ㉢

12 환율에 대한 설명으로 옳은 것은?

① 외환시장의 수요와 공급이 증가할 때 변동이 일어난다.

② 환율이 하락하면 우리나라 원화는 강세가 된다.

③ 환율이 상승하면 경상수지가 악화된다.

④ 환율이 하락하면 수출이 증가하고 수입이 감소된다.

13 다음 지문이 설명하고 있는 것은 무엇인가?

> 정책 금리가 0에 가까운 초저금리 상태에서 경기부양을 위해 중앙은행이 시중에 돈을 푸는 정책으로, 정부의 국채나 여타 다양한 금융자산의 매입을 통해 시장에 유동성을 공급하는 것이다. 이는 중앙은행이 기준금리를 조절하여 간접적으로 유동성을 조절하던 기존 방식과 달리, 국채나 다른 자산을 사들이는 직접적인 방법으로 시장에 통화량 자체를 늘리는 통화정책이다. 자국의 통화가치를 하락시켜 수출경쟁력을 높이는 것이 주목적이다. 통화량이 증가하면 통화가치가 하락하고, 원자재 가격이 상승하여 물가는 상승한다. 한 나라의 양적 완화는 다른 나라 경제에도 영향을 미칠 수 있다. 예를 들면 미국에서 양적 완화가 시행되어 달러 통화량이 증가하면 달러가치가 하락하여 미국 상품의 수출경쟁력은 강화되나, 원자재 가격이 상승하여 물가는 상승하며, 달러가치와 반대로 원화가치(평가절상, 환율하락)는 상승한다.
>
> 출처 : 시사상식사전

① 기회비용   ② 구매력 평가지수

③ 양적 완화   ④ 출구전략

14 다음에서 설명하는 국제 용어는 무엇인가?

> 국민 총소득. 가계, 기업, 정부 등 한 나라의 모든 경제주체가 일정기간에 생산한 총 부가가치를 시장가격으로 평가하여 합산한 소득지표로 해외로부터 자국민이 받은 소득은 포함되고 국내 총생산 중에서 외국인에게 지급한 소득은 제외된다.

① GNI   ② GNP
③ GDP   ④ GDI

15 다음은 국제기구 및 협정에 대한 설명이다. 설명 중 옳지 않은 것은?

① APEC : 아시아태평양경제협력체. 환태평양 지역의 경제협력과 무역증진을 목적으로 결성되었다.

② WTO : 세계무역기구. 전 세계적 경제 협력 기구로 세계 무역 분쟁을 조정하고 반덤핑 규제 따위의 법적인 권한과 구속력이 있다.

③ NAFTA : 북미자유무역협정. 미국 · 캐나다 · 멕시코 등 북미지역의 무역 방해요인을 제거하고, 유럽통합에 대응하기 위해 결성한 협정이다.

④ RCEP : 아시아인프라투자은행. 중국이 추진하고 있는 아시아지역 국제금융기구로 아시아의 인프라 건설자금 지원을 목적으로 미국이나 유럽의 IMF, WB, ADB 등을 견제하기 위해 만들어졌다.

09

조직이해
능력

직업윤리

- 직업윤리는 우리들의 공동체적인 삶에 있어서 매우 중요한 역할을 하기 때문에 숙지해야 하는 능력이다.
- 직업 활동은 수많은 사람들과 관계를 맺고 상호작용을 하는 것이기 때문에 사람과 사람사이에 지켜야 할 윤리적 규범을 따라야한다.
- 직업윤리는 특별히 어려운 문제는 없으나 윤리의 의미를 정확히 이해하고 문제 유형을 확인하는 것이 중요하다.

1. 윤리
　– 윤리의 의미가 무엇인지 알아본다.

2. 직업
　– 직업의 의미가 무엇인지 알아본다.

3. 직업생활
　– 직업 생활에 필요한 직업윤리의 중요성을 파악하고 말할 수 있다.

1 〉 직업윤리

(1) 윤리란?

① 윤리(倫理)의 의미
- ㉠ 사람이 지켜야 할 도리
- ㉡ 실제의 도덕규범이 되는 원리
- ㉢ 인간과 인간 사이에서 지켜져야 할 도리를 바르게 하는 것
- ㉣ 인간사회에 필요한 올바른 질서

(2) 직업의 의미와 특징

① 일과 인간 삶의 관계
- ㉠ 일은 경제적 욕구의 충족뿐만 아니라 그 이상의 자기실현이라는 측면을 지니고 있다.
- ㉡ 일은 인간으로서의 하나의 권리이므로, 인간의 삶을 구성하는 가장 중요한 요소이다.
- ㉢ 직업은 분화된 사회에서 한 사람이 담당하는 체계화·전문화된 일의 영역이다.

② 직업의 의미
- ㉠ 경제적으로 보상을 받는 일
- ㉡ 계속적으로 수행하는 일
- ㉢ 사회적 효용성이 있는 일
- ㉣ 성인이 하는 일
- ㉤ 자기의 의사에 따라 하는 일
- ㉥ 노력이 소용되는 일

③ 직업관
- ㉠ 바람직한 직업관
  - 소명의식을 가지고 일하며, 자신의 직업을 천직으로 생각한다.
  - 사회구성원으로서의 직분을 다하는 일이자 봉사하는 일이라고 생각한다.
  - 자기 분야의 최고전문가가 되겠다는 생각으로 최선을 다해 노력한다.
- ㉡ 잘못된 직업관
  - 직업생활을 부의 축적과 생계유지 수단으로만 본다.
  - 직업생활의 최고목표를 높은 지위에 올라가 권력을 획득하는 것이라고 생각한다.

10

직업
윤리

(3) 직업윤리의 의미와 특징

① 직업윤리의 의미

㉠ 직업에 종사하는 현대인으로서 누구나 공통적으로 지켜야 할 윤리기준

㉡ 개인윤리를 바탕으로, 각자가 직업에 종사하는 과정에서 요구되는 특수한 윤리규범

② 직업윤리의 중요성

㉠ 개인적 차원에서 진정한 의미의 직업적 성공은 도덕성이 수반되어야 함

㉡ 직업적 활동은 개인적 차원에만 머무르지 않고 사회전체의 질서와 안정, 발전에 매우 중요한 역할을 수행함

③ 직업윤리의 덕목

㉠ **소명의식** : 자신이 맡은 일은 하늘에 의해 맡겨진 일이라고 생각하는 태도

㉡ **천직의식** : 자신의 일이 자신의 능력과 적성에 꼭 맞는다 여기고 그 일에 열성을 가지고 성실히 임하는 태도

㉢ **직분의식** : 자신이 하고 있는 일이 사회나 기업을 위해 중요한 역할을 하고 있다고 믿고 자신의 활동을 수행하는 태도

㉣ **책임의식** : 직업에 대한 사회적인 역할과 책무를 충실히 수행하고 책임을 다하는 태도

㉤ **전문가의식** : 자신의 일이 누구나 할 수 있는 것이 아니라 해당 분야의 지식과 교육을 밑바탕으로 성실히 수행해야만 가능한 것이라 믿고 수행하는 태도

㉥ **봉사의식** : 직업 활동을 통해 다른 사람과 공동체에 대하여 봉사하는 정신을 갖추고 실천하는 태도

2 〉 근로윤리

(1) 근면한 태도

① 근면의 의미 : 게으르지 않고 부지런한 것을 말한다.

② 근면의 중요성 : 근면은 성공을 이루는 기본 조건이므로, 근면이 주는 진정한 의미를 알고 게으름을 극복하기 위해 노력해야 한다.

③ 근면의 종류

㉠ **외부로부터 강요당한 근면** : 삶을 유지하기 위해 강요된 것으로 외부의 압력이 사라지면 아무것도 남지 않게 된다.

㉡ **스스로 자진해서 하는 근면** : 능동적이고 적극적인 태도가 우선시되어야 하며, 자신을 조금씩 발전시킬 수 있고 자아 확립에도 도움이 된다.

④ 근면에 필요한 자세 : 적극성, 능동성

(2) 정직한 자세

① **정직의 의미** : 신뢰를 형성하고 유지하는데 가장 기본적이고 필수적인 규범으로, 사람과 사이에 함께 살아가는 사회시스템이 유지되려면 정직에 기반을 둔 신뢰가 있어야 한다.

② **정직과 신용을 구축하기 위한 4가지 지침**

㉠ 정직과 신뢰의 자산을 매일 조금씩 쌓도록 한다.

㉡ 잘못된 것도 정직하게 밝히도록 한다.

㉢ 정직하지 못한 것을 눈감아주지 않도록 한다.

㉣ 부정한 관행은 인정하지 않도록 한다.

(3) 성실한 자세

① **성실의 의미**

㉠ 일관하는 마음과 정성의 덕이다.

㉡ 리더가 조직 구성원에게 원하는 첫째 요건이며, 조직생활에서 가장 큰 무기이기도 하다.

② **성실한 사람과 성실하지 못한 사람의 차이**

㉠ 성실한 사람은 국가와 사회에 이바지하는 바가 크고, 자아가 성장할 수 있다는 장점이 있다.

㉡ 일을 단순히 돈벌이 수단으로 여기고 단기간에 돈을 벌려고 하는 사람은 불성실한 태도로 일하는 경우가 많다.

㉢ 장기적으로 볼 때, 결국 성공하는 사람은 성실한 사람이다.

3 공동체윤리

(1) 봉사의 의미

① **봉사의 사전적 의미** : 나라나 사회 또는 남을 위하여 자신의 이해를 돌보지 않고 몸과 마음을 다하여 일하는 것을 의미한다.

② **봉사의 직업적 의미** : 자신보다는 고객의 가치를 최우선으로 하는 서비스의 개념이다.

③ **'SERVICE'의 7가지 의미**

㉠ S(Smile&Speed) : 서비스는 미소와 함께 신속하게 하는 것

㉡ E(Emotion) : 서비스는 감동을 주는 것

㉢ R(Respect) : 서비스는 고객을 존중하는 것

㉣ V(Value) : 서비스는 고객에게 가치를 제공하는 것

㉤ I(Image) : 서비스는 고객에게 좋은 이미지를 심어주는 것

㉥ C(Courtesy) : 서비스는 예의를 갖추고 정중하게 하는 것

㉦ E(Excellence) : 서비스는 고객에게 탁월하게 제공되어야 하는 것

10
직업
윤리

④ 고객접점서비스

㉠ 고객과 서비스 요원 사이의 15초 동안의 짧은 순간에 이루어지는 서비스로서, 이 순간을 진실의 순간(MOT : Moments of Truth) 또는 결정적 순간이라고 한다. 이 15초 동안에 고객접점에 있는 최일선 서비스 요원이 책임과 권한을 가지고 자사의 가치를 고객에게 입증해야 한다.

㉡ 서비스 기업 관리자의 역할 : 가시적인 서비스를 제공하는 요원은 물론 운전사, 시설요원 등 비가시적서비스를 제공하는 서비스 요원들에게도 고객접점에 있다는 것을 알리고 용모나 유니폼, 서비스 정신 등을 교육해야 한다.

㉢ 서비스 요원의 역할 : 친절한 서비스를 제공하기 이전에 긍정적인 첫인상을 줄 수 있도록 용모와 복장을 단정히 해야 하며, 고객 앞에서 흡연을 하거나, 사적 통화를 하거나, 음식물을 먹는 등의 행동을 자제해야 한다.

(2) 책임의 의미

① 책임이란 '모든 결과는 나의 선택으로 인해 말미암아 일어난 것'이라는 식의 태도이다.

② 책임에 필요한 자세

㉠ 책임의식을 갖는 태도는 인생을 지배하는 능력을 최대화하는 데 긍정적인 역할을 한다.

㉡ 책임감이 투철한 사람은 조직에서 꼭 필요한 사람으로 여겨지지만, 책임감이 없는 사람은 조직에서 불필요한 사람으로 인식되기 쉽다.

(3) 준법의 의미

① 준법이란 민주시민으로서 기본적으로 지켜야 하는 의무이자 생활 자세를 의미한다.

② 준법의식은 시민으로서의 자기 권리를 보장받고 다른 사람의 권리를 보호해주며, 사회질서를 유지하는 역할을 한다.

(4) 예절의 의미와 특징

① 예절의 의미 : 일정한 문화권에서 오랜 생활습관을 통해 하나의 공통된 생활방법으로 정립되어 관습적으로 행해지는 사회계약적인 생활규범이다.

② 예절(에티켓)의 본질 : 남에게 피해를 주지 않는 것, 남에게 호감을 주는 것, 상대방을 존경하는 것

③ 에티켓과 매너의 차이

㉠ 에티켓 : 보다 고도의 규칙ㆍ예법ㆍ의례 등 신사ㆍ숙녀가 지켜야 할 범절

㉡ 매너 : 보통 생활 속에서의 관습이나 몸가짐 등 일반적인 룰

④ 예절의 특징

　　㉠ 같은 생활문화권에 사는 사람들이 가장 편리하고 바람직한 방법이라 여겨 모두 그렇게 행하는 생활방법이다.

　　㉡ 예절을 언어문화권과 밀접한 관계가 있어 국가와 민족에 따라 달라지며, 같은 언어문화권 내에서도 지방에 따라 약간의 차이가 있는 경우가 있다.

(5) 직장에서의 예절

① 인사예절

상황	주의사항
인사	• 상대방보다 먼저 인사한다. • 타이밍을 맞추어 적절히 응답한다. • 명랑하고 활기차게 인사한다. • 사람에 따라 인사법이 다르면 안 된다. • 기분에 따라 인사의 자세가 다르면 안 된다.
악수	• 윗사람에게 먼저 목례를 한 후 악수를 한다. • 상대의 눈을 보며 밝은 표정을 짓는다. • 오른손을 사용한다. • 손을 잡을 때는 너무 꽉 잡지 않도록 한다. • 손끝만 잡는 행위는 금한다. • 주머니에 손을 넣고 악수를 하지 않는다.
소개	• 나이 어린 사람을 연장자에게 소개한다. • 본인이 속해 있는 회사의 관계자를 타 회사 관계자에게 소개한다. • 신참자를 고참자에게 소개한다. • 동료임원을 고객, 손님에게 소개한다. • 소개받는 사람의 별칭은 그 이름이 비즈니스에서 사용되는 것이 아니라면 사용하지 않는다. • 반드시 성과 이름을 함께 말한다. • 상대방이 항상 사용하는 경우라면 Dr. 또는 Ph.D. 등의 칭호를 함께 언급한다. • 정부 고관의 직급명은 퇴직한 경우라도 항상 사용한다. • 천천히 그리고 명확하게 말한다. • 각각의 관심사와 최근의 성과에 대하여 간단한 언급을 한다.
명함교환	• 명함은 반드시 명함 지갑에서 꺼내고 상대방에게 받은 명함도 명함 지갑에 넣는다. • 상대방에게서 명함을 받으면 받은 즉시 호주머니에 넣지 않는다. • 명함은 하위에 있는 사람이 먼저 꺼내는데 상위자에게는 왼손으로 가볍게 받쳐서 건넨다. • 명함을 받으면 그대로 집어넣지 말고 명함에 관해서 한두 마디 대화를 건넨다. • 쌍방이 동시에 명함을 교환할 때에는 왼손으로 받고 오른손으로 건넨다. • 명함은 새것을 사용한다. • 명함의 부가 정보는 상대방과의 만남이 끝난 후에 적는다.

10

직업
윤리

② 전화예절

상황	주의사항
전화걸기	• 전화를 걸기 전에 먼저 준비를 한다.(정보를 얻기 위해 전화를 하는 경우라면 얻고자 하는 내용을 미리 메모해 두어 모든 정보를 빠뜨리지 않도록 한다.) • 전화를 건 이유를 숙지하고 이와 관련하여 대화를 나눌 수 있도록 준비한다. • 전화는 정상적인 업무가 이루어지고 있는 근무 시간에 걸도록 한다. • 원하는 상대와 통화를 할 수 없을 경우에 대비하여 비서나 다른 사람에게 메시지를 남길 수 있도록 준비한다. • 비서를 통해 전화를 걸면 고객의 입장에서 당신의 시간이 고객의 시간보다 더 소중하다는 느낌을 받게 되므로 되도록 직접 전화를 걸도록 한다. • 전화를 해달라는 메시지를 받았다면 가능한 한 48시간 이내에 답을 주어야 한다. • 하루 이상 자리를 비우게 되는 경우 다른 사람이 대신 전화를 받아줄 수 없을 때에는 자리를 비우게 되었다는 메시지를 남겨놓는다.
전화받기	• 전화벨이 3~4번 울리기 전에 받는다. • 당신이 누구인지를 즉시 말한다. • 천천히, 명확하게 예의를 갖추고 말한다. • 목소리에 미소를 띠고 말한다. • 말을 할 때 상대방의 이름을 함께 사용한다. • 언제나 펜과 메모지를 곁에 두어 메시지를 받아 적을 수 있도록 준비한다. • 주위의 소음을 최소화한다. • 긍정적인 말로 전화통화를 마치고, 전화를 건 상대에게 감사 표시를 한다.
스마트폰	• 상대방에게 통화를 강요하지 않는다. • 지나친 SNS의 사용은 업무에 지장을 주므로 휴식시간을 이용한다. • 운전을 할 때에는 스마트폰을 사용하지 않는다. • 온라인상에서 예절을 지킨다. • 알림은 무음으로 하여 타인에게 폐를 끼치지 않도록 한다.

③ E-mail 예절

상황	주의사항
E-mail 보내기	• 상단에 보내는 사람의 이름을 적는다. • 메시지에는 언제나 제목을 넣는다. • 요점을 벗어나지 않는 제목을 잡는다. • 메시지를 간략하게 만든다. • 올바른 철자와 문법을 사용한다.
E-mail 답장하기	• 이전에 주고받은 메일의 내용과 관련하여 일관성 있게 답한다. • 다른 비즈니스 서신에서와 마찬가지로 화가 난 감정의 표현을 보내는 것은 피한다. • 당신의 답장이 어디로, 누구에게로 보내지는지 주의하고 자동답신을 보낼 때에도 다시 한 번 주소를 확인한다.

⑹ 직장생활에서의 성예절

① **성희롱의 법적 정의** : '성희롱'이란 업무·고용 그 밖의 관계에서 국가기관 등의 종사자·사용자 또는 근로자가 다음의 어느 하나에 해당하는 행위를 하는 경우를 말한다(양성평등기본법 제3조 제2호).

ⓐ 지위를 이용하거나 업무 등과 관련하여 성적 언동 등으로 상대방에게 성적 굴욕감 및 혐오감을 느끼게 하는 행위

ⓑ 상대방이 성적 언동 그 밖의 요구 등에 따르지 아니하였다는 이유로 고용상의 불이익을 주는 행위

기초 문제

정답 및 해설 353p

01 다음 중 정직과 신용을 구축하는 방법으로 옳지 않은 것은?

① 매사에 정직한 태도

② 과장하거나 부풀려 이야기 하는 태도

③ 잘못을 인정하는 태도

④ 타협하거나 부정직의 묵인을 지양하는 태도

02 다음 중 근로윤리로 옳지 않은 것은?

① 근면   ② 정직

③ 봉사   ④ 성실

03 SERVICE의 의미로 옳지 않은 것은?

① Smile & Speed : 미소와 신속한 처리

② Energy : 고객에게 활기차고 힘차게 대하는 것

③ Respect : 고객을 존중하는 것

④ Imagine : 좋은 이미지를 심어주는 것

04 고객의 니즈 트렌드로 옳은 것은?

① 코쿠닝(Cocooning) : 포근하고 안전한 곳에서 지루함을 느끼고 위험하고 예측 할 수 없는 외부로 나가고 싶어 하는 현상

② 큰 사치(Big Indulgences) : 커다란 만족감을 얻기 위해서 능력범위가 넘는 사치를 누림으로써 보상받고자 하는 트렌드

③ 환상모험(Fantasy Adventure) : 위험성이 존재하는 모험을 거부하고 안정감을 찾으려는 현상

④ 개성찾기(Ergonomics) : 정보화 시대에 소외감을 느낀 사람들이 자신의 개성에 맞춘 서비스를 찾고자 하는 트렌드

05 공동체 윤리로 옳지 않은 것은?

① 건강   ② 책임

③ 준법   ④ 예절

06 전화에 대한 설명으로 옳지 않은 것은?

① 수화자가 누구인지를 즉시 말한다.

② 통화 전 주위의 소음을 최소화 한다.

③ 전화를 못 받았을 경우 자리를 비운 상태였기 때문에 답을 하지 않아도 된다.

④ 운전하면서 휴대전화를 사용하지 않는다.

07 E-mail에 대한 설명으로 옳은 것은?

① E-mail 주소로 보내기 때문에 보내는 사람의 이름은 적지 않아도 된다.

② 컴퓨터 상 이기 때문에 문법과 철자는 맞추지 않고 편하게 쓴다.

③ E-mail은 많이 받으면 좋은 것이기 때문에 같은 내용이라도 최대한 많이 보내도록 한다.

④ 보내는 메시지에 제목을 넣도록 한다.

10

직업
윤리

08 다음 중 성폭력의 종류로 옳지 않은 것은?

① 성매매   ② 성추행

③ 성희롱   ④ 성폭행

09 다음 중 윤리의 개념으로 옳지 않은 것은?

① 사람이 지켜야할 도리

② 인간사회에 필요한 질서를 지키지 않는 사람들은 배척하는 것

③ 실제 도덕규범이 되는 원리

④ 인간과 인간 사이에서 지켜져야 할 도리를 바르게 하는 것

10 윤리의 기능으로 옳은 것은?

① 사회적 평가과정에서 형성된 사회현상이다.

② 문제 상황의 해결에는 아무런 도움이 되지 않는다.

③ 비합리적으로 수정된 악습이기도 하다.

④ 일상생활에서 타인과의 의견대립 시 자신의 의견이 더 옳음을 증명 할 수 있다.

11 윤리의 성격으로 옳지 않은 것은?

① 윤리는 보편적이다.

② 윤리는 명확한 내용을 가지고 있다.

③ 윤리는 합리성은 존재하지 않는 관습의 일종이다.

④ 윤리는 해석을 필요로 한다.

12 윤리적 인간에 대한 설명으로 옳은 것은?

① 자신의 이익을 위해서라면 무엇이든 하는 사람

② 다른 사람의 입장을 전혀 고려하지 않는 사람

③ 나만 아니면 된다는 생각을 가진 사람

④ 공동의 이익을 추구하고 도덕적 가치 신념이 있는 사람

응용 문제

정답 및 해설 356p

01 다음 제시문의 내용에서 잘못된 전화예절로 옳은 것은?

> (따르릉)
>
> 안녕하십니까. 박 차장님 되시지요? 실례지만 통화 가능하십니까? 다름이 아니라 이번 신제품 출시 행사의 정확한 날짜와 시간을 말씀 드리려고 전화 드렸습니다. 혹시 메모 가능 하십니까? 행사는 20**년 *월 *일 오전 10시입니다. 꼭 참석 부탁드립니다. 감사합니다. 안녕히 계십시오.

① 용건을 제대로 이야기 하지 않았다.

② 자신의 소속과 이름을 밝히지 않았다.

③ 전화를 끊기 전 끝맺음 인사를 하지 않았다.

④ 상대방이 통화를 할 수 있는 상황인지를 고려하지 않았다.

02 다음 사례에서 문제가 되었던 E-mail 예절로 옳은 것은?

> D기업의 평범한 회사원인 A씨는 얼마 전 황당한 E-mail을 받게 되었다. E-mail은 같은 사무실에 근무하는 경리 직원으로부터 온 것이었는데 그만 실수로 전 직원들의 연봉명세서를 첨부한 파일을 그대로 직원 전체 E-mail로 보내버린 것이다. 이 사건 이후 같은 연차 임에도 불구하고 연봉이 더 낮은 직원들은 회사에 항의를 하기 시작했고 결국 불만이 쌓여 하나 둘 회사를 그만 두고 말았다.

① [직원 연봉 명세서] 라는 제목을 넣지 않고 E-mail을 발송 했다.

② 올바른 철자와 문법을 사용하지 않아서 직원들이 화가 났다.

③ E-mail의 수신자가 누구인지 제대로 확인하지 않아 파일이 잘못 전달되었다.

④ 용량이 큰 파일을 압축도 하지 않고 보냈다.

03 직장에서의 근면한 생활로 보기에 옳은 것은?

① 항상 일을 배우는 자세로 임하여 열심히 한다.

② 업무가 지루하면 게임을 하면서 시간을 보낸다.

③ 아침 출근시간대에는 교통이 혼잡하니 출근시간보다 늦게 도착한다.

④ 전날 과음한 상태로 출근해서 하루 종일 피곤해 한다.

10

직업
윤리

04 다음 사례의 근면의 종류로 옳은 것은?

> ㉠ 신입사원 Y씨는 출근 하는 것이 즐겁다. 꼭 하고 싶었던 일이었는데 드디어 할 수 있게 되어서 행복
> 했고 더 많은 것을 배우고 싶어서 매일 다른 직원들에게 질문공세를 하느라 바쁘다. 업무가 끝난 퇴
> 근시간 이후에도 자리에 남아 혹시 실수 한 것은 없는지 살펴본다.
> ㉡ 카페에서 아르바이트 중인 P씨는 오늘도 하루가 너무 힘들다. 출근 하지 않고 조금 더 쉬고 싶었지만
> 다음 달 생활비를 벌려면 어쩔 수 없이 출근을 해야 한다. 손님은 많고 시간은 너무 느리게 가서 퇴근
> 시간이 오지 않을 것만 같다.

① ㉠-외부로부터 강요당한 근면   ㉡-스스로 자진해서 하는 근면

② ㉠-스스로 자진해서 하는 근면   ㉡-외부로부터 강요당한 근면

③ ㉠-스스로 자진해서 하는 근면   ㉡-근면 하지 않다.

④ ㉠-외부로부터 강요당한 근면   ㉡-내부로부터 강요당한 근면

05 다음 사례에서 근로윤리에 어긋난 것으로 옳은 것은?

> 보험회사에서 근무하는 B씨는 오늘 기분이 좋습니다. 요즘 계약이 잘 성사 되지 않고 있었는데 방금 오랜
> 만에 만난 친구가 B씨와 계약을 맺어 주었습니다. 한 가지 걱정은 친구가 원하던 보험 상품보다 나에게
> 더 이득이 되는 상품을 추천하여 계약을 맺은 것입니다. 가뭄에 단비 같은 계약이라 더 이익을 내고 싶어
> 친구를 속이기는 했지만 제가 힘들게 일 하는 것은 친구도 알고 있으니 이 정도는 이해해 주겠지요?

① 근면성   ② 고객중심원칙

③ 전문성   ④ 정직성

06 다음 사례에서 지켜지지 않은 예절로 옳은 것은?

> K씨는 남자직원들만 근무하는 사무실에 한명 뿐인 여직원이다. 회식을 할 때 마다 남자직원들은 K씨에게 옆자리에 와서 술을 따라보라며 술을 강요하고 술김에 그러는 척 엉덩이를 툭툭 치기도 한다. 노력해서 겨우 들어온 회사인데 그만 둘 수도 없고, 확실히 말을 하자니 전 직원들과 등을 돌릴 것 같아 아무 말도 하지 못하고 있다.

① 인사예절   ② 성예절

③ 소개예절   ④ 전화예절

07 상대방의 회사에 전화를 걸었을 때 대응태도로 가장 옳은 것은?

① 전화를 걸어 급한 용건부터 이야기 한 후 자기소개를 한다.

② 상대방이 신원을 밝히지 않는 경우 상대가 누구인지 절대로 묻지 않는다.

③ 전화통화 도중 필요한 자료를 찾으러 갈 때에 "잠시만요" 라고 양해를 구하고 자료를 찾는다.

④ 상사와 통화를 할 때에는 먼저 전화기를 내려놓는다.

08 다음 중 휴대전화 예절로 옳은 것은?

> ㉠ 운전 중에는 스마트 폰을 사용하지 않는다.
> ㉡ 집 밖에서는 벨소리를 진동으로 한다.
> ㉢ 요금이 많이 나올 것 같은 통화는 친구의 휴대전화를 빌려서 한다.
> ㉣ 공공장소나 대중교통 수단을 이용할 때는 휴대폰을 사용하지 않는다.
> ㉤ 정보화 시대이기 때문에 업무 시간에도 계속 SNS를 확인한다.
> ㉥ 밖에서 통화를 할 때에는 주위에 방해가 되지 않게 조용한 목소리로 짧게 통화한다.

① ㉠, ㉡, ㉢, ㉣, ㉤, ㉥   ② ㉠, ㉢, ㉥

③ ㉠, ㉡, ㉣, ㉥   ④ ㉠, ㉣, ㉤, ㉥

10

직업
윤리

09 힘들고(Difficult), 더럽고(Dirty), 위험한(Dangerous)일은 하지 않으려고 하는 현상. 노동력은 풍부하지만 생산인력은 부족해져, 실업자의 증가와 외국 노동자들의 불법취업이라는 새로운 사회문제까지 대두하게 만든 이 현상으로 옳은 것은?

① 님비현상   ② 3D기피현상
③ 실업자 증가현상   ④ 인력부족현상

10 신 차장이 새로 온 신입사원에게 직장 내 예절에 대해서 충고 하려고 한다. 옳지 않은 것은?

① 인사는 우리 부서 사람들에게만 하면 돼. 괜히 다른 부서까지 일일이 인사 하다간 귀찮아 질 수도 있다고.
② 업무 전화를 받을 때는 먼저 소속과 이름을 밝혀야해.
③ 명함을 받자마자 보지 않고 넣어 버리거나 아무데나 두는 것은 실례야.
④ E-mail을 보낼 때는 꼭 주소를 다시 한 번 확인해야 한다.

11 다음은 최 대리가 보낸 E-mail의 내용이다. 내용 중 성예절에 어긋난 행동으로 옳은 것은?

> 박 상무님께.
> 안녕하세요. 드릴 말씀이 있어 E-mail을 보내게 되었습니다. 저는 요즘 상무님의 행동이 직장 내 성희롱에 해당된다고 생각합니다. 예전에 ⊙제가 맡은 큰 프로젝트가 성사 되지 않았을 때, 후배 동료들이 보는 앞에서 저를 질책하셨죠? 얼마 전에는 제가 ⓒ사무실에서 친구와 통화를 하니까 업무 중에 긴 통화는 하지 말라며 큰 소리를 내셨는데 훔쳐 듣고 계신 것 같아서 기분이 좋지 않았습니다. 어제 ⓒ회식 때도 먹기 싫은 술을 강요하시며 최 대리는 다리가 예쁘니 앞으로는 치마만 입고 다니라는 등 노래라도 불러서 분위기를 띄워야지 우리 여직원들은 귀여운 구석이 없다고 하신 말씀도 지나치신 것 같았습니다. 오늘은 ⓔ겨우 20분 지각 한 걸로 사유서를 내라고 하시지는 않나. 제가 매일 지각을 하는 것도 아닌데 말이에요. 같은 사무실에서 근무하는 만큼 앞으로는 직장 내 예절을 신경 써 주시면 감사하겠습니다.

① ⊙   ② ⓒ
③ ⓒ   ④ ⓔ

Part 02

실전모의고사

교재에 수록된 OMR 카드를 이용하여
실전처럼 시간을 정해서 문제를 푸시오.

실전모의고사 1회

- 영역 구별 없이 총 50문항으로 구성되어 있습니다.
- 시작 시간을 정하여 실전처럼 풀어보세요. (50문항 / 100분)

정답 및 해설 359p

01 다음 지문의 L팀장의 인기 비결을 갖기 위해 귀하가 해야 할 행동으로 옳지 않은 것은?

> 올해 K회사 구매업무팀장을 맡고 있는 입사 7년차 L팀장은 팀원과 협력하여 회사내부 업무 뿐 아니라 대외 구매활동 등에 적극적으로 관여하고 있다. 그 결과 역대 팀장 중 최고라는 좋은 평판을 듣고 있다. 그가 주간회의를 이끌거나 팀장으로서 발언을 할 때 듣는 사람들이 남다른 집중을 하게 되는데, 그 이유는 L팀장의 탁월한 의사소통능력 때문이다. 그는 "주간 회의 때는 추상적인 설명보다는 구체적으로 간결하게 말하여 1분 내에 발언을 끝내는 것을 원칙으로 한다."고 말하며 본인의 인기비결을 말해주었다. 또한 "정확한 개념을 가지고 있으면 1분 내로 의사전달을 명확히 할 수 있어 회의 등에서 팀원들과 의사소통을 잘 할 수 있고 공식적인 대외활동에서 발언을 할 때에도 간결하게 말하여 동의와 신뢰를 이끌어내는 데 성공하였다." 고 말했다.

① 쉽고 명확한 단어를 사용하여 언어를 단순화 시킨다.

② 경청을 할 때 감정을 이입하여 적극적으로 경청한다.

③ 도움을 주기 위해 피드백은 부정적으로 말한다.

④ 감정은 억제하고 침착하게 의사소통한다.

02 □□ 기업의 마케팅팀 G팀장은 팀원들에게 자기개발 설계 전략을 작성해 오라는 과제를 내주었다. 다음 중 자기개발 설계전략을 잘못 작성한 사람은?

① A사원 : 가족, 직장 동료, 친구 등 주변사람들과의 관계를 고려해 작성하였다.

② B사원 : 훌륭한 마케터가 되기 위해 필요한 자질들을 대략적으로 나열하였다.

③ C사원 : 3년 뒤의 목표와 10년 뒤의 목표를 구분지어 명시하였다.

④ D사원 : 목표를 이루기 위한 준비 사항들을 최대한 구체적으로 작성하였다.

03 다음과 같을 때 작성하는 문서 양식의 원칙에 대한 설명으로 옳은 것은?

> • 정부기관과 일반회사가 주고받는 문서
> • 엄격한 규격과 양식에 따라 정당한 권리를 가진 사람이 작성해야 되는 문서
> • 최종 결재권자의 결재가 있어야 기능이 성립되는 문서

① 년도와 월일을 반드시 함께 작성한다.
② 날짜 다음에 괄호를 사용할 경우 마침표를 찍는다.
③ 복잡한 내용은 [다음], 또는 [아래]와 같은 항목을 만든다.
④ 두 장으로 만든다.

04 다음 중 팀워크에 대한 설명으로 옳지 않은 것은?

① 팀워크란 팀 구성원이 공동의 목적을 달성하기 위하여 상호관계성을 가지고 협력하여 업무를 수행하는 것이다.
② 효과적인 팀워크를 위해서는 공동의 비전과 목표가 명확해야 한다.
③ 조직이나 팀의 목적, 추구하는 사업 분야에 따라 서로 다른 유형의 팀워크를 필요로 한다.
④ 팀워크에 있어서 중요한 것은 업무 성과보다는 협력하는 분위기이다.

05 A씨는 이번에 새로 입사한 신입사원 교육을 하게 되었다. A씨가 신입사원에게 해줄 수 있는 전화와 관련된 주의사항으로 옳지 않은 것은?

① 전화를 받으면 수신인이 누군지 즉시 말해야해.
② 전화는 정상적인 업무가 이루어지고 있는 근무시간에 걸어야 해.
③ 자리에 없을 때 걸려온 전화는 신경 쓰지 않아도 돼.
④ 펜과 메모지를 곁에 두고 메시지를 받아 적을 준비를 해야 해.

1회

실전
모의고사

06 다음 문장을 읽고 밑줄 친 부분에 들어갈 가장 적절한 문장은?

A씨는 가족 중에서 가장 일찍 일어난다.
A씨의 동생 B씨는 언제나 오전 7시에 일어난다.
그러므로 _____

① A씨는 어머니보다 늦게 일어난다.

② A씨는 오전 7시 전에 일어난다.

③ B씨는 A씨보다 일찍 일어난다.

④ B씨는 가족 중에서 가장 늦게 일어난다.

07 다음은 회의 관련 규정의 일부이다. 다음 중 잘못 쓰여진 글자는 모두 몇 개인가?

제22호(회의 등)
① 위원회 회의는 정기회의와 임시회이로 구분한다.
② 위원회의 회의는 공개한다. 다만, 공개하는 것이 적적하지 않은 상당한 이유가 있는 경우에는 위원회 의결로 공개하지 않을 수 있다.
③ 위원회 회의는 재적위원 과반수의 출석과 출석의원 과반수의 찬성으로 의결한다.
④ 위원회 회의 운영, 소위원회 또는 특별위원뇌의 구성 및 운영에 관하여 그밖에 필요한 사상은 대동령령으로 정한다.

① 4개   ② 5개

③ 6개   ④ 7개

08 다음은 총무과에서 보내온 6개 항목의 예산 변경 규정이다. 이를 보고 이번 사업을 맡은 귀하가 내린 판단 중 옳은 것은?

> • 증액이 가능한 항목은 최대 2개 이며, 적어도 3개 항목은 반드시 삭감하여야 한다.
> • 어떤 항목은 증액이나 감액 없이 현상 유지될 수 있다.
> • 인건비와 조사비는 동시에 삭감하거나 동시에 증액하여야 한다.
> • 재료비와 홍보비는 동시에 삭감할 수 없다.
> • 운영비와 잡비는 동시에 증액할 수 없다.
> • 재료비는 반드시 삭감하여야 한다.

① 홍보비를 증액하면 인건비와 조사비가 함께 오르네.
② 운영비를 증액하면 인건비와 조사비가 함께 오르네.
③ 잡비를 증액하면 홍보비를 못 올리는 구나.
④ 인건비를 증액하려면 운영비는 반드시 삭감해야 되네.

[09-10] 다음 표를 참고하여 질문에 답하시오.

스위치	기능
◎	오른쪽으로 90° 회전함
◆	왼쪽으로 90° 회전함
△	상하 대칭
□	좌우 대칭

09 처음 상태에서 스위치를 두 번 눌렀더니 화살표 모양과 같은 상태로 바뀌었다. 어떤 스위치를 눌렀는가?

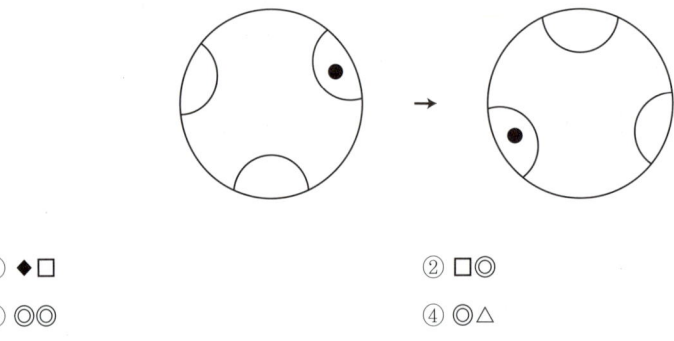

① ◆□   ② □◎
③ ◎◎   ④ ◎△

10 처음 상태에서 스위치를 두 번 눌렀더니 화살표 모양과 같은 상태로 바뀌었다. 어떤 스위치를 눌렀는가?

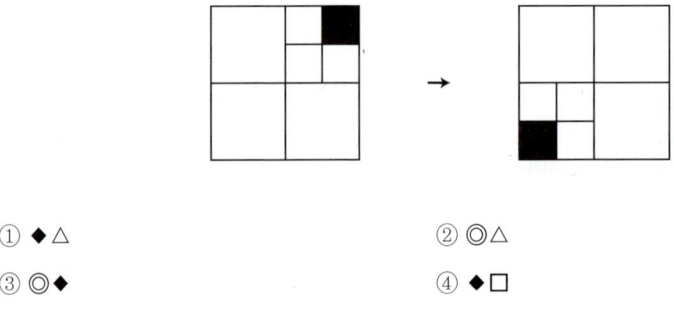

① ◆△   ② ◎△
③ ◎◆   ④ ◆□

11 기술 시스템에 대한 설명으로 옳지 않은 것은?

① 기술은 개별적으로 발전하지 않고 서로 연결되어 시스템을 만들며 발전한다.
② 기술 시스템은 기술적인 부분과 사회적인 부분이 결합되어 공존하고 있다.
③ 기술 시스템은 발명 · 개발 · 혁신의 단계에서 시작하여 기술 이전, 기술 경쟁, 기술 공고화 단계를 거쳐 발전한다.
④ 기술 시스템은 조직 안에서 만들어지기 때문에 조직기술시스템이라고 불린다.

12 다음은 MBTI 검사의 성격유형 중 일부이다. 다음 MBTI 검사의 성격유형에서 잘못 쓰인 글자는 모두 몇 개인가?

ISTJ	• 신중하고 조용하며 집중력이 강하고 매사에 철저하다. • 구체적, 체계적, 사실적, 논리적, 현실적인 성격을 띠고 있으며, 신뢰할 만하다. • 만사를 체계적으로 조직화시키려고 하며 책임감이 강하다. • 성취해야 한다고 생각하는 일이면 주위의 시선에 아랑곳하지 않고 꾸준하고 건실하게 추진해 나간다.
ISFJ	• 조용하고 친근하고 책임감이 있으며 양심이 바르다. • 맡은 일에 헌신적이며 어떤 계획의 추진이나 집단에 안정감을 준다. • 매사에 철저하고 성실하고 정확하며, 기계분야에는 관심이 적다. • 충실하고 동정심이 많고 타인의 감정에 민감하다.
INFJ	• 인내심이 많고 독창적이며, 필요하고 원하는 일이라면 꼭까지 이루려고 한다. • 자기 일에 최선의 노력을 다한다. • 타인에게 말없이 영향력을 미치며, 양심이 바르고 다른 사람에게 따뜻한 관심을 가지고 있다. • 확고부동한 원리원칙을 중시하고, 공동선을 위하는 확신에 찬 신념을 가지고 있으므로, 사람들이 존경하며 따른다.
INTJ	• 대체로 독창적이며, 자기 아이디어나 목표를 달성하는 데 강한 추진력을 가지고 있다. • 관심 있는 일이라면 남의 도움이 있든 없든 이를 계획하고 추진해 나가는 능력이 뛰어나다. • 회의적, 비판적, 독립적이고 확고부동하며 때로는 고집스러울 때도 많다. • 타인의 감정을 고려하고 타인의 의견에 귀를 기울이는 법을 배워야 한다.

① 0개   ② 1개
③ 2개   ④ 3개

13 A는 B보다 걸음이 빠르지 않으며, C는 A보다 걸음이 느리고 D는 C와 걷는 속도가 똑같다면, 다음 중 옳은 것은?

① B는 D보다 걸음이 빠르다.
② C는 B보다 걸음이 느리지 않다.
③ D는 A보다 걸음이 느리지 않다.
④ 걸음이 제일 빠른 사람은 B가 아니다.

14 다음 글은 A회사의 상황과 각 상황에 따른 조치에 대한 설명이다. 〈보기〉의 내용과 상황에 따라 이루어진 조치가 적절한 것은?

> 부도가 난 A회사의 채무액은 2억 5,000만 원에 달하며 1억 원 상당의 유동자산을 보유하고 있다. 이 회사는 파산과 관련된 법적 비용들을 줄이기 위해 채권자들과 협의하여 다음의 조치들을 취할 계획이다.
> • 상환연기 : 채권자들은 자신들이 받아야 할 채권액 전부를 상환 받지만, 상환기일을 연기해 준다.
> • 부분상환 : 상환기일을 연기해 주지 않고 즉시 상환 받지만, 채권자들은 채권규모 비율에 따라 자신들의 채권액 중 일부분만을 상환 받는다.
> • 혼합 : 상환기일을 연기해 주면서 동시에 자신들의 채권액 중 일부분만 받는다.

> ○ 보기 ○
> ㉮ 각 채권자는 채권액 2,000만 원당 800만 원을 즉시 받고, 회사가 모든 채무를 이행한 것으로 간주한다.
> ㉯ 각 채권자는 채권액 2,000만 원당 세 번에 걸쳐 1,000만 원, 500만 원, 500만 원 등 총 2,000만 원을 상환 받는다. 첫 상환은 100일 후에 시작되며, 이어지는 상환은 100일 간격을 두고 행해진다.
> ㉰ 각 채권자는 채권액 2,000만 원당 400만 원씩 두 번에 나눠서 총 800만 원만 받는다. 첫 상환은 150일 후에 행해지고, 두 번째 상환은 첫 상환 후 150일 후에 이루어진다.

	㉮	㉯	㉰
①	부분상환	혼합	상환연기
②	상환연기	부분상환	혼합
③	부분상환	상환연기	혼합
④	혼합	상환연기	부분상환

15 경력단계는 일반적으로 직업 선택, 조직 입사, 경력 초기, 경력 중기, 경력 말기로 구된다. 다음의 사례에 제시된 경력단계에 대한 설명으로 옳은 것은?

> 무역회사의 부장으로 재직 중인 E씨는 회사 내에서 어느 정도 입지가 있는 상태로 입사 동기 대부분이 부장으로 승진했거나 퇴직한 상태이다. 조금 있으면 후배 차장들이 승진할 차례이다. 그러나 E씨는 더 이상 승진을 위해 발버둥 칠 필요가 없다는 것을 깨닫고 있다. 경력개발로 바쁜 후배들을 보면 뿌듯한 마음이 들지만 정작 본인은 퇴근 후에 술 한 잔 함께 하며 속 시원히 마음을 털어놓을 동료도 없다. 이따금씩 혼자 포장마차에 들러 술을 마시고 귀가하곤 한다. E씨는 이러한 상황 속에서 변화를 시도해보고자 새로운 꿈을 가져보기로 결심하였다. 가장 먼저, 영어 회화공부를 시작하기로 마음먹었는데, 이를 위해 서점에 들러 관련 서적을 찾아 구입하였다.

① 자신에게 적합한 직업이 무엇인지를 탐색하고 이를 선택한 후, 필요한 능력을 키우는 단계이다.

② 자신이 맡은 업무의 내용을 파악하고, 새로 들어간 조직의 규칙이나 규범, 분위기에 적응해나가는 단계이다.

③ 자신이 그동안 성취한 것을 재평가하고, 생산성 유지에 힘쓰는 단계이다.

④ 조직의 생산적 기여자로 남기 위해 힘쓰고, 자신의 가치를 지속적으로 유지하기 위해 노력하며 동시에 퇴직을 고려하는 단계이다.

16 국제매너에서 다른 나라 사람과 인사할 때의 모습으로 옳지 않은 것은?

① 미국인과 악수할 때는 손끝만 살짝 잡아야 한다.

② 영국인과 악수할 때는 일어서서 오른손으로 해야 한다.

③ 아프리카인과 인사나 대화할 때는 코끝을 바라보며 한다.

④ 러시아인과 라틴아메리카인과의 포옹은 친밀함의 표현이다.

17 다음 중 직장에서 명함을 주고받을 때의 예절에 대한 설명으로 옳지 않은 것은?

① 명함은 받자마자 즉시 상의 안주머니에 넣어 보관한다.

② 명함은 하위에 있는 사람이 먼저 꺼낸다.

③ 명함은 일어선 자세로 교환하는 것이 예의이다.

④ 명함 내용 중에 읽기 어려운 글자가 있으면 바로 물어본다.

1회
실전
모의고사

18 네 개의 과일 바구니 A, B, C, D에는 임의의 순서로 각각 사과, 배, 감, 귤이 담겨 있다. 아래 조건을 만족 할 때, 다음 중 옳은 것은?

> • 맨 왼쪽에 있는 바구니에는 감이 담겨있다.
> • A 바구니의 바로 왼쪽에는 B 바구니가 놓여있다.
> • C 바구니와 D 바구니는 감을 담은 바구니가 아니다.
> • C 바구니에는 배가 담겨있다.
> • 사과를 담은 바구니의 바로 오른쪽에는 귤을 담은 바구니가 놓여있다.

① 배를 담은 바구니의 바로 왼쪽에는 감을 담은 바구니가 놓여있다.

② D 바구니의 바로 오른쪽에는 배를 담은 바구니가 놓여있다.

③ B 바구니의 바로 오른쪽에는 귤을 담은 바구니가 놓여있다.

④ 귤을 담은 바구니의 바로 오른쪽에는 감을 담은 바구니가 놓여있다.

19 다음에서 설명하는 갈등 해결방법은?

> • 자신에 대한 관심은 높고, 상대방에 대한 관심은 낮음
> • I Win-You Lose의 개념

① 회피형(Avoiding) ② 경쟁형(Competing)

③ 수용형(Accomodating) ④ 통합형(Integrating)

20 다음 글에 나타나 있는 특허청의 규정을 감안할 때, S전자 특허팀 관계자의 주장에 대한 직접적인 반론으로 가장 적절한 것은?

> 특허청은 "제 경비를 제외한 순수 실시수입액(발명을 상품화해 벌어들인 돈)의 100분의 15 이상을 발명 종업원에게 준다."는 내용의 규정을 만들었다.
>
> −중략−
>
> 이에 대해 S전자 특허팀 관계자는 "기업에 속한 연구원의 본연의 업무가 연구 개발인데 그 성과물에 대해 지나치게 많이 보상하라는 것은 현실성이 없다."고 반박했다. 대기업은 1년에 보통 수천 건의 종업원 발명을 접수하며 이 중 5~10%를 상품에 응용한다. 대부분의 기업은 "발명 기술에 관한 모든 권리를 회사에 양도한다."는 각서를 쓰도록 종업원에게 요구하고 있는 실정이다.

① 기업에 속한 연구원의 연구 성과에 대한 지적 재산권은 회사에 속하는 것이 당연하다.

② 직무 발명에 대하여 충분한 성과급을 보장하는 보상금 지급 기준을 법으로 정하는 것은 기업 경영의 자율성을 저해하고 오히려 연구 개발을 저해할 가능성이 크다.

③ 기업에서 획기적인 발명에 대해 수천만 원에서 1억 원 가량의 보상금을 성과급 형식으로 지급한 예는 거의 없다.

④ 미국 기업들은 사내의 과학자들과 엔지니어들의 창의적인 기술로 돈을 벌었을 경우 개발자들에게 로열티나 스톡옵션 등으로 수익을 나누어 주어 신기술 개발 성과를 거두고 있다.

21 다음 중 엑셀에서 아래 도넛형 차트의 구멍 크기를 작게 하는 방법으로 옳은 것은?

① [차트 옵션] 대화상자의 [도넛형 차트] 탭에서 [직경]의 값을 작게 조정한다.

② [보기] 메뉴의 [차트 직경 조정]을 선택한다.

③ [데이터 계열 서식] 대화상자의 [계열 옵션]에서 [도넛 구멍 크기]의 값을 작게 조정한다.

④ [차트 옵션] 대화상자에서 [옵션] 탭의 [내부 차트 크기]의 값을 작게 조정한다.

22 다음은 특허에 대한 내용이다. 귀하가 기업의 새 프로젝트로 발명을 해서 특허를 받으려고 할 때 옳은 프로젝트는?

> • 제○조 (발명의 정의)
> '발명'이라 함은 자연법칙을 이용한 기술적 사상의 창작으로 고도한 것을 말한다.
> • 제○조 (특허조건)
> '발명'은 그 발명이 속하는 기술 분야에서 산업상 이용이 가능하여야 한다.
> • 제○조 (식물발명특허)
> 무성적으로 반복 생식할 수 있는 변종식물을 발명한 자는 그 발명에 대하여 특허를 받을 수 있다.
> • 제○조 (특허를 받을 수 없는 발명)
> 공공의 질서 또는 선량한 풍속을 문란하게 하거나 공중의 위생을 해할 염려가 있는 발명에 대하여는 특허를 받을 수 없다.

① 독감 바이러스의 대량 생산방법
② 혈액과 소변을 이용한 데이터 수집 방법
③ 구구단을 이용한 집중력 향상 프로그램
④ 유성적으로 반복 생식할 수 있는 변종식물

23 다음은 각 도시 간의 물류비용을 표로 나타낸 것이다. A시에서 출발하여 F시까지 10톤의 화물을 운송한다고 할 때 최소비용으로 갈 수 있는 루트는?

각 도시 간 물류비용 행렬표

(단위 : 만 원/톤)

	A	B	C	D	E	F
A	–	7	6	∞	∞	∞
B	7	–	∞	10	3	6
C	6	∞	–	∞	7	∞
D	∞	10	∞	–	∞	4
E	∞	3	7	∞	–	1
F	∞	6	∞	4	1	–

※ ∞는 비용이 무한히 소요된다는 것을 의미함

① A → C → E → F

② A → C → E → B → F

③ A → B → E → F

④ A → B → D → F

24 다음 상황에서 Y씨에 대한 의견으로 옳은 것은?

> Y씨는 회사에서 능력 있다고 소문난 사원이다. 회사 내에서 늘 궂은일을 도맡아하고 복잡한 일도 빠르고 확실하게 처리하며, 마무리도 대충 하는 법이 없어 안심하고 일을 맡길 수 있다는 평을 듣고 있다. 어제도 Y씨는 여느 때와 같이 늦은 새벽까지 업무를 보느라 잠을 이루지 못했고 오늘 아침 눈을 떠보니 오전 11시였다. 오전에 중요한 미팅이 있었지만 급하게 준비를 해서 출근한다고 해도 지각이라는 생각에 다시 잠을 청하기로 했다. Y씨는 회사에서 오는 전화벨 소리를 무시한 채 뭐라고 핑계를 대야할까 고민하며 다시 잠이 들었다.

① 전날 늦게까지 일을 했으면 그럴 수도 있지. 하루 푹 쉬고 오면 일을 더 효율적으로 할 수 있을 거야.

② 연락도 없이 회사에 나오지 않다니 정말 예절이 없는 사람이군. 직장 내 인사예절에 대 한 교육을 다시 시켜야겠어.

③ 직업인이란 항상 서비스가 최우선이 되어야 하는데 Y씨는 봉사정신이 부족해.

④ Y씨는 모든 일에 대한 결과는 자신의 선택으로 인해 일어난 것이라는 책임감과 근면한 태도가 필요한 것 같아.

25 다음은 마케팅팀 A대리와 B사원의 대화이다. 대화의 마지막에 들어갈 말로 옳은 것은?

> A대리 : 내가 이번에 우리 팀에 새로 들어온 신입사원 C씨의 평가 자료를 인사팀에 요청했더니 멤버십
> 유형 테스트 결과를 보내주더군.
> B사원 : 아 그래요? 결과 내용이 어떤가요?
> A대리 : 음. 내용을 살펴보니 C씨는 굉장히 독립적이고 혁신적인 사람인 것 같더라고. 스스로 생각하고
> 건설적인 비판도 잘할 것 같고.
> B사원 : 오 그렇군요. 굉장히 적극적이고 책임감이 강한 사람이겠군요.
> A대리 : (_____)

① 그렇지. 하지만 다소 냉소적이고 부정적인 시각이 강할 것 같아 걱정이야.

② 우리 팀의 운영방침에 굉장히 민감하고 원칙을 굉장히 중시할 것 같으니, 팀의 규율과 규칙을
보다 명확히 알려줄 필요가 있어.

③ 항상 솔선수범하는 태도를 보일 것 같아. 어느 조직에나 필요한 가장 이상적인 유형이 아닐까
싶어.

④ 팀에 잘 융화되고 불평 없이 모든 일을 기쁘게 수행하겠지만, 혼자서 하는 일을 맡기엔 좀 부족
한 감이 있겠어.

26 다음 설명 중 옳지 않은 것을 〈보기〉에서 모두 고른 것은?

자동차 변속기 경쟁력 점수의 업체별 비교

부문 \ 국가	A	B	C	D	E
변속감	98	93	102	80	79
내구성	103	109	98	95	93
소음	107	96	106	97	93
경량화	106	94	105	85	95
연비	105	96	103	102	100

※ 각 업체의 전체 경쟁력점수는 각 부문 경쟁력점수의 총합으로 구함

ㄱ 내구성 부문에서 경쟁력 점수가 가장 높은 업체는 A이며, 경량화 부문에서 경쟁력 점수가 가장 낮은 업체는 D이다.

ㄴ 전체 경쟁력 점수는 E가 B보다 더 높다.

ㄷ 경쟁력점수가 가장 높은 부문과 가장 낮은 부문의 차이가 가장 큰 업체는 C이며, 가장 작은 업체는 D 이다.

① ㄱ   ② ㄱ, ㄴ

③ ㄴ, ㄷ   ④ ㄱ, ㄴ, ㄷ

27 B씨의 회사에서는 전 직원이 참석한 자리에서 직장생활에 대한 교육을 실시했다. 이날 실시한 교육은 직장 내에서 지켜야할 성 예절에 대한 교육이었다. 다음 빈칸 A에 들어갈 말로 옳은 것은?

직장 내 (_____A_____)

ㄱ 정의

업무와 관련해 성적 언어나 행동 등으로 굴욕감을 느끼게 하거나 성적 언동 등을 조건으로 고용 상 불이익을 주는 행위이다.

ㄴ 유형

• 육체적 행위
  – 입맞춤, 포옹 등 원하지 않는 신체적 접촉
  – 안마나 애무를 강요하는 행위

• 언어적 행위
  – 음란한 농담이나 음담패설, 외모에 대한 성적인 비유나 평가
  – 성적 사실관계를 묻거나 성적인 내용의 정보를 의도적으로 유포하는 행위
  – 회식자리에서 술을 따르도록 강요하는 행위

• 시각적 행위
  – 외설적인 사진, 그림, 음란 출판물 등을 게시하거나 보여주는 행위
  – 자신의 특정 신체부위를 고의적으로 노출하거나 만지는 행위

① 성희롱   ② 강제추행

③ 성폭력   ④ 성폭행

1회

실전
모의고사

28 인사팀 팀장 S씨는 '올해의 우수 사원' 선정 업무를 맡게 되어 직원들에게 우수 사원 추천서를 통해 추천대상자와 그 이유에 대해 작성해달라고 하였다. 그리고 총 4명의 후보를 선정하였다. 다음 중 우수 사원 후보로 채택되기에 적합하지 않은 경우는?

① A팀장을 추천합니다. A팀장은 팀의 원활한 운영을 위해 토론을 장려하며 모든 팀원들에게 동등한 권한을 부여하여 참여를 활성화시킵니다.

② B사원을 추천합니다. B사원은 신입사원임에도 불구하고 항상 책임감을 가지고 주도적으로 일합니다.

③ C대리를 추천합니다. C대리는 조직 구성원들을 신뢰하고, 그들의 잠재력이 발현될 수 있는 환경과 여건 마련에 힘씁니다.

④ D팀장을 추천합니다. D팀장은 안정적인 조직 운영을 위해 가급적이면 위험을 피하고 체제나 기구를 중시합니다.

29 검색엔진을 사용하여 인터넷에서 조선 제4대 왕인 세종대왕의 어머니가 누구인지 알아보려 한다. 키워드 검색방법을 사용할 때 가장 적절한 검색 식으로 옳은 것은?

① 훈민정음 & 어머니   ② 세종대왕 & 어머니

③ 세종대왕 ! 한글   ④ 세종대왕 | 훈민정음

30 다음 지문에 대한 내용으로 옳지 않은 것은?

> 인적판매는 판매원과 예상고객 사이의 대인적 커뮤니케이션으로써 자사의 제품과 서비스에 대한 구매 요구에 영향을 미치는 것을 말한다. 다른 마케팅 커뮤니케이션과는 달리 개인과 개인의 상호작용(interpersonal interactions)이 포함된다. 인적판매의 근본적인 목적은 도·소매상에게는 마케팅 지원을, 소비자에게는 제품의 사용, (판매 후) A/S를 제공하는 것이다. 인적판매는 대인 접촉에 의해 이루어지므로 고객이 높은 수준의 주의를 기울인다. 판매원이 고객 개개인에 따라 메시지를 차별화, 즉 고객 맞춤(customization)이 가능하다. 쌍방향의 커뮤니케이션이므로 고객으로부터 즉각적인 피드백을 얻을 수 있어 유능한 판매원이라면 지금 자기가 하고 있는 판매 활동이 효과가 있는가를 즉석에서 파악할 수

있다. 인적판매는 다른 마케팅 커뮤니케이션보다 훨씬 많고 복잡한 제품 정보를 전달할 수 있다. 고객과 빈번하게 접촉하여 장기적인 관계를 형성하고 상호 이익을 높일 수 있는 방향으로 나아갈 수 있다. 인적판매의 주요한 단점은 한 번에 한 사람의 고객과 접촉하므로 다른 촉진에 비하여 비용이 많이 든다는 점이다. 인적판매의 성과만을 고려하여 평가한다면 가장 효과적인 촉진 방법이지만, 비용을 대비한 성과로 평가한다면 효율성이 떨어진다. 따라서 인적판매와 다른 촉진 활동(광고나 판매 촉진)에 예산을 분배함으로써 촉진의 유효성과 효율성의 균형을 이루어야 한다.

① 인적판매는 판매원과 고객 사이의 대인적 커뮤니케이션으로써 자사의 제품과 서비스에 대한 구매 요구에 영향을 미치는 것이다.

② 인적판매는 고객으로부터 즉각적인 피드백을 얻을 수 있으며, 경우에 따라 판매 활동의 효과를 즉석에서 파악할 수 있다.

③ 인적판매의 성과는 다른 촉진 수단에 비해 성과가 높으므로 예산을 우선적으로 배정 해야 한다.

④ 인적판매는 다른 마케팅 커뮤니케이션에 비해 고객에게 훨씬 많고 복잡한 제품 정보를 전달할 수 있다.

[31-32] 다음 자료를 보고 각 물음에 답하시오.

세탁물 종류에 따른 세탁 방법

1. 속옷과 양말
  속옷과 양말, 수건 등 몸에 닿는 면적이 작더라도 인체에 영향을 끼치는 소재의 제품들은 삶는 것이 좋다. 면제품을 세탁할 때는 헹굼 시 살균제나 표백제를 약간 넣으면 빨래 냄새를 없앨 수 있다.

2. 패딩
  털이 뭉치거나 빠지지 않도록 울샴푸로 세탁한 뒤 말린 후 털이 한쪽으로 몰리지 않도록 손이나 옷걸이로 잘 두드려 준다. 부분적인 오염이 있다면 그 부분만 물세탁을 한다.

3. 코트
  두꺼운 모 소재는 건조 후 약간의 수축이 일어날 수 있기 때문에 드라이클리닝을 권장하지만 주기적으로 먼지를 털어주는 것만으로도 광택과 감촉을 유지하는데 도움이 된다. 면이나 혼방 소재의 코트는 오염이 묻으면 깊숙이 침투하는 성질을 가지고 있어 자주 세탁하는 것이 좋다.

4. 침구류
  이불은 홑청과 속을 분리한 후 홑청은 세제를 풀어놓은 물에 담가 때를 불린 뒤 더러움이 유독 심한 부분은 솔로 닦아 애벌빨래 한다. 세탁이 끝나고 탈수를 마치면 털어서 구김을 편 후 햇볕에 널어 건조시킨다. 이불솜은 청소기로 먼지를 제거한 뒤, 햇볕에 널어 세균과 진드기를 없앤다.

31 다음 중 세탁물 종류에 따른 세탁 방법으로 옳지 않은 것은?

① 패딩은 얼룩만 있다면 부분 물세탁하고 세탁 후에는 털이 뭉치지 않도록 손으로 잘 두드려 준다.

② 속옷과 양말은 구입 후 몇 개월 정도는 세탁을 가급적 줄이고 탈취제를 뿌려 냄새만 잡아 둔 뒤 단독 세탁한다.

③ 이불은 홑청과 속을 분리한 후 홑청은 따로 세탁하고 이불솜은 햇볕에 널어 살균 건조시킨다.

④ 두꺼운 모 소재의 코트는 드라이클리닝을 하는 것이 좋다.

32 S씨는 대청소를 하면서 이불 및 침구류를 세탁하기로 마음먹고 어머니에게 조언을 구했다. 다음 중 세탁 방법에 대한 설명으로 옳은 것은?

① 이불은 겉과 속을 분리해서 솜은 햇볕에 살균시키고 겉은 10분정도 세제를 풀어둔 물에 깨끗이 세탁하고 탁탁 털어서 건조시키도록 해.

② 중성세제나 고급 세제를 이용해 단독 세탁하고 탈수를 하지 않고 젖은 상태로 건조대에 걸어 두면 돼.

③ 이불은 세탁하지 말고 탈취제를 뿌려 냄새만 잡아주면 돼.

④ 드라이클리닝을 하는 것이 좋지만 솔로 꼼꼼하게 먼지만 털어줘도 괜찮아.

33 다음 중 L씨가 시간을 낭비하게 된 요인으로 옳은 것은?

> L씨는 대학 졸업 후 중요한 자격증 시험을 앞두고 있다. 대학 동기들은 각자 자신이 원하는 기업에 취업을 하거나 꿈을 이루기 위한 두 번째 공부를 시작하기 위해 뛰어들었다. 졸업한지 얼마 되지 않아 아직은 가족들이 눈치를 주지는 않지만, 높은 학점으로 졸업을 한 것도 아니고 다른 사람보다 특별히 더 뛰어난 것도 없어 앞으로가 막막하고 죄송스럽다. 그런 L씨는 이번 자격증 시험에 모든 것을 걸었다. 하루에 3시간씩 잠을 청하고 식사할 시간도 없이 공부에만 매진하던 L씨는 시험을 일주일 앞두고 결국 건강이 악화되어 병원에 입원을 하게 되었고 안 좋은 컨디션으로 시험을 치러 결국 불합격 하고 말았다. 다음 시험은 6개월 뒤, L씨는 이번에야 말로 계획을 잘 짜야겠다고 다짐했다.

① 동료, 가족 등 본인이 조절할 수 없는 외부에서 발생하는 시간에 의해 시간을 낭비했다.

② 실현 불가능한 목표를 세우고 근면한 태도로 임하지 않았다.

③ 목표만 설정하고 시간계획의 순서를 염두에 두지 않았다.

④ 긴급하지 않은 오락거리에 많은 시간을 허비하였다.

34 CEO A씨는 새로운 경영전략을 세우고 이에 맞춰 새로운 도약을 하려고 하고 있다. 다음 경영전략에 대한 설명으로 옳지 않은 것은?

> ㉮ 전략 목표 설정　　　　　　㉯ 환경 분석
> ㉰ 경영전략 도출　　　　　　㉱ 경영전략 시행

① ㉮ – 이번 우리의 목표는 B시에서 선호도가 가장 높은 마켓을 만드는 것으로 하자.

② ㉯ – 오 대리가 똑똑하니 이번 전략의 SWOT를 분석을 맡겨야겠다.

③ ㉰ – 이번에는 원가우위 전략을 하는 것이 선호도를 높이는데 유효할 것 같다.

④ ㉱ – 이번 경영전략을 차별화 전략으로 바꾸어야 선호도가 더 오를 것으로 보인다.

35 다음은 SWOT 분석이다. 이에 대응하는 전략으로 옳은 것은?

강점	• 많은 단골의 수 • 싱싱한 재료를 사용한 웰빙 음식
약점	• 단일메뉴 • 좁은 식당
기회	• 인근의 지하철역 개통으로 인한 유동인구 증가 • 주재료의 원료값 하락
위협	• 근처에 다양한 메뉴의 음식점들이 창업 • 임대료 상승

내부환경 외부환경	강점(Strength)	약점(Weakness)
기회(Opportunity)	① 신메뉴를 개발하여 단골을 더 늘린다.	② 지하철 입구에서 웰빙을 강조한 판촉물을 나누어준다.
위협(Threat)	③ 단골들을 통해 입소문을 퍼지게 한다.	④ 재료값을 낮추어 저렴한 가격임을 강조한다.

36 다음의 공통된 규칙에 따라 괄호 안에 들어갈 알맞은 수는?

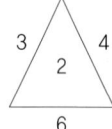 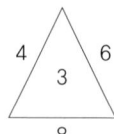 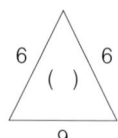 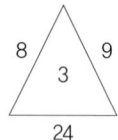

① 1

② 2

③ 3

④ 4

37 P회사 전체 회의준비를 위해 대회의실에 의자를 배치하려고 한다. 첫 번째 줄은 의자 10개, 두 번째 줄은 의자 17개, 세 번째 줄은 의자 24개로 배치가 된다. 이 규칙으로 의자를 나열할 경우 13번째 줄은 몇 개의 의자가 필요한가?

① 87 ② 94

③ 101 ④ 108

38 A팀에서 신입사원 워크샵을 하려고 한다. 회의 때문에 선발대와 후발대로 나누어 갈 때, 선발대는 시속 $70km/h$, 후발대는 $100km/h$로 간다. 1시간 30분 뒤에 후발대가 출발한다고 할 때, 후발대가 선발대를 처음 추월하는데 걸리는 시간은? (단, 초 단위는 생략한다.)

① 3시간 29분 ② 3시간 30분

③ 3시간 31분 ④ 3시간 32분

39 다음 워크시트에서 [A1:B2] 영역을 선택한 후 채우기 핸들을 이용하여 [B4]셀까지 드래그 했을 때 [A4:B4] 영역의 값으로 옳은 것은?

	A	B
1	일	1
2	월	2
3		
4		

① 수, 4 ② 월, 4

③ 수, 2 ④ 월, 2

40 다음에 제시된 사례와 관련이 있는 설득전략은 무엇인가?

> 최근 △△시와 해당 지역 주민들은 하수처리장 설치를 놓고 크게 대립하였다. 주민 100여명은 시청 앞에서 항의 집회를 열었고, 시내 한복판에 데모 행렬을 줄지어 도로를 가로막기도 하며 강하게 반발하였다. 이에 대해 정부는 주민들을 대상으로 프레젠테이션을 실시하여 하수처리의 목적 및 기능, 이점에 대해 상세하게 설명했고 선진국들의 관련 사례도 보여주었다. 또한 하수처리장 탐방을 통해 하수처리장이 혐오시설이 아님을 확인시켜 주었다. 이를 통해 다수의 주민들의 생각이 바뀌게 되었고 결국 동의를 얻어내는 데에 성공하였다.

① 호혜관계 형성 전략　　　　　② 헌신과 일관성 전략
③ See-Feel-Change 전략　　　　④ 사회적 입증 전략

41 기술 경영자와 기술 관리자 중 기술 경영자에게 필요한 능력이 아닌 것은?

① 기술적, 사업적, 인간적 능력을 통합할 수 있는 능력
② 기술을 전반적인 전략 목표에 통합시키는 능력
③ 기술을 효과적으로 평가할 수 있는 능력
④ 기술 전문 인력을 운용할 수 있는 능력

42 다음 워크시트에서 사원번호의 첫 번째 문자가 'S'인 매출액 [B2:B6]의 합계를 구하는 배열 수식으로 옳은 것은?

	A	B
1	사원번호	매출액
2	A2016	21245
3	S5524	26951
4	W1233	8045
5	K1706	14915
6	S3888	12658

① ={SUM(LEFT($A$2:$A$6,1="S")*$B$2:$B$6)}

② ={SUM((LEFT($A$2:$A$6,1)="S"),$B$2:$B$6)}

③ {=SUM(LEFT($A$2:$A$6,1="S"),$B$2:$B$6)}

④ {=SUM((LEFT($A$2:$A$6,1)="S")*$B$2:$B$6)}

43 다음의 설명하는 용어로 가장 적절한 것은?

- 전신, 전화 등 통신의 흐름을 지칭하는 용어이다.
- 통상 어떤 통신장치나 시스템에 걸리는 부하를 의미하는 용어로, 그 양이 지나치게 많으면 서버에 과부하가 걸려 전체적인 시스템 기능에 장애를 일으키게 된다.
- 어떤 웹페이지에 한꺼번에 많은 사람들이 접속할 경우에 해당 사이트는 이것이 초과되어 차단되었다는 문구가 나오면서 홈페이지가 차단되기도 한다.

① 스팸(Spam) ② 트래픽(Traffic)
③ 해킹(Hacking) ④ 논리폭탄(Logic Bomb)

[44-45] 다음은 공인중개사 A씨의 중개수수료 요율표이다. 요율표를 보고 이어지는 질문에 답하시오.

종별	거래가액	수수료율	한도액
매매 · 교환	5,000만 원 미만	거래가액의 0.6% 이내	250,000원
	5,000만 원 이상 2억 원 미만	거래가액의 0.5% 이내	800,000원
	2억 원 이상 6억 원 미만	거래가액의 0.4% 이내	–
매매 · 교환 이외의 임대차 등	5,000만 원 미만	거래가액의 0.5% 이내	200,000원
	5,000만 원 이상 2억 원 미만	거래가액의 0.4% 이내	300,000원
	2억 원 이상 6억 원 미만	거래가액의 0.3% 이내	–

1회
실전
모의고사

44 을이 병에게 주택을 임대해주며 9,500만 원의 전세금을 받았다면, A씨가 을로부터 받을 수 있는 수수료는 최대 얼마인가?

① 12만 원
② 18만 원
③ 22만 원
④ 30만 원

45 갑이 주택을 1억 2천만 원에 팔았다면, A가 갑으로부터 받을 수 있는 수수료는 최대 얼마인가?

① 40만 원
② 50만 원
③ 60만 원
④ 70만 원

46 12% 소금물과 20% 소금물을 한 컵에 넣어 섞으면 16% 300g의 소금물이 된다. 이때, 12%와 20%의 소금물속 소금의 양은 각각 얼마인가?

① 18g, 30g
② 30g, 18g
③ 20g, 42g
④ 42g, 20g

[47-48] 다음은 흡연 여부에 따른 폐암 발생 현황을 정리한 것이다. 표를 참고하여 물음에 답하시오.

흡연 여부에 따른 폐암 발생 현황

(단위 : 명)

구분		폐암 발생 여부		계
		발생	비발생	
흡연여부	흡연	300	700	1,000
	비흡연	300	9,700	10,000
계		600	10,400	11,000

- 기여율 $= \dfrac{A-B}{A} \times 100$

  (위험요인에 노출된 사람 중에서 질병 발생률 중 몇 %가 위험요인에 기인한 것인가를 나타냄)

  A = 위험요인에 노출된 사람 중에서 질병 발생률(%)

  B = 위험요인에 노출되지 않은 사람 중에서 질병 발생률(%)

47 비흡연자에 비해 흡연자의 폐암 발생률이 얼마나 되는가?

① 5배　　　　　　　　　　② 10배

③ 15배　　　　　　　　　④ 20배

48 흡연의 폐암 발생 기여율은 얼마인가?

① 84%　　　　　　　　　② 86%

③ 88%　　　　　　　　　④ 90%

[49-50] 다음 자료를 보고 각 물음에 답하시오.

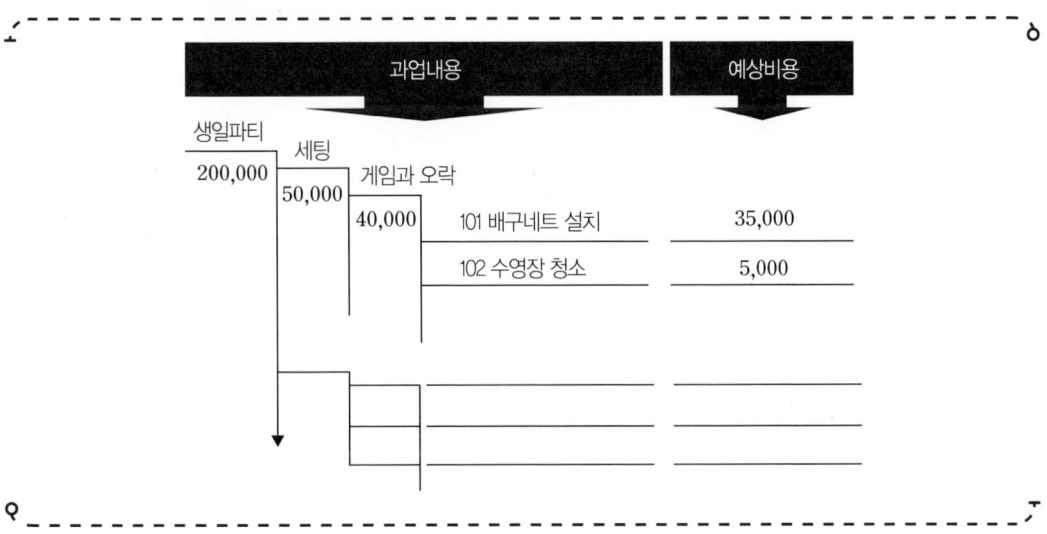

49 과제 및 활동의 계획을 수립하는데 있어서 가장 기본적인 수단으로 활용되는 그래프를 뜻하는 말로 옳은 것은?

① 인력배치 세부도   ② 과제수행도

③ 과업세부도   ④ 활동계획그래프

50 위의 자료를 활용함으로써 얻게 되는 효과로 옳지 않은 것은?

① 위의 자료와 예산을 매치시켜 어떤 항목에 얼마만큼의 비용이 소요되는지를 정확하게 파악 할 수 있다.

② 위의 자료에 구명된 모든 활동들은 예산을 초과하거나 다소 무리가 되더라도 수행해야 한다.

③ 위의 자료와 예산을 매치시켜 과제에 필요한 예산 항목을 빠뜨리지 않고 확인할 수 있다.

④ 인력을 배치하여 업무를 수행할 때 팀원들에게 할당된 일을 적절히 관리 할 수 있다.

실전모의고사 2회

- 영역 구별 없이 총 50문항으로 구성되어 있습니다.
- 시작 시간을 정하여 실전처럼 풀어보세요. (50문항 / 100분)

정답 및 해설 373p

01 지문의 A과장에게 필요한 의사소통 방법에 대한 설명으로 옳지 않은 것은?

> 매주 수요일 업무보고 시간에 참석하는 홍보팀의 팀원들은 A과장이 입을 열자 서로 눈치를 보며 한숨을 쉰다. A과장은 매번 회의에서 똑같은 말만 반복하기로 유명해진지 오래고, 회사에서 A과장만 모르는 그의 별명은 '앵무새'이다. 그는 그에게 익숙한 말들만 고집스레 반복하여 사용하기를 좋아하는 대표적인 상사이다.
> 이제 A과장과 함께하는 홍보팀 회의에는 A과장이 말을 꺼내기 시작하면 하품을 하거나, 지루한 표정을 짓는 부하직원들이 많아졌다. A과장도 좀처럼 잡히지 않는 회의 분위기를 의식한 듯 어떻게든 회의를 가다듬어 보려고 하지만 자신은 왜 그러는지 이유를 몰라 답답하기만 하다.

① 같은 내용을 전달할 때도 이야기를 새롭게 한다.

② 정확한 의사전달을 위해 의견을 장식하지 않는다.

③ 상대방이 '과연'하며 감탄하게 만드는 말을 한다.

④ 자주 사용하는 표현은 자제하면서 의견을 전달한다.

02 다음 제시문의 상황에서 B사원이 낼 의견으로 가장 옳은 것은?

> 국내 최대 유통업체인 △△마트는 규모의 급격한 성장과 동시에 편리함과 신속함을 추구하는 고객들의 요구에 부응하기 위해 직접 마트를 가지 않고 인터넷으로도 상품을 구매 할 수 있도록 온라인유통을 하기로 결정했다. 온라인 쇼핑몰을 통해 유통되는 상품들이 다양해지고 품목도 늘어감에 따라 필요한 인력들이 생겨났다. 때문에 온라인 활동만을 주 업무로 담당하는 직원을 100명 정도 채용하려고 한다. 예산은 최대 130명까지 채용 할 수 있도록 확보해 놓은 상황이다.

① 상품을 최소비용으로 매입하고, 적절한 수량을 예산 내에서 확보함으로써 트렌드를 정확히 알고 다양한 마케팅을 실시해 소비자에게 판매를 유도할 수 있는 상품기획자를 채용해야 할 것 같습니다.

② 인터넷을 주 업무로 하게 될 직원이기 때문에 최대한 많은 컴퓨터 자격증을 보유한 사람이 우선 채용 되어야 할 것 같습니다.

③ 인력을 효율적으로 활용하기 위해서 일단은 60명만 채용을 하는 것이 좋을 것 같습니다.

④ 최대 유통업체인 △△마트에서 근무하게 될 것이기 때문에 온라인 업무보다는 실무능력이 중요하다고 생각됩니다. 수습기간을 길게 두고 현장에서 실무 능력을 키워야 할 것 같습니다.

03 산업 재해의 기본적인 원인이 바르게 연결된 것은? .

> ㉮ 교육적 원인　　　㉯ 기술적 원인　　　㉰ 작업 관리상 원인

	㉮	㉯	㉰
①	유해 위험 작업 교육 불충분	작업 준비 불충분	점검/정비/보존의 불량
②	구조물의 불안정	안전 지식의 불충분	안전 수칙 미 제정
③	경험이나 훈련의 불충분	재료의 부적합	인원 배치 및 작업 지시 부적당
④	안전 관리 조직의 결함	건물/기계 장치의 설계 불량	안전 수칙의 오해

04 잘못한 사원에게 질책을 해야 할 상황에서의 행동으로 옳은 것은?

① 모호한 표현을 사용한다.
② 사람이 많은 곳에서 한다.
③ 충고를 하며 마무리 짓는다.
④ 샌드위치화법을 사용한다.

05 지문의 C씨가 겪는 어려움을 돕고자 해줄 수 있는 말로 옳지 않은 것은?

> C씨는 요즘 도통 업무에 집중할 수가 없다. 아침에 오자마자 열어보는 이메일에는 온갖 광고메일로 꽉 차 있어 이 중에 필요한 메일을 선별해서 읽는데도 시간이 많이 걸린다. 메일을 읽고 답장이 필요한 메일을 작성한다. 그리고 메신저에 접속하면 기다렸다는 듯이 직장동료나 친구들이 말을 건다. 이는 업무에 관련된 것보다 '잘 지내고 있냐?'는 인사가 대부분이다.
> 그럭저럭 아침을 보내고 난 뒤, 점심을 먹고 나면 왜 이렇게 잠이 오는지 상사의 눈치를 보면서 슬쩍슬쩍 졸게 된다. 그러다 거래처 혹은 지인들이 찾아오고 이들과 30분~1시간 정도 이야기를 한다. 다시 흐트러진 마음을 다잡고 업무를 처리한다. 조금 일을 하다 보니 이번에는 부서회의라고 연락이 왔다. 회의가 끝난 후에 머릿속이 복잡해져서 머리를 식힐 겸 인터넷 검색을 해본다. 그러다 보니 퇴근시간이 다 되어 간다.
> "오늘 한 일이 뭐지? 휴, 오늘 못한 일은 내일 해야겠다." 그렇게 C씨는 오늘도 하루를 마감한다.

① "모든 메일에 즉각적으로 대답할 필요가 없어. 중요한 메일만 확인해"
② "걸려온 전화는 그 시간에 통화할 필요는 없어. 시간될 때 다시 하면 돼"
③ "메신저와 외부 방문시간은 정하기 어려우니 항상 준비를 하고 있어"
④ "통화시간을 정하거나 사적인 전화는 업무시간 외에 다시 거는 것이 좋아"

06 기술선택에 대한 설명으로 옳지 않은 것은?

① 상향식 기술선택 : 기업 전체 차원에서 필요한 기술에 대한 체계적인 분석이나 검토 없이 연구자나 엔지니어들이 자율적으로 기술을 선택하는 것
② 하향식 기술선택 : 기술경영진과 기술기획담당자들에 의한 체계적인 분석을 통해 기업이 획득해야 하는 대상기술과 목표기술수준을 결정하는 것
③ 외부환경 분석 : 수요변화 및 경쟁자 변화, 기술 변화 등을 분석하는 것
④ 내부 역량 분석 : 제품 설계/디자인 기술, 제품 생산 공정, 원재료/부품 제조기술을 분석 하는 것

07 데이터베이스의 작업 순서로 옳은 것은?

① 시작 → 데이터베이스 제작 → 자료 입력 → 저장 → 자료 검색 → 보고서 인쇄 → 종료
② 시작 → 자료 입력 → 데이터베이스 제작 → 자료 검색 → 저장 → 보고서 인쇄 → 종료
③ 시작 → 자료 검색 → 데이터베이스 제작 → 자료 입력 → 저장 → 보고서 인쇄 → 종료
④ 시작 → 데이터베이스 제작 → 자료 검색 → 저장 → 자료 입력 → 보고서 인쇄 → 종료

08 다음 숫자는 일정한 규칙을 따르고 있다. 괄호 안에 들어갈 가장 적절한 숫자는?

| 0 | 2 | 8 | 14 | 112 | ( ) |

① 102 ② 112
③ 122 ④ 132

09 일을 하는데 A씨는 12일, B씨는 20일 걸린다고 한다. A씨와 B씨가 함께 일을 하면 각자 능력의 50%를 분업효과로 얻을 수 있다고 한다. 이 일은 A씨와 B씨가 함께 일을 한다면 얼마나 걸리겠는가?

① 5일 ② 6일
③ 7일 ④ 8일

10 H팀장은 팀원들의 업무수행 능력을 평가하고자 한다. 아래의 자료를 토대로 4명의 팀원을 평가해야 한다면 가장 낮은 점수를 받을 팀원은 누구인가?

> • A사원은 일을 가장 잘한다고 평가받는 R대리를 역할 모델로 삼고, R대리를 따라 하도록 노력한다.
> • B사원은 업무를 묶어서 처리하지 않고 반드시 하나씩 꼼꼼하게 살피며 처리한다.
> • C사원은 다른 사람들이 일하는 방식과 다른 독창적인 방식으로 일하려고 노력한다.
> • D사원은 회사의 업무 지침이라면 상황을 불문하고 따른다.

① A사원   ② B사원

③ C사원   ④ D사원

11 다음은 정부기관의 운영방식에 대한 표이다. 이 표를 보고 정부기관의 운영방식을 바르게 이해한 것은?

전략	책임운영기관	중앙행정기관
설치근거	• 행정안전부장관이 소속 중앙행정 기관 의장과 기획재정부장관의 의견을 들어 설치 • 소속 중앙행정기관의 장이 행정안전부 장관과 협의하여 설치가능	• 소속 중앙행정기관의 설치와 직무 범위는 법률(정부조직법)로 규정
기관장 임용	• 소속 중앙행정기관장이 공모(계약직, 5년 범위 내 2년 임기 보장)	• 국무총리가 세청, 대통령이 임명
직원 임명권자	• 부(副)기관장은 소속 중앙행정기관장 • 그밖에는 소속 책임운영기관장	• 3급 이상은 대통령 • 4급 이하는 소속 중앙행정기관장
직제 제·개정	• 소속 중앙행정기관장의 승인을 얻어 행정안전부와 협의하여 기본 운영규정에 규정	• 소속 중앙행정기관의 장이 행정자치부 장관에게 제출 • 소속 중앙행정기관의 장은 필요한 경우 직제시행규칙을 제·개정
정원관리	• 총 정원만 대통령령으로 규정 • 직급별 정원은 소속 중앙행정기관 장의 승인을 얻어 기본운영규정에 규정	• 직급별 정원을 대통령령으로 규정
초과수입금	• 직접·간접비용에 사용 가능	• 사용 불가

(책임운영기관인 A는 중앙행정기관인 B의 소속임)

① A기관이 국제협력실 신설을 위해 직제제정을 하려면 B기관장의 승인을 받아야한다.
② A기관의 5급 사무관의 정원은 대통령령의 규정에 따라 정한다.
③ B기관의 기관장은 상반기 초과수입금을 하반기 사업을 위해 재투자 하였다.
④ B기관의 기관장은 대통령이 임명하며 직원은 모두 기관장이 임명한다.

12 정보원의 종류로 옳은 것은?

① 1차 자료 : 단행본, 학술회의자료, 연구보고서, 백과사전
　 2차 자료 : 표준 및 규격자료, 신문, 잡지, 백과사전
② 1차 자료 : 사전, 백과사전, 편람, 연감, 서지 데이터베이스
　 2차 자료 : 단행본, 학술지와 학술지 논문, 학술회의자료, 연구보고서, 학위논문
③ 1차 자료 : 신문, 잡지, 사전, 백과사전, 편람
　 2차 자료 : 웹 정보자원, 서지 데이터베이스, 출판 전 배포자료
④ 1차 자료 : 단행본, 학술지와 학술지 논문, 학술회의자료, 연구보고서, 학위논문
　 2차 자료 : 사전, 백과사전, 편람, 연감, 서지 데이터베이스

13 다음 중 Windows 7의 [제어판] – [접근성 센터]에서 설정 할 수 있는 기능으로 옳지 않은 것은?

① 고대비 : 컴퓨터 화면에서 일부 텍스트와 이미지의 색상 대비를 강조하는 고대비 색 구성 표를 설정하여 해당 항목을 보다 뚜렷하고 쉽게 식별되도록 할 수 있다.
② 토글 키 켜기 : 토글키 기능은 [Caps Lock], [Num Lock], [Scroll Lock] 키를 누를 때 신호음을 들을 수 있다.
③ 마우스 키 켜기 : 키보드의 숫자 키패드로 마우스 포인터의 움직임을 제어할 수 있다.
④ 테마 바꾸기 : 미리 정의된 백그라운드 및 소리 그룹, 아이콘 및 기타 요소인 테마를 사용하여 컴퓨터를 사용자가 원하는 스타일로 꾸밀 수 있다.

14 리더십 유형에는 크게 독재자 유형, 민주주의에 근접한 유형, 파트너십 유형, 변혁적 유형이 있다. 다음 중 각각의 리더십 유형에 대한 설명으로 옳지 않은 것은?

① 독재자 유형 : 독단적이고 강압적인 유형의 리더로서, 구성원들과 정보를 공유하지 않고 실수를 용납하지 않는다.

② 민주주의에 근접한 유형 : 구성원들의 참여와 토론을 장려하며 혁신적인 부하직원들을 거느리고 있을 때 효과적이다.

③ 파트너십 유형 : 평등과 책임 공유를 강조하며, 통제 없이 방만한 상태 혹은 가시적인 성과물이 안 보일 때 효과적이다.

④ 변혁적 유형 : 리더가 카리스마와 자신에 대한 확신을 가지고 있으며, 조직에 획기적인 변화가 요구될 때 효과적이다.

15 다음 지문을 보고 소득공제에 대해 바르게 이해한 것은?

> 정부는 근로자 본인은 물론 연간 소득이 1백만 원 이하인 배우자와 직계존비속(부모, 자녀)이 사용한 5천 원 이상의 현금 지출을 합산해 소득공제 혜택을 주기로 했다. 정부는 현금영수증 방식으로 지출한 금액이 총급여액의 10%를 넘을 경우 초과분의 20%(5백만 원 한도)를 근로소득에서 공제하기로 했다. 현금영수증 사용금액은 국세청으로 자동 통보되기 때문에 소득공제를 받기 위한 목적으로 영수증을 모아둘 필요는 없다. 소득공제 대상 지출은 음식·숙박비와 유흥업소 이용비, 농축수산물·가전제품·의류 구입비, 주유금액과 기타 서비스 요금 등이다. 그러나 보험료와 수업료, 각종 세금과 공과금 등은 공제 대상에서 제외된다. 자영업자는 근로자가 아니기 때문에 소득공제를 받을 수 없으나 업무연관성이 있는 경우에는 사업비용으로 인정받을 수 있다. 현금영수증 가맹사업자는 매출액의 1%를 부가가치세 납부액에서 공제받을 수 있게 되었다.

① 근로자 A씨와 B씨 그리고 C씨가 함께 밥을 먹고 계산한 12,000원에 대하여 소득공제용 현금영수증을 각각 받을 수 있다.

② 연간 근로소득이 3,000만 원인 근로자가 현금영수증으로 500만 원을 지출한 경우 이에 따른 소득공제는 100만 원이다.

③ 자영업자는 현금영수증 가맹사업 등록에 따른 세제혜택과 세원노출로 인한 세부담 증가액을 비교하여 가맹여부를 정해야 한다.

④ 근로자가 현금영수증 방식으로 농산물 5,000원 치를 구입하였다면 소득공제를 받기 위해 영수증을 가지고 있어야 한다.

16 다음은 모 인터넷 거래의의 불법사용규제 규정이다. 다음 규정 중 잘못 쓰인 글자는 몇 개 인가?

〈ID 고유 금지정책/ 1개의 아이디로 여러 명이 공유하여 사용하는 행위〉

• 아이디 공유란?
  툴 또는 다수의 회원이 하나의 아이디로 강의 밑 관련 서비스를 공유하는 것을 말합니다.

• 아이디 공유의 근거
① 접속 장소와 컴퓨터가 일정한 패턴 없이 수시로 변경되는 경우
② 근접한 시간 내에 기존과 다른 여러 지역에서 컴퓨터의 액세스가 발생하는 경우

• 조치 방안
  1차 경고 및 조치 → 2차 경고 및 조치(ID 폐쇄)
① 1차 경고 및 조치
  대상 : IP 주소가 자주 변경되는 경우나 같은 시간대에 동시 접속한 주소가 빈번한 경우
  조치 : 1차 경고 메일 발송 및 통보
② 2차 경고 및 조치
  대상 : 1차 경고 후에도 지속적으로 "1차 경고의 경우"가 발생하는 경우
  조치 : 1차 통보 후 일주일 후 경고 메일 발송 후 아이디 폐쇄
  (공지로 아이디 일부 공개)
※ 1차 경고 후 30일 이내에 의견을 소명할 수 있으며, 그 소명 내용이 타당할 경우에는 조치 및 제제가
  해소될 수 있습니다.

〈저작권 관련 불법 녹화 및 캡처 금지 정채 / 동영상 강의 녹화 및 유포 행위〉

• 불법 녹화란?
  강의를 무단으로 녹화하거나 시도하는 행위를 말합니다.

• 불법 녹화 적발 및 단속(1차 경고 후 재발생 시 2차 ID 폐쇄)
① 로그인 후 강의를 시행하고 있는 상태에서 녹화 프로그램 실행 시 녹화 프로그램이 종료됨과 동시에
  녹화 시도자에 대한 정보가 기록 및 저장됨
② 기준치 이상(2회 이상 녹화 시도 및 녹화 분량이 1강의 이상일 경우) 녹화가 기록된 건들에 대해 불법
  녹화자로 간주하여 1차 경고 메일 발송 및 통보
③ 메일 발송 이후에 다시 불법 녹화를 시도할 경우 2차 경고 메일 발송 및 아이디 폐쇄(공지에 아이디
  일부 공개)

• 기타 학습 콘텐츠에 대한 불법 캡처 및 자료 유출 금지
  강의용 학습자료, 모의테스트(직무적성검사 포함) 등의 자료를 본사의 동의 없이 캡처 하거나 프린팅
  하여 무단으로 베포 및 판매하는 행위는 사전 경고 없이 바로 법적 제제 및 처벌을 받으실 수 있습니다.
  (홈페이지에 관련 내용 및 사항 공지, 저작건 침해 등과 관련하여 형사처벌 및 손해배상 청구 가능)

① 2개   ② 4개
③ 6개   ④ 8개

17 다음 문장으로부터 올바르게 추론한 것은?

> • A, B, C가 일렬로 앉아 있을 때, A의 왼쪽에 B가 앉아 있다.
> • B의 왼쪽에 D가 앉아 있다.
> • C의 오른쪽에 D가 앉아 있다.

① 오른쪽 끝에 앉은 사람은 C이다.

② 오른쪽 끝에 앉은 사람은 A이다.

③ 왼쪽 끝에 앉은 사람은 D이다.

④ 왼쪽 끝에 앉은 사람은 B이다.

18 A씨는 잊어버린 네 자리 숫자의 비밀번호를 기억해 내려고 한다. 비밀번호에 대해서 가지고 있는 단서가 다음의 조건과 같을 때 사실이 아닌 것은?

> • 비밀번호를 구성하고 있는 어떤 숫자도 소수가 아니다.
> • 6과 8 중에 단 하나만 비밀번호에 들어가는 숫자다.
> • 비밀번호는 짝수로 시작한다.
> • 골라 낸 네 개의 숫자의 큰 수부터 차례로 나열해서 비밀번호를 만들었다.
> • 같은 숫자는 두 번 이상 들어가지 않는다.

① 비밀번호는 짝수이다.

② 비밀번호의 앞에서 두 번째 숫자는 4이다.

③ 위의 조건을 모두 만족시키는 번호는 모두 세 개가 있다.

④ 비밀번호는 1을 포함하지만 9는 포함하지 않는다.

19 스페인의 투우 용어인 'Moments of Truth'의 약자로 투우사가 소의 급소를 찌르는 순간을 말하며, '피하려 해도 피할 수 없는 순간', '실패가 허용되지 않는 중요한 순간'을 의미하는 MOT의 설명으로 옳은 것은?

① 고객과 종업원이 얼굴을 맞대고 접촉하는 순간만을 의미하며, '고객이 광고를 보는 순간'이나 '건물을 보는 순간'은 제 2차 접촉이라고 한다.

② 결정적 순간, 진실의 순간이라고 하며 스웨덴의 경제학자인 리차드 노먼(Richard Norman)이 최초로 주장했다.

③ 결정적 순간이란 기업과 기업이 접촉하는 시간이며, 서비스의 품질에 관하여 의견을 나누는 시간을 말한다.

④ 고객과 서비스 요원 사이에서 약 10여분 동안 이루어지기 때문에 고객에게 좋은 인상을 남길 수 있는 충분한 시간이 주어진다.

20 MOT의 적용사례 중 플러스 요인으로 옳지 않은 것은?

① 담당자가 고객을 알아보고 친근감을 표시한다.

② 담당자가 책임감을 가지고 이야기를 잘 들어준다.

③ 담당자와 전화연결조차 잘 되지 않는다.

④ 담당자가 고객의 상황을 바르게 이해하고 도와줄 방법을 정확하게 알고 있다.

21 다음 중 준법정신을 지키는 행동으로 옳은 것은?

① 금연구역으로 지정되어 있는 공원에서 주변에 사람이 없었지만 흡연을 하지 않았다.

② 늦은 시간 도로에서는 보행자가 없기 때문에 신호를 지키지 않아도 된다.

③ 큰 길에서 주운 지갑을 집에 가져갔다.

④ 작은 횡단보도에서 지나가는 차도 없고 모두 무단횡단을 하기에 같이 따라 건넜다.

[22-23] 다음 결재 규정을 읽고 이어지는 질문에 답하시오.

결재 규정

- 결재를 받으려는 업무에 대해서는 최고결재권자(대표이사)를 포함한 이하 직책자의 결재를 받아야 한다.
- 전결이라 함은 회사의 경영활동이나 관리활동을 수행함에 있어 의사 결정이나 판단을 요하는 일에 대하여 최고결재권자의 결재를 생략하고, 자신의 책임 하에 최종적으로 의사 결정이나 판단을 하는 행위를 말한다.
- 전결사항에 대해서도 위임받은 자를 포함한 이하 직책자의 결재를 받아야 한다.
- 표시내용 : 결재를 올리는 자는 최고결재권자로부터 전결사상을 위임 받은 자가 있는 경우 결재란에 전결 이라고 표시하고 최종 결재권자란에 위임 받은 자를 표시한다. 다만, 결재가 불필요한 직책자의 결재란은 상향대각선으로 표시한다.
- 최고결재권자의 결재사항 및 최고결재권자로부터 위임된 전결사항은 아래의 표에 따른다.

구분	내용	금액기준	결재서류	팀장	본부장	대표이사
접대비	경조사비 사업식대	15만 원 이하	지출결의서 접대비지출품의서	●		
		25만 원 초과			●	
		40만 원 초과				■

● : 지출결의서
■ : 접대비지출품의서

22 귀하는 사업논의로 타 회사 사람들과 점심으로 7만 원, 저녁으로 8만 원을 지출하였다. 귀하가 제출할 결재 양식으로 옳은 것은?

①

지출결의서				
결재	담당	팀장	본부장	최종 결재
	귀하	전결	╱	팀장

②

지출결의서				
결재	담당	팀장	본부장	최종 결재
	귀하		전결	본부장

③

접대비지출품의서				
결재	담당	팀장	본부장	최종 결재
	귀하			대표 이사

④

지출결의서				
결재	담당	팀장	본부장	최종 결재
	귀하	╱	전결	대표 이사

23 회사 동료의 결혼식 비용으로 사용된 50만 원을 결재 받으려 한다. 다음 결재 양식에서 옳지 않은 것은?

① 지출결의서			
담당	팀장	본부장	최종 결재
귀하	②	③	④ 대표 이사

(결재)

24 M씨는 통신회사 고객센터에 재직 중이다. M씨는 다양한 유형의 고객들을 그에 맞게 일일이 대응해야 한다. 다음의 대화에 등장하는 고객에 대한 M씨의 대응 방안으로 가장 옳은 것은?

> M씨 : 고객님 안녕하세요? 무엇을 도와드릴까요?
> 고객 : 전화를 할 때마다 상대방 목소리가 잘 안 들리고 지지직거리는 소리 같은 게 납니다. 비싼 요금내고 대체 이게 뭐하자는 겁니까?
> M씨 : 고객님 정말 죄송합니다. 혹시 통화 연결이 잘 안 되는 지역이 어디십니까?
> 고객 : 연결이 안 되는 지역을 일일이 확인해야 합니까? 서비스가 엉망이군. 이래놓고 요금은 왜 이렇게 많이 나오는지. 요금 폭탄이 따로 없다니깐.
> M씨 : 고객님, 그렇다면 요금 내역을 확인해 드릴까요?
> 고객 : 내가 사용한 요금의 배가 나오는데 그걸 확인해서 뭐합니까. 통화 품질도 엉망인데 요금을 좀 깎아줄 순 없어요? 아니면 새로운 기기로 교환해주시던가요.

① 최대한 정중하게 대하고, 고객의 과시욕이 채워지도록 내버려 둔다.
② 분명한 증거나 근거를 제시하여 스스로 확신을 가지도록 한다.
③ "글쎄요", "아마도"와 같은 애매한 화법은 피하고 빠르게 일 처리하는 모습을 보인다.
④ 고객의 이야기를 끝까지 경청하고 맞장구치며 설득해나간다.

25 연속하는 세 짝수의 합이 342초과 354미만일 때, 가장 작은 수는?

① 120 ② 118

③ 116 ④ 114

26 원가가 15,000원인 물건에 20%의 이익이 남도록 판매가를 결정하였다. 세 달 후 물건의 20%가 재고로 남아 할인해서 팔려고 할 때, 최대 몇 %를 할인하면 손해를 보지 않을 수 있는가?

① 70% ② 75%

③ 80% ④ 85%

[27-28] 아래 〈보기〉는 그래프 구성 명령어 실행 예시이다. 〈보기〉를 참고하여 다음 물음에 답하시오.

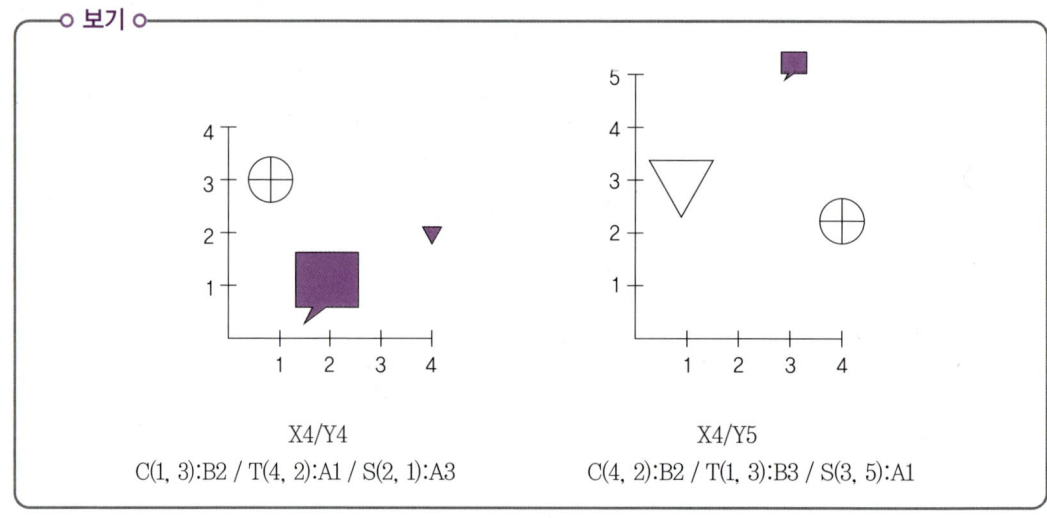

X4/Y4
C(1, 3):B2 / T(4, 2):A1 / S(2, 1):A3

X4/Y5
C(4, 2):B2 / T(1, 3):B3 / S(3, 5):A1

27 다음의 그래프에 알맞은 명령어는 무엇인가?

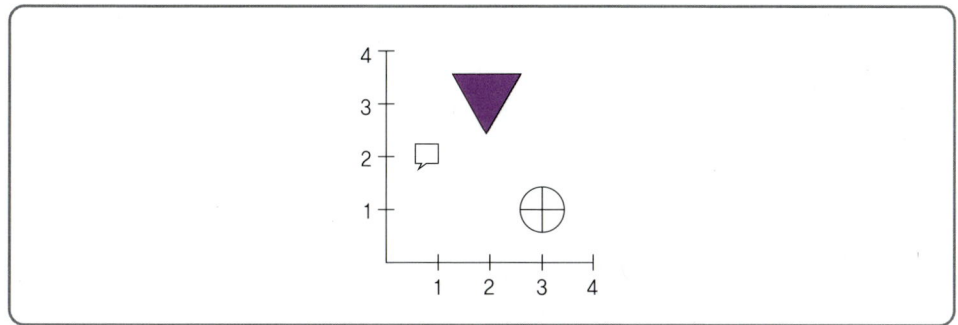

① X3/Y4

   C(1, 2):B2 / T(2, 3):A1 / S(3, 1):A3

② X4/Y4

   C(3, 1):B2 / T(2, 3):A3 / S(1, 2):B1

③ X4/Y4

   C(1, 2):B2 / T(2, 3):A1 / S(3, 1):A3

④ X4/Y3

   C(3, 1):B2 / T(2, 3):A3 / S(1, 2):B1

28 다음과 그래프와 명령어를 보고 틀린 부분을 제대로 수정한 것은?

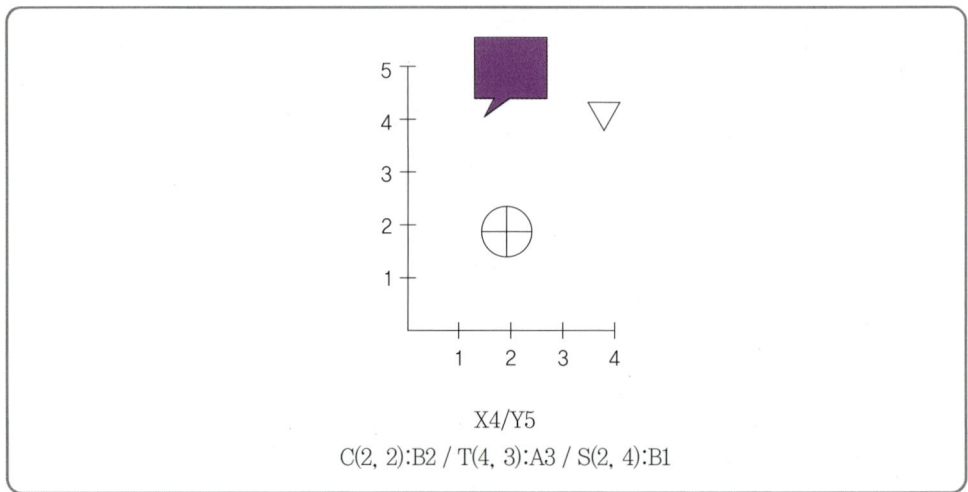

X4/Y5
C(2, 2):B2 / T(4, 3):A3 / S(2, 4):B1

① X4/Y5 → X5/Y4

② C(2, 2):B2 → C(2, 2):A2

③ T(4, 3):A3 → T(4, 4):B1

④ S(2, 4):B1 → S(2, 5):B3

29 2019년 신입사원 면접을 보기위해 임원과 실무자들 중 심사위원을 발탁하고자 한다. 현재 거론되고 있는 심사위원 후보는 A씨, B씨, C씨, D씨, E씨, F씨이다. 다음 조건을 충족시키는 선택을 할 때, B씨가 발탁되지 않을 경우 몇 명의 심사위원이 발탁되는가?

> ㉠ 만약 A씨가 발탁되면 B씨와 C씨도 발탁되어야 한다.
> ㉡ 만약 A씨가 발탁되지 않는다면 D씨가 발탁되어야 한다.
> ㉢ 만약 B씨가 발탁되지 않는다면 C씨나 E씨가 발탁되어야 한다.
> ㉣ 만약 C씨와 E씨가 발탁되면 D씨는 발탁되어서는 안 된다.
> ㉤ 만약 D씨나 E씨가 발탁되면 F씨도 발탁되어야 한다.

① 1명   ② 2명

③ 3명   ④ 4명

30 다음은 인터넷 쇼핑몰의 운영 형태 사업체 수를 나타낸 표이다. 2016년 3월 기준으로, Online의 형태만으로 운영하는 인터넷쇼핑몰의 수가 전년 동원 대비 4.4% 증가한 것이라면 2015년 3월에 Online의 형태만으로 운영했던 인터넷쇼핑몰의 수는? (단, 소수점 이하는 버림 한다.)

(단위 : 개)

구분	2016년		
	1월	2월	3월
Online	2,198	2,196	2,207
On/Offline 병행	2,306	2,322	2,317

① 약 2,101개   ② 약 2,113개

③ 약 2,138개   ④ 약 2,154개

31 다음은 물적 자원을 효과적으로 관리했을 경우와 그렇지 않은 경우를 나타낸 것이다. 빈칸에 들어갈 말로 옳은 것은?

⊙ 물적 자원의 효과적인 관리 : (   ), (   )
ⓛ 물적 자원의 효과적인 관리 부족 : (   ), (   )

	⊙	ⓛ
①	과제 및 사업의 실패, 경쟁력 손실	과제 및 사업의 성공, 경쟁력 향상
②	과제 및 사업의 성공, 경쟁력 손실	과제 및 사업의 실패, 경쟁력 향상
③	과제 및 사업의 성공, 경쟁력 향상	과제 및 사업의 실패, 경쟁력 손실
④	과제 및 사업의 실패, 경쟁력 향상	과제 및 사업의 성공, 경쟁력 손실

2회

실전
모의고사

32 다음 중 윈도우 단축키의 기능이 잘못 연결된 것은?

① Alt+home : 홈페이지로 이동
② Ctrl+C : 복사하기
③ Alt+Esc : 프로그램 종료
④ Shift+Delete : 영구 삭제

33 다음은 어느 신문기사를 발췌하여 편집한 내용이다. 이 기사를 읽고 내린 판단으로 옳은 것은?

지난 18일 A부처의 전 직원들은 사무실을 텅 비우고 강화도의 한 연구원으로 몰려갔다. BSC(균형성과지표)라는 생소한 프로그램에 대한 설명을 듣기 위해서다. 직원들은 이날 '변화에 적응하려고 노력하는지', '새로운 아이디어를 내려는 의지가 있는지' 등이 빼곡히 적힌 질문지를 받았다.

B부처 국장급 이상 간부들은 지난 22일부터 컨설팅업체 직원들의 면접조사를 받고 있다. 3월 말까지 계속될 이 조사는 목표의식과 정책방향 점검에 초점이 맞춰져 있다. B부처는 이어 전 직원을 상대로 BSC 설명회를 가질 계획이다. C부처 직원들도 컨설팅 업체의 면접조사를 받고 있다.

대통령의 강력한 정부혁신 추진의지 때문에 정부 각 부처가 앞 다투어 BSC 도입 방안을 검토하면서 공무원 사회에 개혁 태풍이 일 조짐을 보이고 있다. BSC 제도가 도입되면 조직 및 개인별 성과 점수가 인터넷으로 공개되고, 실적은 승진 및 급여산정에 반영된다. 결과적으로 연공서열이 파괴되고, 공무원 사회의 고질적 병폐인 복지부동과 관료주의도 상당부분 개선된다는 것이 전문가들의 분석이다.

A부처는 조만간 청사에서 대통령과 장·차관들이 참석한 가운데 BSC가 주요 의제로 다뤄지는 '성과관리보고대회'를 개최할 예정이다.

정부 부처 중에서 지난해 말 BSC를 가장 먼저 도입한 D부처는 올 1~2월 업무 실적이 지난해 동기 대비 23.7%포인트 상승했다고 밝혔다. D부처의 성공사례가 알려지면서 E부처는 지난해 12월 이를 벤치마킹하고 수차례 직원을 상대로 교육을 실시했다. F부처는 한 컨설팅업체와 계약하고 오는 30일 워크숍을 하기로 했다.

지방자치단체 중에서는 G시가 직원 25명을 선발해 'BSC팀'을 만들고 BSC 프로그램을 개발했다. 4월 초 전 직원을 상대로 한 워크숍이 예정되어 있다. 현재 20여개 정부 부처가 BSC 도입을 검토 중이다. 공직사회에서는 BSC 성공사례를 다룬 '혁신으로 가는 항해'라는 책이 필독서가 되고 있다. 하지만 반발도 적지 않다. 정책의 특성이나 업무의 다양성을 무시한 일방적인 평가시스템이라며 일부 부처에서 미적거리고 있다.

① 새로운 시스템이 조직에 도입되기 위해서는 최고관리자층의 지원과 관심이 중요하다.
② 변화를 창출하고 속도를 내기 위해서는 외부전문가 집단이 주도하는 변화가 좋다.
③ 성공적으로 시스템을 도입하고 변화에 대한 저항을 줄이기 위해서는 조직규모의 적정화가 필요하다.
④ 모든 부처에서 BSC 프로그램을 환영하고 도입하려 하고 있다.

34 A씨는 이번 프로젝트에서 예산을 책정 받아 프로젝트 개발에 필요한 자재들을 구입하는 업무를 맡게 되었다. A씨가 고려해야 할 사항으로 옳지 않은 것은?

① 구매하려는 자재의 활용 및 구입의 목적을 명확히 한다.

② 예산을 기한 내 모두 사용하기 위해 앞으로 필요할 것으로 예상되는 자재를 일단 모두 구입한다.

③ 적절한 장소에 보관하여 자재가 필요할 때 적재적소에 활용될 수 있도록 한다.

④ 구입 후 자재의 분실 및 훼손을 방지하기 위하여 책임 관리자를 지정한다.

[35-36] 다음 표는 2018년 한 해 동안 A, B, C역의 이용 승객을 연령대별로 나타낸 것이다.

구분	10대	20대	30대	40대	50대 이상	총 이용 인원수(천 명)
A역	7%	19%	25%	27%	22%	3,200
B역	3%	16%	23%	38%	20%	1,800
C역	16%	37%	18%	17%	12%	2,400

35 2018년에 C역을 이용한 30대 이상의 승객 수는 2018년에 B역을 이용한 30대 미만의 승객수의 대략 몇 배인가?

① 약 3.3배   ② 약 3.5배
③ 약 3.7배   ④ 약 3.9배

36 2018년 B역의 이용 승객 중 비율이 가장 높았던 연령대의 승객 수와 A역의 이용 승객 중 비율이 가장 낮았던 연령대의 승객 수의 차이는 몇 명인가?

① 246,000명   ② 317,000명
③ 424,000명   ④ 460,000명

[37-38] 다음은 어느 사이버 쇼핑몰의 지불결제 수단별 거래액에 대하여 조사한 결과이다. 표를 참고하여 물음에 답하시오.

지불결제 수단별 거래액 구성비

(단위 : %, %p)

구분	2015년 1월	2016년 1월	전월차(%p)	
			2015년 1월	2016년 1월
계	100.0(%)	100.0(%)		
온라인입금	28.5	30.0	2.0	1.0
신용카드	67.8	65.7	0.7	−1.2
전자화폐	0.8	0.8	0.2	0.1
기타	2.9	3.5	0.1	0.1

37 2015년 12월의 거래액 중 신용카드가 차지하는 비율은?

① 67.8%

② 66.9%

③ 65.7%

④ 64.5%

38 전년 동월과 비교했을 때, 2016년 1월의 거래액 중 온라인입금이 차지하는 비율의 증가%p는?

① 1.5%p

② 2%p

③ 3.5%p

④ 4%p

39 영업팀 Y대리는 최근 영업실적이 10%나 하락하고, 팀원들의 업무 효율성도 떨어지는 것 같다는 생각이 들어 그 원인을 살펴보고자 했다. 팀 내부의 분위기를 살펴보니 생각보다 팀원들 간의 보이지 않는 갈등이 많았다. 다음 중 Y대리가 발견한 팀 내부의 갈등 상황 중 그 성격이 다른 하나는 무엇인가?

① A사원은 자신이 하고 싶어 했던 프로젝트를 B사원이 담당하게 되자 질투와 분노로 B사원에게 막말을 퍼부었다.

② C사원은 평소 일을 할 때, 무엇이든 원칙적으로 꼼꼼히 살피는 스타일이다. 반면 D사원은 원칙보다는 융통성을 발휘하여 창의적으로 일하는 스타일이다. 이 둘이 공동으로 과업을 수행할 때마다 공존할 수 없는 개인적인 스타일로 갈등을 빚는다.

③ E사원은 F사원이 상사에게 예쁨을 받는다는 이유로 F사원의 험담을 하고 다닌다. 특히나 감정적인 말을 하고 다녀 F사원의 자존심을 상하게 하였다.

④ G사원과 H사원은 공동의 과업을 맡게 되었다. 그런데 같은 일에 대하여 상사가 지시한바가 각각 달라, 서로가 본인의 입장이 맞다고 주장하는 바람에 트러블이 생겼다.

40 다음과 같은 효과적인 의사 표현법은 무엇인가?

> • (   )하기 전 상대의 사정을 먼저 고려하여 파악한다.
> • 기간, 비용, 순서 등을 명확하고 구체적으로 한다.
> • 거절을 당해도 싫은 내색을 하지 않는다.

① 상대방의 잘못을 지적할 때
② 상대방의 요구를 거절해야 할 때
③ 설득해야 할 때
④ 상대방에게 부탁해야 할 때

41 효과적인 정보수집에 대한 설명으로 옳지 않은 것은?

① 정보는 우선적으로 신뢰관계가 전제되어야 수집이 가능하다.

② 인포메이션(Information)과 인텔리전스(Intelligence)를 구분하여 수집할 필요가 있다.

③ 선수필승(先手必勝)이라는 생각으로 항상 다른 사람에게 먼저 정보를 양보하는 자세를 가져야 한다.

④ 머릿속에 서랍을 만들어 수집된 정보를 잘 정리하도록 한다.

42 다음 중 Windows 7의 작업 표시줄에서 열려 있는 프로그램의 미리보기를 활성화 시키는 바로 가기 키로 옳은 것은?

① Windows 로고 키 + E   ② Windows 로고 키 + D

③ Windows 로고 키 + T   ④ Windows 로고 키 + F

43 다음 중 컴퓨터 기억장치와 관련하여 캐시 메모리(Cache Memory)에 관한 설명으로 옳지 않은 것은?

① 캐시 메모리는 DRAM보다 접근 속도가 빠른 SRAM 등이 사용되며 주기억장치보다 소용량으로 구성된다.

② 비휘발성 메모리로 구성되며 컴퓨터의 CPU 내부의 고속 액세스가 가능한 기억장치이다.

③ 속도가 빠른 중앙처리장치와 상대적으로 속도가 느린 주기억장치 사이에 위치하며 컴퓨터 처리의 속도를 향상시키는 역할을 한다.

④ 캐시 메모리의 효율성은 적중률(Hit Ratio)로 나타낼 수 있으며, 적중률이 높을수록 시스템의 전체적인 속도가 향상된다.

44 다음 중 한글 Windows XP에서 [휴지통]에 관한 설명으로 옳지 않은 것은?

① 하드디스크의 파일이나 폴더를 〈Delete〉 키를 눌러서 삭제하면 [휴지통]에 넣어지며, [휴지통] 아이콘은 빈 휴지통에서 가득 찬 휴지통 아이콘으로 바뀐다.

② [휴지통]에 있는 항목은 사용자가 컴퓨터에서 영구적으로 삭제하기 전까지 휴지통에 그대로 있으며, 사용자가 삭제를 취소하거나 원래 위치로 복원할 수 있다.

③ Windows에서는 각각의 파티션이나 하드디스크에 [휴지통]을 하나씩 할당한다.

④ [휴지통]에 보관된 실행형 파일은 복원이 가능하며 복원하기 전에도 실행시킬 수 있다.

45 다음 중 함수식에 대한 설명으로 옳지 않은 것은?

① AVERAGE(수, 범위) : 대상값의 평균을 구한다.

② MAX(수, 범위) : 대상 범위에서 순위를 구한다.

③ ROUND(수, N) : 대상값을 지정한 소수 이하 N번째 자리에서 반올림한다.

④ ROUNDUP(수, N) : 대상값을 지정한 소수 이하 N번째 자리에서 올림한다.

46 지문을 통해 추론할 수 있는 내용으로 옳은 것은?

> 자본주의 초기 독일에서 종교적 소수 집단인 가톨릭이 영리 활동에 적극적으로 참여하지 않았다는 것은
> 다음과 같은 일반적 의식과 배치된다. 민족적·종교적 소수자는 정치적으로 영향력 있는 자리에서 배제
> 되므로, 이들은 영리 활동을 통해 공명심을 만족시키려 한다. 그러나 독일 가톨릭의 경우에는 그러한 경
> 향이 전혀 없거나 뚜렷하게 나타나지 않는다. 이는 다른 유럽 국가들의 프로테스탄트가 종교적 이유로
> 박해를 받을 때조차 적극적인 경제 활동으로 사회의 자본주의 발전에 기여했던 것과 대조적이다. 이러
> 한 현상은 독일을 넘어 유럽 사회 전반에 걸쳐 일반적인 현상이었다. 프로테스탄트는 정치적 위상이나
> 수적 상황과 무관하게 자본주의적 영리 활동에 적극적으로 참여하는 뚜렷한 경향을 보였다. 반면 가톨
> 릭은 어떤 사회적 조건에 처해 있든 이러한 경향을 나타내지 않았고 현재도 그러하다.

① 소수자이든 다수자이든 유럽의 종교 집단은 사회의 자본주의 발전에 기여하지 못했다.

② 독일에서 가톨릭은 정치 영역에서 배제되었기 때문에 영리 활동에 적극적으로 참여하였다.

③ 독일 가톨릭의 경제적 태도는 모든 종교적 소수 집단에 폭넓게 나타나는 보편적인 경향이다.

④ 종교 집단에 따라 경제적 태도에 차이가 나타나는 원인은 특정 종교 집단이 처한 정치적 또는
  사회적 상황과는 무관하다.

47 영업팀 R팀장은 협상을 할 때, 구체적인 순서 없이 자유로운 형식으로 의사결정을 했던 이전 방식에서 탈피하여 협상과정 5단계를 거쳐 협상을 진행하고자 한다. 다음 중 R팀장이 협상의 각 과정에서 고려해야 할 사항을 순서대로 바르게 나열한 것은?

> ㉠ 간접적인 방법으로 협상의사를 전달함
> ㉡ 협상 안건마다 대안들을 평가함
> ㉢ 갈등문제의 진행상황과 현재의 상황을 점검함
> ㉣ 분할과 통합 기법을 활용하여 이해관계를 분석함
> ㉤ 합의문을 작성하고 합의내용, 용어 등을 점검함

① ㉠ → ㉡ → ㉢ → ㉣ → ㉤

② ㉠ → ㉢ → ㉣ → ㉡ → ㉤

③ ㉢ → ㉠ → ㉡ → ㉣ → ㉤

④ ㉢ → ㉠ → ㉣ → ㉡ → ㉤

48 다음은 A, B, C, D 4개국의 연도별 인구증가율과 상수접근율의 도 · 농간 비교를 그래프로 나타
낸 것이다. 이 자료에 대한 설명으로 옳지 않은 것은?

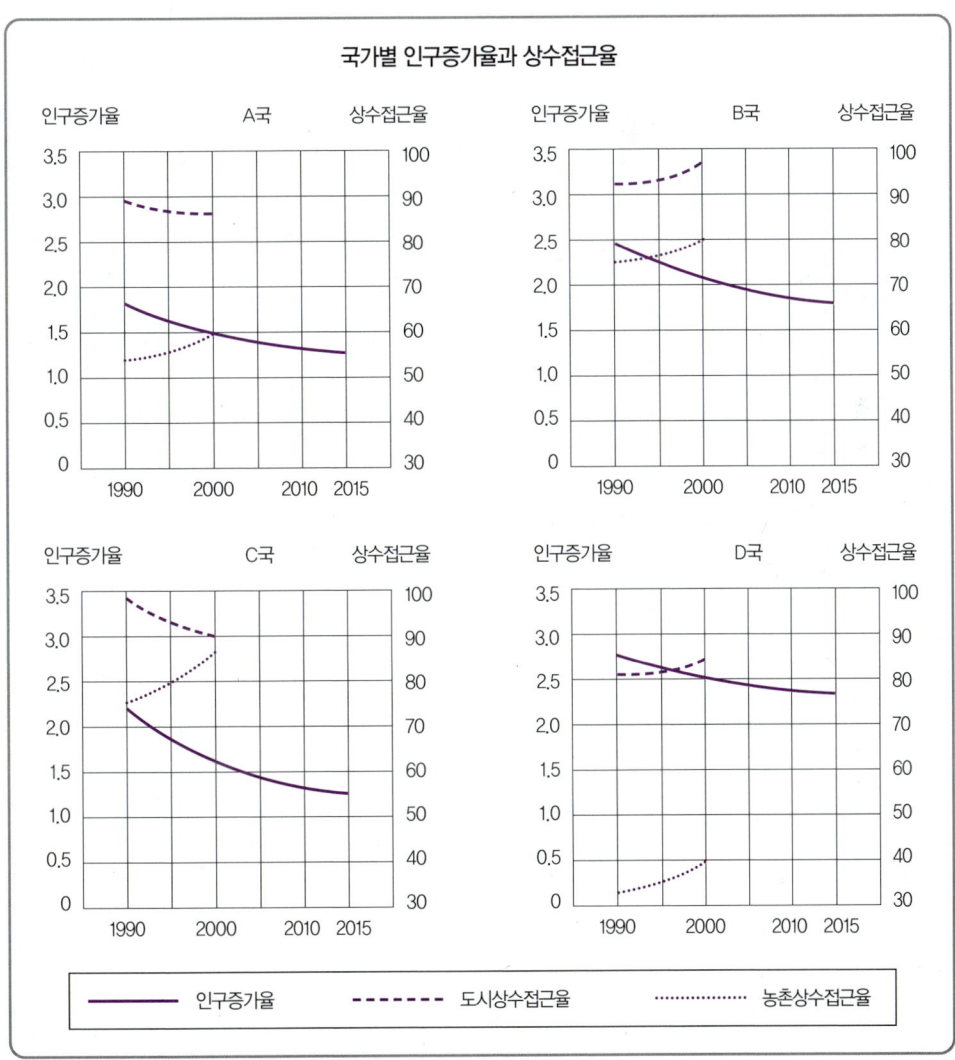

① 2000년을 기준으로 도시와 농촌 간 상수접근율의 차이가 가장 큰 국가는 D국이다.

② 2015년 인구증가율이 가장 높을 것으로 전망되는 곳은 A국이다.

③ 1990년부터 2000년 사이 도시상수접근율이 하락하는 국가는 A와 C국이다.

④ 1990년부터 2000년 사이 각 국가의 농촌상수접근율은 상승 양상을 보인다.

49 다음은 주요 7개국의 생산직 노동자의 시간당 임금과 단위노동 비용지수를 정리한 표이다. 다음 중 옳은 것은?

국가별 생산직 노동자의 시간당 임금과 단위노동 비용지수

	시간당 임금($)				단위노동 비용지수			
	2013년	2014년	2015년	2016년	2013년	2014년	2015년	2016년
독일	26.28	23.66	22.99	22.86	90.3	86.6	76.9	76.2
일본	18.29	20.89	22.00	19.59	93.1	105.7	100.4	93.6
미국	18.64	19.11	19.72	20.32	92.4	91.1	91.7	91.4
영국	16.75	17.04	20.24	18.35	105.2	102.8	98.4	95.5
프랑스	17.49	17.17	15.66	15.88	83.2	79.6	63.2	62.5
스웨덴	22.02	21.61	16.45	16.14	66.6	64.3	53.0	48.2
한국	5.67	7.35	8.48	8.09	63.7	71.7	70.2	64.7

① 2013년과 비교하여 2016년에 시간당 임금이 감소한 국가는 모두 유럽에 위치하고 있다.

② 2015년 생산직 노동자의 시간당 임금이 가장 높은 국가는 미국이고, 가장 낮은 국가는 한국이다.

③ 2014년에 비해 2016년에 단위노동 비용지수가 가장 큰 비율로 감소한 국가는 스웨덴이다.

④ 2016년 단위노동 비용지수가 가장 높은 나라는 일본이다.

50 ☆☆회사는 이번에 부서 개편을 하게 되었고, 많은 인사이동이 발생하였다. 홍보팀 Y사원은 갑작스러운 팀 내 분위기 변화와 새로운 업무 환경으로 인해 일이 손에 잡히지 않고 의욕도 상실한 상태이다. 이에 대해 T과장이 Y사원에게 할 수 있는 행동으로 옳지 않은 것은?

① 목표와 행동지침을 정해주고, 이를 잘 수행할 수 있게 지도해준다.

② 새롭게 시작하는 프로젝트에서 중요한 역할을 부여해 스스로가 조직의 일원임을 느끼게 한다.

③ 사소한 것이라도 목표 달성을 높이 평가하여 곧바로 보상하는 체제를 마련하고, 작은 것에도 보상을 해준다.

④ 변화를 두려워하지 않도록 '변화에 맞서는 자세'와 관련한 자기개발 서적을 선물해준다.

Part **03**

부록

Chapter 01

공공기관

1 〉 공공기관이란?

정부의 출연·출자 또는 정부의 재정지원 등으로 설립·운영되는 기관으로서 공공기관의 운영에 관한 법률 제4조 1항 각 호의 요건에 해당하여 기획재정부장관이 매년 지정한 기관

2 〉 공공기관의 유형

① 공기업

   ㉠ 직원 정원이 50인 이상이고 총수입액 중 자체수입이 차지하는 비중이 100분의 50 이상인 공공기관 중에서 기획재정부 장관이 지정한 기관

   ㉡ 국가 또는 지방자치단체가 소유와 경영의 주체가 되어 재화나 용역을 공급하는 기업

- **시장형 공기업** : 자산규모가 2조 원 이상이고, 총 수입액 중 자체수입액이 85% 이상인 공기업으로 한국전력공사, 한국가스공사 등의 기관이다.
- **준시상형 공기업** : 시상형 공기업이 아닌 공기업으로 한국조폐공사, 한국방송광고진흥공사 등의 기관이다.

② 준정부기관

직원 정원이 50인 이상이고, 공기업이 아닌 공공기관 중에서 기획재정부장관이 지정한 기관

- **기금관리형 준정부기관** : 국가재정법에 따라 기금을 관리하거나, 기금의 관리를 위탁받은 준정부기관으로써 국민체육진흥공단, 한국문화예술위원회 등의 기관이다.
- **위탁집행형 준정부기관** : 기금관리형 준정부기관이 아닌 준정부기관으로써 도로교통공단, 한국장학재단 등의 기관이다.

③ 기타 공공기관

공기업, 준정부기관이 아닌 공공기관으로 350개 기관이다.(2021년 기획재정부 지정 고시)

유형 구분		공통 요건	지정 요건(원칙)
공기업	시장형	자체 수입비율 ≥ 50% 직원 정원 ≥ 50인	자체 수입비율 ≥ 85%인 기관 (& 자산 2조 원 이상)
	준시장형	자체 수입비율 ≥ 50% 직원 정원 ≥ 50인	자체 수입비율 50~85%
준정부기관	기금관리형	자체 수입비율 < 50% 직원 정원 ≥ 50인	중앙정부 기금을 관리하는 기관
	위탁집행형	자체 수입비율 < 50% 직원 정원 ≥ 50인	기금관리형이 아닌 준정부기관
기타 공공기관		공기업 · 준정부기관을 제외한 공공기관	

3 〉 우리나라 공기업

시장형
공기업
(16)
	• 산업부 : 한국가스공사, 한국광물자원공사, 한국남동발전㈜, 한국남부발전㈜, 한국동서발전㈜,
	  한국서부발전㈜, 한국석유공사, 한국수력원자력㈜, 한국전력공사, 한국중부발전㈜,
	  한국지역난방공사, 주식회사 강원랜드
	• 국토부 : 인천국제공항공사, 한국공항공사
	• 해수부 : 부산항만공사, 인천항만공사

준시장형 공기업 (20)	• 기재부 : 한국조폐공사 • 문체부 : 그랜드코리아레저㈜ • 농식품부 : 한국마사회 • 산업부 : ㈜한국가스기술공사, 대한석탄공사, 한국전력기술㈜, 한전KDN㈜, 한전KPS㈜ • 국토부 : 제주국제자유도시개발센터, 주택도시보증공사, 한국도로공사, 한국부동산원, 한국철도공사, 한국토지주택공사, 주식회사 에스알 • 해수부 : 여수광양항만공사, 울산항만공사, 해양환경공단 • 방통위 : 한국방송광고진흥공사 • 환경부 : 한국수자원공사
기금관리형 준정부기관 (13)	• 교육부 : 사립학교교직원연금공단 • 문체부 : 국민체육진흥공단, 한국언론진흥재단 • 산업부 : 한국무역보험공사 • 복지부 : 국민연금공단 • 고용부 : 근로복지공단 • 중기부 : 기술보증기금, 중소기업진흥공단 • 금융위 : 신용보증기금, 예금보험공사, 한국자산관리공사, 한국주택금융공사 • 인사처 : 공무원연금공단

위탁집행형
준정부기관
(83)
	• 기재부 : 한국재정정보원
	• 교육부 : 한국교육학술정보원, 한국장학재단
	• 과기부 : (재)우체국금융개발원, (재)한국우편사업진흥원, 우체국물류지원단,
	  정보통신산업진흥원, 한국과학창의재단, 한국방송통신전파진흥원, 한국연구재단,
	  한국인터넷진흥원, 한국정보화진흥원, 재단법인 연구개발특구진흥재단
	• 외교부 : 한국국제협력단
	• 문체부 : 국제방송교류재단, 한국콘텐츠진흥원, 아시아문화원, 한국관광공사
	• 농식품부 : 농림수산식품교육문화정보원, 농림식품기술기획평가원, 축산물품질평가원,
	  한국농수산식품유통공사, 한국농어촌공사
	• 산업부 : 대한무역투자진흥공사, 한국가스안전공사, 한국광해관리공단, 한국디자인진흥원,
	  한국산업기술진흥원, 한국산업기술평가관리원, 한국산업단지공단, 한국석유관리원,
	  한국에너지공단, 한국원자력환경공단, 한국에너지기술평가원, 한국전기안전공사,
	  한국전력거래소
	• 복지부 : 건강보험심사평가원, 국민건강보험공단, 한국사회보장정보원, 한국노인인력개발원,
	  한국보건복지인력개발원, 한국보건산업진흥원, (재)한국보육진흥원, 한국건강증진개발원
	• 환경부 : 국립공원공단, 국립생태원, 한국환경공단, 한국환경산업기술원
	• 고용부 : 한국고용정보원, 한국산업안전보건공단, 한국산업인력공단, 한국장애인고용공단
	• 여가부 : 한국건강가정진흥원, 한국청소년상담복지개발원, 한국청소년활동진흥원

	• 국토부 : 국가철도공단, 국토교통과학기술진흥원, 국토안전관리원 한국국토정보공사, 한국교통안전공단, 재단법인 대한건설기계안전관리원 • 해수부 : 선박안전기술공단, 한국수산자원관리공단 해양수산과학기술진흥원, 한국해양수산연수원 • 행안부 : 한국승강기안전공단 • 중기부 : 중소기업기술정보진흥원, 소상공인시장진흥공단, 창업진흥원 • 금융위 : 서민금융진흥원 • 공정위 : 한국소비자원 • 방통위 : 시청자미디어재단 • 보훈처 : 독립기념관, 한국보훈복지의료공단 • 식약처 : 한국식품안전관리인증원 • 경찰청 : 도로교통공단 • 소방청 : 한국소방산업기술원 • 산림청 : 한국임업진흥원, 한국산림복지진흥원, 한국수목원관리원 • 농진청 : 농업기술실용화재단 • 특허청 : 재단법인 한국특허전략개발원 • 기상청 : 한국기상산업기술원
기타 공공기관 (218)	• 국조실 : 경제·인문사회연구회, 과학기술정책연구원, 건축공간연구원, 국토연구원, 대외경제정책연구원, 산업연구원, 에너지경제연구원, 정보통신정책연구원, 통일연구원, 한국개발연구원, 한국교육개발원, 한국교육과정평가원, 한국교통연구원, 한국노동연구원, 한국농촌경제연구원, 한국법제연구원, 한국보건사회연구원, 한국여성정책연구원, 한국조세재정연구원, 한국직업능력개발원, 한국청소년정책연구원, 한국해양수산개발원, 한국행정연구원, 한국형사정책연구원, 한국환경정책·평가연구원 • 기재부 : 한국수출입은행, 한국투자공사 • 교육부 : 강릉원주대학교치과병원, 강원대학교병원, 경북대학교병원, 경북대학교치과병원, 경상대학교병원, 국가평생교육진흥원, 동북아역사재단, 부산대학교병원, 부산대학교치과병원, 서울대학교병원, 서울대학교치과병원, 전남대학교병원, 전북대학교병원, 제주대학교병원, 충남대학교병원, 충북대학교병원, 한국고전번역원, 한국사학진흥재단, 한국학중앙연구원 • 과기부 : 과학기술일자리진흥원, (재)우체국시설관리단, 광주과학기술원, 국가과학기술연구회, 국립광주과학관, 국립대구과학관, 국립부산과학관, 기초과학연구원, 대구경북과학기술원, 울산과학기술원, 재단법인 한국여성과학기술인지원센터, 한국건설기술연구원, 한국과학기술기획평가원, 한국과학기술연구원, 한국과학기술원, 한국과학기술정보연구원, 한국기계연구원, 한국기초과학지원연구원, 한국나노기술원, 한국데이터산업진흥원, 한국생명공학연구원, 한국생산기술연구원, 한국식품연구원, 한국에너지기술연구원, 한국원자력연구원, 한국원자력의학원, 한국재료연구원, 한국전기연구원, 한국전자통신연구원, 한국지질자원연구원, 한국천문연구원, 한국철도기술연구원, 한국표준과학연구원, 한국한의학연구원, 한국항공우주연구원, 한국핵융합에너지연구원, 한국화학연구원 • 외교부 : 한국국제교류재단, 재외동포재단 • 통일부 : 북한이탈주민지원재단, (사)남북교류협력지원협회 • 법무부 : 대한법률구조공단, 정부법무공단, 한국법무보호복지공단 • 국방부 : 전쟁기념사업회, 한국국방연구원, 국방전직교육원 • 행안부 : 민주화운동기념사업회, (재)일제강제동원피해자지원재단 • 문체부 : (재)국악방송, (재)예술경영지원센터, (재)예술의전당, (재)한국문화정보원, 게임물관리위원회, 국립박물관문화재단, 대한장애인체육회, 대한체육회, 세종학당재단, 영상물등급위원회,

태권도진흥재단, 영화진흥위원회, 한국문화예술위원회, 한국공예디자인문화진흥원, 한국도박문제관리센터, 한국문학번역원, 한국문화관광연구원, 한국문화예술교육진흥원, 한국문화진흥㈜, 한국영상자료원, 한국예술인복지재단, 한국저작권보호원, 한국저작권위원회, 한국체육산업개발㈜, 한국출판문화산업진흥원

- 농식품부 : 가축위생방역지원본부, 국제식물검역인증원, 농업정책보험금융원, 재단법인 한식진흥원, 축산환경관리원, 한국식품산업클러스터진흥원
- 산업부 : 전략물자관리원, 한국로봇산업진흥원, 한국산업기술시험원, 재단법인 한국에너지재단, 한국세라믹기술원, 재단법인 한국에너지정보문화재단, 한전원자력연료㈜, 한전엠씨에스(주) 한국전력 국제원자력대학원대학교
- 복지부 : (재)한국장애인개발원, 국립암센터, 국립중앙의료원, 대구경북첨단의료산업진흥재단, 대한적십자사, 오송첨단의료산업진흥재단, 한국국제보건의료재단, 한국보건의료연구원, 한국보건의료인국가시험원, 한국사회복지협의회, 한국의료분쟁조정중재원, 재단법인 한국장기조직기증원, 한약진흥재단, 재단법인 의료기관평가인증원, 국가생명윤리정책원, 재단법인 한국공공조직은행, 아동권리보장원, 재단법인 한국자활복지개발원
- 환경부 : 국립낙동강생물자원관, 국립호남권생물자원관, 수도권매립지관리공사, ㈜워터웨이 플러스, 한국상하수도협회, 환경보전협회, 한국수자원조사기술원
- 고용부 : 건설근로자공제회, 노사발전재단, 학교법인한국폴리텍, 한국고용노동교육원, 한국기술교육대학교, 한국잡월드, 한국사회적기업진흥원
- 여가부 : 한국양성평등교육진흥원, 한국여성인권진흥원
- 국토부 : 건설기술교육원, 공간정보품질관리원, 국립항공박물관 새만금개발공사, 주택관리공단㈜, 코레일관광개발㈜, 코레일네트웍스㈜, 코레일로지스㈜, 코레일유통㈜, 코레일테크㈜, 한국도로공사서비스(주), 항공안전기술원, 한국해외인프라도시개발지원공사
- 해수부 : 국립해양과학관, 국립해양박물관, 국립해양생물자원관, 한국어촌어항공단, 한국해양과학기술원, 한국해양조사협회, 한국항로표지기술원, 한국해양진흥공사
- 중기부 : (재)중소기업연구원, ㈜중소기업유통센터, 신용보증재단중앙회, 한국벤처투자, 주식회사 공영홈쇼핑, 재단법인 장애인기업종합지원센터
- 금융위 : 중소기업은행, 한국산업은행, 한국예탁결제원
- 공정위 : 한국공정거래조정원
- 원안위 : 한국원자력안전기술원, 한국원자력안전재단, 한국원자력통제기술원
- 보훈처 : 88관광개발㈜
- 식약처 : 한국의료기기안전정보원, 한국의약품안전관리원, 식품안전정보원
- 관세청 : (재)국제원산지정보원
- 방사청 : 국방과학연구소, 국방기술품질원
- 문화재청 : 한국문화재재단
- 산림청 : 한국등산트레킹지원센터
- 기상청 : (재)차세대수치예보모델개발사업단, (재)APEC기후센터
- 특허청 : 한국발명진흥회, 한국지식재산보호원, 한국지식재산연구원, 한국특허정보원

Chapter 02

인성검사

인성검사는 원만한 인간관계, 조직에의 적응, 정신질환의 유무, 정서적 안정의 정도를 파악하기 위해, 개인이 갖는 다양한 심리적 특성인 성격과 품성을 검사합니다.

1 》 인성검사의 목적

그동안 우리나라의 인사선발제도는 인간성 자체가 아닌 학력·성적·경력에 치중하여 시행되어 왔다. 이로 인해 선발된 직원 중 일부는 직무수행 중 정서불안과 직업 부적응 등으로 갖가지 사고 및 사건의 원인이 되기도 하였다. 인성검사는 신입사원 선발 시 1차 전형 합격자에 한해 이를 시행하여 결함자를 제외하고 적정 인재를 적재적소에 배치하는 데 그 목적이 있다고 하겠다.

2 》 인성검사의 유형

① **선택형** : 주어진 질문을 읽고 자신의 생각이나 성격의 알맞은 정도를 보기에서 선택하는 유형이다.

예 다음 질문을 잘 읽고 자신의 생각과 일치하거나 자신을 잘 나타내는 것을 Ⓐ ~ Ⓔ중에 고르시오.

한번 실패해도 포기하지 않고 계속 시도하는 편이다.

그렇다	약간 그렇다	보통이다	별로 그렇지 않다	그렇지 않다
Ⓐ	Ⓑ	Ⓒ	Ⓓ	Ⓔ

② **비교형** : 주어진 문장을 읽고 자신의 생각이나 성격을 잘 표현한 문구를 양자택일 유형이다.

예 다음 질문을 잘 읽고 자신의 생각과 일치하거나 자신을 잘 나타내는 것을 A 또는 B중에 골라 ○표 하시오.

A : 여러 사람과 조직적으로 행동하는 것을 좋아한다. (   )
B : 혼자서 자유롭게 행동하는 것을 좋아한다. (   )

3 》 MMPI와 MBTI

(1) MMPI 검사의 특징

세계적으로 시행되고 있는 다면적 성격검사의 하나로, 1차적으로는 정신질환이나 심리적 장애를 진단하며, 2차적으로는 수검자의 성격이나 방어기제를 평가한다. 4개의 타당도와 10개의 임상척도를 합쳐 총 14개의 척도로 구성되어 있다.

(2) MMPI 검사의 구성

① **타당성 척도** : 피검자의 왜곡된 검사태도를 탐지하고, 임상 척도의 해석을 풍부하게 해주는 보충 정보를 제공한다.

타당도 유형	측정내용
?(알 수 없다) 척도	• 무응답, 혹은 '예'와 '아니오' 모두에 대답한 개수를 확인한다. • 30개 이상이면 전체 검사자료는 타당하지 않다. • 실제로 답을 할 수 없는지 혹은 고의적인지 확인한다.
L(Lie) 척도	• 자신을 좋게 보이려는 다소 고의적이고 세련되지 못한 시도를 확인한다. • 높은 점수는 방어적 태도를 시사한다. • 너무 낮은 점수는 지나치게 솔직한 태도를 의미한다.
F(Infrequency) 척도	• 심리적 고통과 부적응의 정도를 나타내는 척도이다. • 높은 점수는 과장된 증상의 표현과 실질적인 장애를 의미한다. • 낮은 점수는 적응도가 높고 스트레스가 없음을 나타낸다.
K(Defensiveness) 척도	• 개인적 정보를 노출하지 않으려는 저항적 태도를 반영하는 척도이다. • L 척도보다는 은밀하고 세련된 방어를 나타낸다. • 높은 점수는 강한 정서적 독립성, 친밀감의 문제를 시사한다. • 낮은 점수는 솔직성, 의존성, 자신감의 부족을 시사한다.

② **임상척도** : 피검자의 비정상 행동의 종류를 측정하고, 성격진단을 통해 그 유형을 해결한다.

4 》 MBTI(Myers-Briggs Type Indicator)

(1) MBTI 검사의 특징

융의 심리유형론을 근거로 하는 자기보고식 성격진단 또는 성격유형 검사이다. 개인이 쉽게 응답할 수 있는 자기보고 문항을 통해 각자가 인식하고 판단할 때 어떠한 영향을 미치는가를 파악하여 실생활에 응용한다. 성격유형은 모두 16개이며, 외향형과 내향형, 감각형과 직관형, 사고형과 감정형, 판단형과 인식형 등 4가지의 분리된 선호경향으로 구성된다.

(2) MBTI 검사의 구성

① **선호경향** : 교육이나 환경의 영향을 받기 이전에 이미 인간에게 잠재되어 있는 선천적 심리 경향을 말한다.

선호지표	외향형(Extraversion)	내향형(Introversion)
설명	폭넓은 대인관계를 유지하며, 사교적이고 정열적이며 활동적이다.	깊이 있는 대인관계를 유지하며, 조용하고 신중하며 이해한 다음에 경험한다.
대표적 표현	• 자기외부에 주의집중 • 외부활동과 적극성 • 정열적, 활동적 • 말로 표현 • 경험한 다음에 이해 • 쉽게 알려짐	• 자기내부에 주의집중 • 내부활동과 집중력 • 조용하고 신중 • 글로 표현 • 이해한 다음에 경험 • 서서히 알려짐

선호지표	감각형(Sensing)	직관형(Intuition)
설명	오감에 의존하여 실제의 경험을 중시하며, 지금과 현재에 초점을 맞추고 정확·철저하게 일처리를 한다.	육감 내지 영감에 의존하며, 미래지향적이고 가능성과 의미를 추구하며 신속·비약적으로 일처리를 한다.
대표적 표현	• 지금·현재에 초점 • 실제의 경험 • 정확·철저한 일처리 • 사실적 사건묘사 • 나무를 보려는 경향 • 가꾸고 추수함	• 미래 가능성에 초점 • 아이디어 • 신속·비약적인 일처리 • 비유·암시적 묘사 • 숲을 보려는 경향 • 씨뿌림

선호지표	사고형(Thinking)	감정형(Feeling)
설명	진실과 사실에 주 관심을 갖고 논리적이고 분석적이며, 객관적으로 판단한다.	사람과 관계에 주 관심을 갖고 상황적이며 정상을 참작한 설명을 한다.
대표적 표현	• 진실, 사실에 주 관심 • 원리와 원칙 • 논거, 분석적 • 맞다, 틀리다 • 규범, 기준 중시 • 지적 논평	• 사람, 관계에 주 관심 • 의미와 영향 • 상황적, 포괄적 • 좋다, 나쁘다 • 나에게 주는 의미 중시 • 우호적 협조

선호지표	판단형(Judging)	인식형(Perceiving)
설명	분명한 목적과 방향이 있으며 기한을 엄수하고 철저히 사전계획하고 체계적이다.	목적과 방향은 변화 가능하고 상황에 따라 일정이 달라지며 자율적이고 융통성이 있다.
대표적 표현	• 정리정돈과 계획 • 의지적 추진 • 신속한 결론 • 통제와 조정 • 분명한 목적의식과 방향감각 • 뚜렷한 기준과 자기의사	• 상황에 맞추는 개방성 • 이해로 수용 • 유유자적한 과정 • 융통과 적응 • 목적과 방향은 변화할 수 있다는 개방성 • 재량에 따라 처리될 수 있는 포용성

② **성격유형** : 4가지 선호지표를 조합하여 만들어진 16가지 성격유형 도표를 말한다.

성격유형	특징
ISTJ	• 신중하고 조용하며 집중력이 강하고 매사에 철저하다. • 구체적, 체계적, 사실적, 논리적, 현실인 성격을 띠고 있으며, 신뢰할 만하다. • 만사를 체계적으로 조직화시키려고 하며 책임감이 강하다. • 성취해야 한다고 생각하는 일이면 주위의 시선에 아랑곳하지 않고 꾸준하고 건실하게 추진해 나간다.
ISFJ	• 조용하고 친근하고 책임감이 있으며 양심이 바르다. • 맡은 일에 헌신적이며 어떤 계획의 추진이나 집단에 안정감을 준다. • 매사에 철저하고 성실하고 정확하며, 기계분야에는 관심이 적다. • 필요하면 세세한 면까지도 잘 처리해 나간다. • 충실하고 동정심이 많고 타인의 감정에 민감하다.
INFJ	• 인내심이 많고 독창적이며, 필요하고 원하는 일이라면 끝까지 이루려고 한다. • 자기 일에 최선의 노력을 다한다. • 타인에게 말없이 영향력을 미치며, 양심이 바르고 다른 사람에게 따뜻한 관심을 가지고 있다. • 확고부동한 원리원칙을 중시하고, 공동선을 위하는 확신에 찬 신념을 가지고 있으므로, 사람들이 존경하며 따른다.
INTJ	• 대체로 독창적이며, 자기 아이디어나 목표를 달성하는 데 강한 추진력을 가지고 있다. • 관심을 끄는 일이라면 남의 도움이 있든 없든 이를 계획하고 추진해나가는 능력이 뛰어나다. • 회의적, 비판적, 독립적이고 확고부동하며 때로는 고집스러울 때도 많다. • 타인의 감정을 고려하고 타인의 의견에 귀를 기울이는 법을 배워야한다.

성격유형	특징
ISTP	• 차분한 방관자이다. • 조용하고 과묵하며, 절제된 호기심을 가지고 인생을 관찰하고 분석한다. • 때로는 예기치 않게 유머감각을 나타내기도 한다. • 대체로 인간관계에 관심이 없고, 기계가 어떻게 왜 작동하는지 흥미가 많다. • 논리적인 원칙에 따라 사실을 조직화하기를 좋아한다.
ISFP	• 말없이 다정하고 친절하고 민감하며 자기 능력을 뽐내지 않고 겸손하다. • 의견의 충돌을 피하고 자기 견해나 가치를 타인에게 강요하지 않는다. • 남 앞에 서서 주도해나가기보다 충실히 따르는 편이다. • 목표를 달성하기 위해 안달복달하지 않고 현재를 즐기기 때문에 일하는 데에도 여유가 있다.
INFP	• 정열적이고 충실하나 상대방을 잘 알기 전까지는 이를 드러내지 않는 편이다. • 학습, 아이디어, 언어, 자기 독립적인 일에 관심이 많다. • 어떻게 하든 이루어내기는 하지만 일을 지나치게 많이 벌이려는 경향이 있다. • 남에게 친근하기는 하지만, 많은 사람들을 동시에 만족시키려는 부담을 가지고 있다. • 물질적 소유나 물리적 환경에는 별 관심이 없다.
INTP	• 조용하고 과묵하다. • 특히 이론적·과학적 추구를 즐기며, 논리와 분석으로 문제를 해결하기를 좋아한다. • 주로 자기 아이디어에 관심이 많으나, 사람들의 모임이나 잡담에는 관심이 없다. • 관심의 종류가 뚜렷하므로 자기의 지적 호기심을 활용할 수 있는 분야에서 능력을 발휘할 수 있다.

성격유형	특징
ESTP	• 현실적인 문제해결에 능하다. • 근심이 없고 어떤 일이든 즐길 줄 안다. • 기계 다루는 일이나 운동을 좋아하고 친구 사귀기를 좋아한다. • 적응력이 강하고, 관용적이며, 보수적인 가치관을 가지고 있다. • 긴 설명을 싫어하며, 기계의 분해 또는 조립과 같은 실제적인 일을 다루는 데 능하다.
ESFP	• 사교적이고 태평스럽고 수용적이고 친절하며, 만사를 즐기는 형이기 때문에 다른 사람들로 하여금 일에 재미를 느끼게 한다. • 운동을 좋아하고 주위에서 벌어지는 일에 관심이 많아 끼어들기를 좋아한다. • 추상적인 이론보다는 구체적인 사실을 잘 기억하는 편이다. • 건전한 상식이나 사물뿐 아니라 사람들을 대상으로 구체적인 능력이 요구되는 분야에서 능력을 발휘할 수 있다.
ENFP	• 따뜻하고 정열적이고 활기가 넘치며, 재능이 많고 상상력이 풍부하다. • 관심이 있는 일이라면 어떤 일이든지 척척 해낸다. • 어려운 일이라도 해결을 잘 하며 항상 남을 도와줄 태세를 갖추고 있다. • 자기 능력을 과시한 나머지 미리 준비하기보다 즉흥적으로 덤비는 경우가 많다. • 자기가 원하는 일이라면 어떠한 이유라도 갖다 붙이며 부단히 새로운 것을 찾아 나선다.

ENTP	• 민첩하고 독창적이고 안목이 넓으며 다방면에 재능이 많다. • 새로운 일을 시도하고 추진하려는 의욕이 넘치며, 새로운 문제나 복잡한 문제를 해결하는 능력이 뛰어나며 달변가이다. • 일상적이고 세부적인 면은 간과하기 쉽다. • 한 일에 관심을 가져도 부단히 새로운 것을 찾아나간다. • 자기가 원하는 일이면 논리적인 이유를 찾아내는 데 능하다.

성격유형	특징
ESTJ	• 구체적이고, 현실적이고 사실적이며, 기업 또는 기계에 재능을 타고난다. • 실용성이 없는 일에는 관심이 없으며 필요할 때 응용할 줄 안다. • 활동을 조직화하고 주도해 나가기를 좋아한다. • 타인의 감정이나 관점에 귀를 기울일 줄 알면 훌륭한 행정가가 될 수 있다.
ESFJ	• 마음이 따뜻하고, 이야기하기 좋아하고, 사람들에게 인기가 있고, 양심이 바르고, 남을 돕는 데에 타고난 기질이 있으며, 집단에서도 능동적인 구성원이다. • 조화를 중시하고 인화를 이루는 데 능하다. • 항상 남에게 잘 해주며, 격려나 칭찬을 들을 때 가장 신바람을 낸다. • 사람들에게 직접적이고 가시적인 영향을 줄 수 있는 일에 가장 관심이 많다.
ENFJ	• 주위에 민감하며 책임감이 강하다. • 다른 사람들의 생각이나 의견을 중히 여기고, 다른 사람들의 감정에 맞추어 일을 처리하려고 한다. • 편안하고 능란하게 계획을 내놓거나 집단을 이끌어 가는 능력이 있다. • 사교성이 풍부하고 인기 있고 동정심이 많다. • 남의 칭찬이나 비판에 지나치게 민감하게 반응한다.
ENTJ	• 열성이 많고 솔직하고 단호하고 통솔력이 있다. • 대중 연설과 같이 추리와 지적 담화가 요구되는 일이라면 어떤 것이든 능하다. • 보통 정보에 밝고 지식에 대한 관심과 욕구가 많다. • 때로는 실제의 자신보다 더 긍정적이거나 자신 있는 듯한 사람으로 비칠 때도 있다.

5 〉 LH공사 인성검사

(1) LH공사 인성검사는 220문항가량에 30분 정도의 시간이 주어지며, 적/부 판정에만 활용이 된다. LH공사의 인성검사는 한국행동과학연구소의 인성검사(KPDI)를 활용하고 있다.

(2) 검사유형 예시

번호	문 항	YES	NO
1	힘들고 어려운 일이라도 참고 견디면서 한다.		
2	기분이 상하는 일이 있더라도 화를 내지 않는다.		
3	자신의 능력을 자만하고 상대를 얕잡아 보는 편이다.		
4	남들보다 앞서기 위해 가끔 거짓말을 하는 경우가 있다.		
5	다른 사람이 나보다 잘되는 것을 보면 질투심이 생긴다.		
6	머리가 맑지 못하고 무거운 기분이 종종 든다.		
7	사건의 원인과 결과를 쉽게 파악하는 편이다.		
8	개인보다 팀으로 일하는 것이 더 효과적이라도 생각한다.		
9	남에게 주목받는 데 익숙하지 않다.		
10	모든 일을 처리할 때 검토에 가장 오랜 시간을 기울인다.		

MEMO

시스컴은 여러분을 응원합니다!

Chapter 03

면접

1 〉 면접이란?

일반적으로 서류심사, 필기시험, 적성검사 등을 실시한 후 최종적으로 지원자를 직접 대면해 인품·성격·언행·지식의 정도 등을 알아보는 구술 평가 또는 인물 평가이다.

2 〉 면접을 보는 이유

단순히 개인 신상에 대한 평가하는 것이 아니라 지원자의 기본적인 성향과 자라온 환경, 가치관, 관련 경험 등을 파악해 기업에 대한 열정, 가능성 등을 측정하기 위한 것이다.

3 〉 면접 시 주의사항

- 결론부터 말하기 : 부연 설명은 결론을 말한 다음 구체적으로 말한다.
- 올바른 경어의 사용 : 유행어는 피하며 존경어와 겸양어는 혼동하지 않는다.
- 명확한 태도 : 질문의 요지를 파악하고, '예, 아니오'를 명확히 표현한다.
- 미소 : 웃는 것은 좋지만 가벼워 보여서는 안된다. 표정관리를 해야 한다.
- 대답하는 방식 : 결론, 구체적인 예, 확인, 끝 정도의 방식을 정한다.
- 적당한 반론 : 납득이 되지 않는 것은 면접관의 기분을 상하지 않게 하는 태도로 차분히 반문한다.
- 최선을 다하기 : 대답을 잘 못했어도 포기하지 말고 최선을 다하면 상황이 좋아질 수 있다.
- 여유 : 즉흥적인 대사와 유머 등 긴장된 분위기를 푸는 여유 있는 태도가 필요하다.
- 잘못된 버릇 고치기 : 상대를 불쾌하게 만드는 행동은 주의한다.
- 확신, 긍정적 대답 : "~같습니다.", "~라고 생각됩니다." 보다는 "~입니다.", "~라고 믿습니다."와 같은 표현을 한다.

- **압박 면접 대비** : 압박면접에 대비하여 미리 대비한다.
- **첫 이미지** : 첫 이미지가 중요하기 때문에 충분히 판단하고 행동해야 한다.
- **대답 이후의 질문에 대비** : 대답을 할 때 돌아올 질문을 예상하면서 해야 이후 실수가 적다.

4 면접 예상 질문

- 간단히 자기소개를 해보세요.
- 본인 성격의 장·단점을 말해보세요.
- 타인과 갈등이 생겼을 때 이를 어떻게 극복합니까?
- ○○회사에 지원하게 된 동기를 말해보세요.
- 이 자격증을 왜 땄는지 말해보세요.
- 본인이 이 회사에 입사 후 하고 싶은 일이나 이루고 싶은 것이 있으면 말해보세요.
- 만약 지방 또는 해외 근무지로 가야 한다면 어떻게 하시겠습니까?
- 이 회사의 전망에 대해 말해보세요.
- 마지막으로 하고 싶은 말이 있으면 해보세요.

5 면접의 유형

① 집단면접
- **정의** : 다수의 면접관이 다수의 지원자를 한꺼번에 평가하는 방법으로, 여러 명을 동시에 비교, 관찰할 수 있고, 평가에 있어 객관성을 유지할 수 있다는 장점이 있다. 대기업의 경우 1차 면접과 임원면접 시 주로 사용한다.
- **주의사항** : 자기주장만을 내세우거나, 다른 사람이 말할 때 한 눈을 팔거나, 발언 기회를 놓고 침묵을 지키는 것은 금물이다. 집단면접은 토론하는 것이 아니므로 다른 사람을 설득시키려고 자기 의견을 지나치게 주장할 필요는 없다. 또한 면접관 한 사람이 지원자들에게 동일한 질문을 하는 경우에는 비슷한 내용을 답해도 불이익은 없지만 집단에 묻히지 말고 개성 있는 답변을 해야 하며 자신의 의견을 명확하게 밝혀야 한다.

② 토론면접
- **정의** : 지원자 여러 명에게 특정 주제를 제시하고 지원자들끼리 서로 토론을 전개하는 과정을 면접관이 관찰, 평가하는 방법이다. 지원자들이 토론을 벌이는 동안 면접관은 지원자

들의 행동, 협동성, 표현력, 적응력, 문제해결능력, 창의성, 의사소통능력 등을 종합적으로 평가한다.

- **주의사항** : 집단토론 시에는 누가 발표를 잘하는가도 중요하지만 상대방의 발표를 얼마나 잘 경청하느냐가 더욱 중요하다. 과제를 수행함에 있어서 자신의 과제뿐만 아니라 팀원을 돕고 리드하는 헌신형 인재가 높이 평가됨을 명심하며 참여하여야 한다.

③ 프레젠테이션면접

- **정의** : 특정 주제에 관한 지원자 개개인의 발표로 지원자의 능력을 평가하는데 목적이 있다. 프레젠테이션면접은 전공 및 실무능력을 파악하는데 중점을 두기 때문에 지원하는 분야와 관련된 기술적인 질문이 나올 수 있다.
- **주의사항** : 정확한 답이나 지식보다는 논리적 사고와 의사표현력이 중요시되므로 어떻게 설명하는지에 초점을 두어야 한다. 지원 직무에 대한 전문지식을 쌓아두는 것이 유리하다. 자신의 발표 이후에도 다른 지원자들의 발표를 경청하는 자세를 유지하는 것이 중요하다.

④ 합숙면접

- **정의** : 합숙면접의 경우 일단 해당 기업의 버스를 타고 연구원으로 가서 모든 일정을 진행하는 것이 일반적이며 면접관과 지원자들이 함께 합숙하면서 인재를 가려낸다. 지원자들이 집합하는 순간부터 점수에 반영되지만 너무 의식하지 않는 것이 좋으며 지원자들끼리 서로 평가하는 경우도 있으므로 원활한 관계를 유지하는 것이 좋다.
- **주의사항** : 합숙면접은 개인이 아닌 팀별로 과제를 수행한다. 자기주장만 관철하려 들면 좋은 점수를 받기 어렵고, 면접관에게 자신이 적극적으로 문제를 해결하는 성향의 인물임을 알리고 조직에 활력을 주는 인재라는 이미지를 심어줄 수 있는 것이 중요하다. 과제가 주어지면 동료들과 토의하면서 해결방안을 준비하는 지원자가 높은 점수를 받을 수 있다.

NCS 통합기본서
정답 및 해설

정답 및 해설

01 의사소통능력

기초 문제

01 ④　02 ③　03 ②　04 ②　05 ④　06 ③　07 ②　08 ③　09 ②　10 ①

11 ①　12 ④

01
정답 : ④

정답해설 문서를 작성할 때는 상대방이 이해하기 쉽도록 짧고 간결하게 작성해야 한다. 또한 문장의 핵심을 먼저 언급하는 두괄식으로 작성해야 하고, 중요하지 않은 경우에는 한자의 사용을 되도록 자제하는 것이 좋다.

02
정답 : ③

정답해설 문서 정보 확인 및 획득은 문서이해 능력에 해당한다.

03
정답 : ②

정답해설 핵심 내용을 정확히 도출하며, 상대의 요구사항을 고려하여 작성하는 것은 기획서에 해당한다.

04
정답 : ②

정답해설 공통의 문제에 대해, 여러 사람이 일정한 규칙을 바탕으로 해결 방안을 모색하는 것은 토의에 해당한다. 대화는 다양한 주제에 대해 여러 사람이 자유롭게 내용을 조직하고 전개하는 말하기이다.

05

정답 : ④

정답해설 단지 논쟁하기 위해서 상대방의 말에 귀를 기울이며, 상대방이 무슨 말을 하든지 자신의 입장을 확고히 한 채 방어하는 것은 언쟁하기에 대한 내용이다.

> **핵심정리**
>
> - **슬쩍 넘어가기** : 대화의 주제를 바꾸거나 농담으로 넘기는 상황으로 문제나 상대방의 부정적인 감정을 회피하기 위해 농담 등으로 슬쩍 넘어가면 상대방의 진정한 고민을 들을 수 없다.
> - **판단하기** : 상대방에 대한 부정적인 판단이나 비판하기 위해 상대방의 말을 듣지 않는 상황
> - **다른 생각하기** : 상대방의 말에 관심이 줄어들고 상대방이 말을 할 때 다른 생각이 든다면 이런 상황을 회피하고 있다는 신호이다.

06

정답 : ③

정답해설 직업 활동에 있어 외국인과 성공적으로 협력하기 위해서는 기초외국어능력을 키우는 것뿐만 아니라 그들의 바디랭귀지를 포함한 문화를 이해하려는 노력도 중요하다.

> **핵심정리**
>
> - **기초외국어능력** : 직장생활 중 외국어로 된 간단한 자료를 이해하거나, 외국인의 의사 표현을 이해하는 능력

07

정답 : ②

정답해설 처음 만나는 사람에게 말을 할 때는 먼저 칭찬으로 시작하는 것이 좋다.

> **핵심정리**
>
> **상대방을 칭찬할 때**
> - 자칫하면 아부로 여겨질 수 있으므로 상황에 맞게 적절히 해야 한다.
> - 처음 만나는 사람에게 말을 할 때는 먼저 칭찬으로 시작하는 것이 좋다.

08

정답해설 기획서는 적극적으로 기획하여 하나의 프로젝트를 문서형태로 만들고, 상대방에게 전달하여 프로젝트를 시행하기 위한 문서이다.

> **핵심정리**
> • **기안서** : 업무의 협조를 구하거나 의견을 전달할 때 사용하는 사내 공문서
> • **비지니스 레터** : 사업상의 일로 고객 등에게 쓴 편지
> • **보고서** : 어떤 일에 관한 진행상황이나 결과 등을 보고할 때 쓰는 문서

09

정답해설 날짜 작성 시 연도와 월일을 함께 기입하며 날짜 다음에 괄호를 사용할 경우에는 마침표를 찍지 않는다.

> **핵심정리**
> **공문서의 특징**
> • 누가, 언제, 어디서, 무엇을 어떻게(왜)가 정확하게 드러나야 한다.
> • 날짜 작성 시 연도와 월일을 함께 기입하며 날짜 다음에 괄호를 사용할 경우에는 마침표를 찍지 않는다.
> • 내용은 한 장에 담아내는 것이 원칙이다.
> • 마지막에는 반드시 '끝'자로 마무리 한다.

10

> **핵심정리**
> **대화의 룰**
> • 상대방의 말을 가로막지 않는다.
> • 의견을 제시할 때는 반론 기회를 준다.
> • 혼자서 의사표현을 독점하지 않는다.
> • 임의로 화제를 바꾸지 않는다.

11

정답해설 질책을 할 때는 먼저 칭찬을 하고, 질책을 한 다음에 격려의 말을 하는 것이 바람직하다.

오답해설 ②는 상대방에게 부탁해야 할 때의 의사표현이다.

③은 충고해야 할 때의 의사표현이다.

④는 상대방 요구를 거절해야 할 때 쓰는 의사표현이다.

12

정답해설 실수를 겁내지 말고 기회가 있으면 외국어로 말하는 것이 좋다.

핵심정리

기초외국어 능력 향상을 위한 공부법

• 왜 외국어공부를 해야 하는지 목적을 정한다.

• 매일 반복한다.

• 실수를 두려워하지 않고, 기회가 생기면 외국어로 말한다.

• 외국어가 익숙해 질 수 있게 쉬운 외국어 잡지나 원서를 읽는다.

• 혼자하기 보다는 라이벌을 정하는 것이 좋다.

• 업무와 관련된 주요용어는 메모해 둔다.

• 출퇴근 시간에 외국어방송이나, 라디오를 듣는다.

• 외국어 단어를 암기할 때 그림카드를 사용한다.

• 외국인 친구를 사귈 수 있는 기회를 만들어 대화를 한다.

응용 문제

| 01 ④ | 02 ② | 03 ① | 04 ② | 05 ① | 06 ④ | 07 ③ | 08 ① | 09 ③ | 10 ① |
| 11 ④ | 12 ③ | 13 ③ | 14 ② | 15 ④ | 16 ③ | 17 ③ | 18 ① | 19 ③ | 20 ④ |

01

정답 : ④

정답해설 '액자'는 내부에 들어가는 '그림'의 단점을 해소하고 그것이 더 좋게 보일 수 있도록 하는 외적 요소에 해당한다고 볼 수 있다. 이러한 관계에 가장 비슷한 것은 ④의 '내면'과 '옷차림'의 관계이다. 즉, 자신의 '내면'을 돋보이게 하는 요인이 '옷차림'이 된다는 것이다.

02

정답 : ②

정답해설 프로젝트에 대한 진행상황 또는 결과를 보고 할 때 쓰는 보고서 양식이다.

핵심정리

- 보고서는 무엇을 도출하고자 했는지에 대한 핵심내용을 구체적으로 제시한다.
- 보고서는 핵심내용 도출이 우선이므로, 내용의 중복을 피하고 간결하게 작성한다.

03

정답 : ①

정답해설 ㉮의 제조 원가 상승, 고금리, 환율 불안정은 가격 경쟁에 해당되고, ㉯의 연구 개발 소홀, 품질 불량, 판매 후 서비스 부족, 납기의 지연은 비가격 경쟁에 해당된다.

핵심정리

개요 완성하기 : 개요의 전체적인 내용을 파악하여 하위 내용에 있는 내용으로 상위 내용을 유추하거나, 상위 내용을 토대로 하위 내용을 유추하거나, 제목을 유추하는 문제가 많이 출제된다.

04

정답해설 본론 1과 2에서 과학기술자의 책임과 권리의 문제를 다루었으므로, 결론에서는 이를 요약하고 관련 내용을 정리하여야 한다. 따라서 ②가 가장 적합하다.

05

정답해설 소비를 단순히 억제 또는 조장하기 보다는 자아를 확립한 소비를 강조하고, 소비를 긍정적 · 주체적으로 활용할 것을 제시하고 있다. 따라서 소비 현상에 있어서는 '주체적인 소비 철학의 확립'이 결론에서 제시할 수 있는 주제어로 적합하다. 또한 소비와 인격의 관계에서 소비에 지배되는 인격이 아니라 스스로 소비를 다스릴 수 있는 건전한 인격이 필요하다는 내용이 적합하다.

06

정답해설 제목과 결론 모두 인터넷 뱅킹의 보안에 대한 은행의 대처를 제시하였다. 인터넷 뱅킹의 위험성이 나타나는 내용인 보안 시스템의 점검 · 개발 미비가 적절하다.

07

정답해설 본론에서는 교양이 인간의 내적 측면과 관련되며 외적 측면과 무관하다는 앞의 견해에 대한 반박 논거를 제시하였고, 결론에서 교양은 내적 측면과 외적 측면이 모두 관련된 것이라고 제시하였다. 이를 통해 지문의 제목으로는 교양이 무엇인지, 즉 '교양의 본질'이 적절함을 유추할 수 있다.

08

정답해설 앞에서 생물종의 고유한 형태적 특징이 생물진화에 중요한 정보를 제공하였다는 점을 언급하였고, 다음으로 형태적 특징 외에도 독특한 생리적 · 유전적 특성을 지니고 있어 이에 대한 비교 연구는 생물에 대한 보다 깊은 이해를 가능하게 한다고 하였다. 따라서 빈칸에는 이러한 여러 연구를 통해 얻을 수 있는 결과와 관련된 내용인 ①이 적합하다.

핵심정리

• **결론 도출하기** : 글의 전체적인 내용의 흐름을 파악해서 다음으로 이어질 내용을 유추해야 한다. 본문에 제시된 내용이 주로 이어져서 들어갈 말로 적절하다.

09
정답 : ③

정답해설 이야기식 서술은 역사적 사건의 경과 과정이 의미를 지닐 수 있도록 서술하는 양식이다. 또한, 역사의 흐름은 이야기식 서술을 통해 인식 가능한 전개 과정의 형태로 제시되는데, 이는 문학적 양식에 기초하고 있다.

핵심정리

• **주제 도출하기** : 글의 주요 흐름이 무엇을 나타내고 있는가를 파악해야 한다. 주제를 바탕으로 글이 전개 되므로 글의 내용을 포괄할 수 있는 주제를 찾아야 한다.

10
정답 : ①

정답해설 이야기식 서술은 경과 과정이 의미를 지닐 수 있도록 서술하는 양식으로 결과를 가장 중요시 하지 않는다.

핵심정리

• **지문의 내용 찾기** : 지문에 적힌 사실적인 내용이 문제로 제시된다. 글의 객관적인 내용과 맞는지 틀린지에 대해 파악 해야 한다.

11
정답 : ④

정답해설 자동차가 없는 현실을 멋지게 받아들이는 단계가 자기최면이라 평가하고, 자동차 이탈의 원인을 경제적 배경으로 설명한 것으로 설정하여 '못' 사는 것을 '안' 사는 것인 양 포장한 것을 말하는 글이다.

핵심정리

• **글 완성하기** : 빈칸의 전 · 후 내용을 비교하여 그 변화 양상에 대해 이해해야 옳은 지문을 찾기가 쉽다.

12

정답해설 새운 것으로 → 세운 것으로 / 항토적이다. → 향토적이다. / 언어 체계를 → 언어 체계를 / 틀린 글자는 총 3개이다.

핵심정리

- **틀린 글자 찾기** : 집중력을 요구하는 문제로 문서의 단순한 맞춤법이나 단어 활용 등이 잘못된 경우를 고치는 문제이다.

13

정답해설 수진자 → 수신자 / 전자재품 판매 → 전자제품 판매 / 품목별 해택이 상이함 → 혜택이
따라서 틀린 글자는 총 3개이다.

14

정답해설 물질의 업지름으로 → 엎지름으로 / 조명 발기와 조명위치를 → 조명 밝기 / 틀린 글자는 총 2개이다.

15

오답해설 ① 숙련인력 활용, 인건관리의 탄력적 운영, 안정적 노후 생활을 위해 도입하려 한다.
② 2013년부터 정년이 58세에서 60세로 정년이 2년 연장된다.
③ 전 직원을 대상으로 적용된다.

16

정답해설 1~4월까지 1,000만×4＝4,000만 / 5~12월까지 900만×8＝7,200만
4,000만＋7,200만＝1억 1,200만

정답 및
해설

17

정답해설 학생증, 청소년증, 주민등록증 등 연령을 확인할 수 있는 자료는 증빙자료로 사용된다.

오답해설 ① 만 19세 이상 성인 보호자가 동반하는 만 6세 미만의 소인은 2인까지 무임승차가 가능하고 3인부터는 어린이 요금이 부과된다.
② 어린이 교통카드 및 청소년 요금징수와 관련하여 반드시 연령을 확인한 후 규정된 요금을 징수해야한다.
④ 국가유공자 복지카드는 교통카드 기능이 있어 본인 확인과정 없이 일반시내버스 무임승차가 가능하다.

18

정답 : ①

정답해설 지문은 자본주의 초기에 관한 설명이고 마지막 문장에서 소유자가 곧 경영자였음을 제시하였다. 그렇기 때문에, 기업의 소유자와 경영자가 동일한 의미가 아니게 된다는 내용이 다음 단계로 이어져야한다.

오답해설 ②, ③, ④는 지문의 내용으로 유추할 수 있는 내용이 아니며, 다음 단계로 이어지기에 논리가 부족하다.

19

정답 : ③

정답해설 지문은 경제활동의 변화의 내용 중 시장 중심의 경제시대와 네트워크 경제시대에 대해 설명하고 있다. 지문에서 시장 중심의 경제시대에 대해 설명하고 있기 때문에 다음의 내용으로 네트워크 경제시대에 대한 설명이 이어져야 옳다.

오답해설 ①, ②, ④는 시상 중심의 경세시내에 대한 득징이기 때문에 이어질 내용으로 적합하지 않다.

20

정답 : ④

정답해설 지문은 처음에 영화의 특징으로 관객의 자리에 카메라가 들어선다고 하였고, 이어지는 문단에서는 연극배우는 관객과 직접 교감하여 아우라를 느낄 수 있게 한다고 하였다. 따라서 이어지는 지문에는, 영화는 관객 대신에 카메라가 있어 아우라를 경험하기 어렵다가 적절하다.

오답해설 ①, ② 영화는 카메라가 관객의 자리에 들어서기 때문에 아우라를 경험하기 어렵다.
③ 지문의 내용으로 알 수 없는 내용이다.

02 수리능력

01 ①	02 ②	03 ④	04 ③	05 ②	06 ③	07 ①	08 ④	09 ④	10 ③

01
정답 : ①

정답해설

5	→	6	→	4	→	7	→	3
	+1		−2		+3		−4	

→	8	→	2	→	9	→	(1)
+5		−6		+7		−8	

02
정답 : ②

정답해설 표에서 세로로 한 줄씩 보면 배수관계임을 알 수 있다.

3	5	8	x
9	15	24	$3x$
㉠	25	40	$5x$
21	㉡	56	$7x$
27	45	㉢	$9x$

㉠ 15, ㉡ 35, ㉢ 72 이므로 세 수의 합은 15＋35＋72＝122이다.

03

정답해설 올라갈 때와 내려올 때의 코스가 같으므로 올라간 거리를 $x(\text{km})$라 하면 내려온 거리도 $x(\text{km})$가 된다.

전체 등산한 시간은 3시간 30분이고, 시속이기 때문에 시간으로 고치면 $3+\dfrac{30}{60}=\dfrac{7}{2}$(시간)

시간$=\dfrac{\text{거리}}{\text{속력}}$를 이용하면, $\dfrac{7}{2}=\dfrac{x}{3}+\dfrac{x}{4}$

$42=4x+3x,\ 7x=42$

$\therefore x=6(\text{km})$

04

정답해설 주사위에서 홀수와 짝수는 각각 3개씩이며, 3의 배수는 2개(3, 6)가 있다. 따라서 주사위를 던질 때 홀수가 나올 확률은 $\dfrac{1}{2}$, 3의 배수가 나올 확률은 $\dfrac{1}{3}$, 짝수가 나올 확률은 $\dfrac{1}{2}$이 된다. 따라서 주사위를 세 번 던질 때 첫 번째는 홀수, 두 번째는 3의 배수, 세 번째는 짝수가 나오는 확률은 '$\dfrac{1}{2}\times\dfrac{1}{3}\times\dfrac{1}{2}=\dfrac{1}{12}$'이 된다.

05

정답해설 농도(%)$=\dfrac{\text{소금}}{\text{소금물}}\times100$이므로,

40% 소금물 200g에 들어있는 소금의 양을 $x(\text{g})$이라 하면 $\dfrac{x}{200}\times100=40(\%)$

$\therefore x=80(\text{g})$

여기에 소금 40g을 첨가했을 때,

소금의 양은 $80+40=120(\text{g})$이고 소금물의 양은 $200+40=240(\text{g})$이므로

소금물의 농도는 $\dfrac{120}{240}\times100=50(\%)$

핵심정리

농도 관련 문제 공식

소금이 $x(\text{g})$, 물이 $y(\text{g})$라 하면,

소금을 z만큼 추가 : 농도$=\dfrac{\text{소금}(x+z)}{\text{소금물}(x+y+z)}\times100(\%)$

물을 z만큼 추가 : 농도$=\dfrac{\text{소금}(x)}{\text{소금물}(x+y+z)}\times100(\%)$

물을 z만큼 증발 : 농도$=\dfrac{\text{소금}(x)}{\text{소금물}(x+y-z)}\times100(\%)$

06
정답 : ③

정답해설 A씨의 하루 아르바이트 일당 : 6,500시간×5시간＝32,500(원)

A씨가 해야 하는 아르바이트의 총일 수 : 1,200,000÷32,500≒36.9(일)

따라서 A씨가 36일 일하게 되면 돈이 부족하므로 37일 동안 아르바이트를 해야 한다.

07
정답 : ①

정답해설 B씨가 혼자서 일할 때 x(일)이 걸린다고 하면

전체 일의 양이 1일 때, A씨의 1일 일 양은 $\frac{1}{15}$, B씨의 1일 일 양은 $\frac{1}{x}$ 이다.

A씨와 B씨가 함께 일했을 때 $1÷\left(\frac{1}{15}+\frac{1}{x}\right)=12$(일) ∴$x=60$(일)

08
정답 : ④

정답해설 1부터 20까지의 합은 $(1+2+\cdots+19+20)=\frac{20\times(20+1)}{2}=210$ 이므로

∴ 평균$=\frac{210}{20}=10.5$

09
정답 : ④

오답해설 ① 그래프를 그릴 때 세로축에는 수량(금액, 매출액 등)을 가로축에는 명칭구분(년, 월, 장소 등)을 제시한다.

② 합계와 각 부분의 크기를 백분율로 나타내고 시간적 변화를 보고자 할 때 활용되는 것은 층별 그래프이다.

③ 그래프를 그릴 때 세로축의 눈금을 가로축의 눈금보다 크게 하는 것이 효과적이다.

10
정답 : ③

정답해설 일반적인 도표 작성절차의 순서를 올바르게 해보면 ⓒ－⑦－ⓔ－ⓒ－ⓗ－ⓜ이다.

따라서 세 번째로 고려해야 하는 사항은 ⓔ이다.

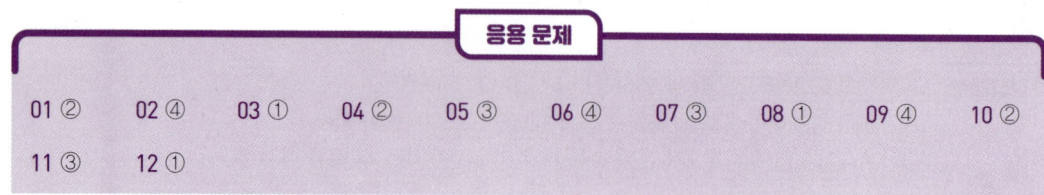

응용 문제

01 ②　　02 ④　　03 ①　　04 ②　　05 ③　　06 ④　　07 ③　　08 ①　　09 ④　　10 ②

11 ③　　12 ①

01

정답 : ②

정답해설 $91+4(=2^2)=95$, $95-9(=3^2)=86$, $86+16(=4^2)=102$, $102-25(=5^2)=77$, $77+36(=6^2)=($　　$)$. 따라서 '(　　)=113'이 된다.

02

정답 : ④

정답해설 300m의 거리에 12m간격으로 나무를 심는 경우 '300÷12 = 25(개)를 심을 수 있는데, 처음부터 끝까지 심는다고 했으므로, 시작점부터 나무를 심어야 한다. 따라서 '25＋1=26(그루)' 심을 수 있다. 또한 도로 양쪽에 심는다고 했으므로, 심을 수 있는 나무의 수는 '26×2=52(그루)'이다.

03

정답 : ①

정답해설 지난 달 갑의 에어컨 판매수량을 x(대), 지난 달 을의 에어컨 판매수량을 y(대)라 할 때, '$x+y=250$'이 된다. 이번 달에 갑의 판매수량이 30% 증가했고 을은 20% 감소하여, 두 사람이 합해서 20% 증가했으므로, '$(1+0.3)x+(1-0.2)y=250×(1+0.2)$'가 되며, 이는 '$1.3x+0.8y=300$'로 정리할 수 있다. 여기서 앞의 '$x+y=250$'에서 '$y=250-x$'이므로, 이를 '$1.3x+0.8y=300$'에 대입하여 풀면, '$x=200$', '$y=50$'이 된다.

지난 달 을의 판매수량이 50대이므로, 이번 달 판매수량은 지난 달 수량보다 20% 감소했으므로, '$50×0.8=40$(대)'가 된다.

04

정답해설 왼쪽 표의 수와 오른쪽 표의 수를 짝지어 보면 $(16, 10)$, $(32, 18)$, $(46, 25)$이다.

이는 $(x, \ x \div 2 + 2)$인 규칙을 찾을 수 있다. 따라서 괄호 안의 수는 $20 \div 2 + 2 = 12$이다.

05

정답해설 볼펜과 공책 한 세트의 가격은 $500 + 1,200 = 1,700$(원)

$500,000 \div 1,700 \fallingdotseq 294.1$(명)이므로 295명에게는 줄 경우에는 세트가 모자라므로 294.1을 소수점아래 버림한 294명에게 나누어 줄 수 있다.

06

정답해설 계산 실수한 식을 세워보면 $x \div 3 - 13 = 33$, $x \div 3 = 46$ $\therefore x = 138$

다시 올바르게 계산해보면 $138 \times 3 + 13 = 414 + 13 = 427$

07

정답해설 연속하는 수에 관한 문제는 가운데 수를 x로 놓고 푸는 것이 쉽다.

문제에서 연속하는 세 수를 $(x-1)$, x, $(x+1)$로 하면, 각각의 제곱수는 $(x-1)^2$, x^2, $(x+1)^2$이다.

모두 합해보면 $(x^2 - 2x + 1) + x^2 + (x^2 - 2x + 1) = 3x^2 + 2$이다. 이 값이 341이상 431이하 이므로

$341 \leq 3x^2 + 2 \leq 431$, $339 \leq 3x^2 \leq 429$, $113 \leq x^2 \leq 143$이다.

따라서 $x = 11$이므로 연속하는 세 수는 10, 11, 12이다.

$\therefore$ 가장 큰 수는 12이다.

08

정답해설 두 동호회 모두 가입한 사람을 x명이라 하고

맛집동호회 또는 등산동호회에 가입한 사람은 $36 - 5 = 31$(명)이다.

따라서 $20 + 19 - x = 31$, $x = 8$(명)

09

정답해설 8m간격으로 세울 경우 가로등의 개수를 x(개)라고 하면
14m간격으로 세울 경우 가로등의 개수는 $x-6$(개)다.
(가로등 사이 간격이 멀수록 세울 수 있는 가로등의 개수는 줄어든다)
가로등을 세우려는 산책로의 전체 거리는 같으므로 $8 \times x = 14(x-6)$, $x=14$(개)이다.
따라서 산책로 전체 거리는 $8 \times 14 = 112(m)$이다.
4m간격으로 가로등을 세운다면 $\frac{112}{4} = 28$(개)가 필요하다.

10

정답 : ②

정답해설 타일만 차지하는 가로 길이는 $25(cm) \times 23(장) = 575(cm)$
타일 사이의 간격을 $x(cm)$라 하면, 타일 사이의 간격 수는 $(23-1) = 22$(개)이므로 총 $22x(cm)$,
화장실 양 끝에는 타일 사이의 간격의 1.5배의 공간이 있으므로 $1.5 \times x \times 2 = 3x$이다.
따라서 모두 값들을 더한 길이와 화장실의 가로 20m의 길이가 같아야 한다.
$575 + 22x + 3x = 2,000(cm)$ $\therefore x = 57(cm)$

11

정답 : ③

정답해설 C조 참석자 수를 x명이라고 하면, B조는 $\frac{1}{3}x$명, A조는 $\left(\frac{1}{3}x - 5\right)$명이다.
따라서 $x + \frac{1}{3}x + \left(\frac{1}{3}x - 5\right) = 105$(명), $\frac{5}{3}x - 5 = 105$, $\frac{5}{3}x = 110$ $\therefore x = 66$ (명)

12

정답 : ①

정답해설 거리＝속력×시간이므로
기온이 4℃일 때 소리의 속력은 $0.6 \times 4 + 331 = 333.4(m/s)$, 시간은 20초
따라서 번개가 발생한 지점까지의 거리는 $333.4 \times 20 = 6,668(m)$

03 문제해결능력

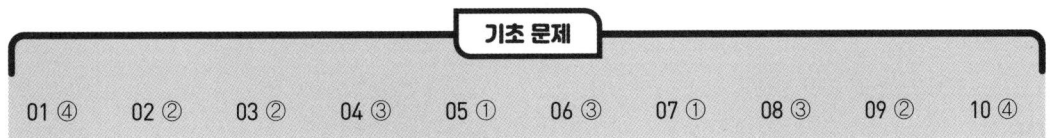

01
정답 : ④

정답해설 문제란 원활한 업무수행을 위해 해결 되어야 하는 질문이나 의논 대상을 의미한다. 즉 해결하기를 원하지만 실제로 해결해야 하는 방법을 모르고 있는 상태나 얻고자 하는 해답이 있지만 그 해답을 얻는데 필요한 일련의 행동을 알지 못한 상태이다. ④의 '받아야 할 것을 필요에 의하여 달라고 청함. 또는 그 청.'은 '요구(要求)'에 대한 설명이다.

02
정답 : ②

정답해설 창의적 문제는 현재 문제가 없더라도 보다 나은 방법을 찾기 위한 문제탐구이며, 해답의 수가 많으며, 주관적, 직관적, 감각적, 정성적, 개별적, 특수성을 띄는 문제이다.
반면 분석적 문제는 미래의 문제로 예견될 것에 대한 문제탐구이며, 분석, 논리, 귀납과 같은 논리적 방법을 통해 해결하며, 답의 수가 한정되어 있으며, 객관적, 논리적, 정량적, 이성적, 일반적, 공통성을 특징으로 갖는다.
따라서 ㉠, ㉣은 창의적 문제, ㉡, ㉢은 분석적 문제이다.

03
정답 : ②

정답해설 미래상황에 대응하는 장래의 경영전략의 문제로, 앞으로 어떻게 할 것인가 하는 문제는 설정형 문제이다.
   • **탐색형 문제** : 더 잘해야 하는 문제로, 현재의 상황을 개선하거나 효율을 높이기 위한 문제

오답해설 ① 기능에 따른 문제 유형에는 제조 문제, 판매 문제, 자금 문제, 인사 문제, 경리 문제, 기술상 문제가 있다.
   ③ 시간에 따른 문제 유형에는 과거, 현재, 미래 문제가 있다.
   ④ 현재 직면하여 해결하기 위해 고민하는 문제는 발생형 문제이다.

정답 및
해설

04

정답 : ③

정답해설 문제해결의 기본요소에는 체계적인 교육훈련, 문제해결 방법에 대한 다양한 지식, 문제 관련 지식에 대한 가용성, 문제해결자의 도전의식과 끈기, 문제에 대한 체계적인 접근이다.

05

정답 : ①

오답해설 ② 성과 지향의 문제는 기대하는 결과를 명시하고 효과적으로 달성하는 방법을 사전에 구상하고 실행에 옮겨야 한다.

③ 가설 지향의 문제는 현상 및 원인분석 전에 지식과 경험을 바탕으로 일의 과정이나 결과, 결론을 가정한 다음 검증 후 사실일 경우 다음 단계의 일을 수행해야 한다.

④ 사실 지향의 문제는 일상 업무에서 일어나는 상식, 편견을 타파하여 객관적 사실로부터 사고와 행동을 출발해야 한다.

06

정답 : ③

정답해설 〈사례 1〉은 분석적 사고가 필요함을 나타내는 사례로, C가 분석적인 사고를 통해서 제출한 보고서를 회사가 수용하지 못한 문제점을 보여준다.

〈사례 2〉는 내·외부 자원의 효과적인 활용이 중요함을 의미하는 사례로, 조직의 내외부자원의 활용을 효과적으로 하지 못하는 회사의 모습을 보여준다.

07

정답 : ①

정답해설 ㉠ 어떤 그룹이나 집단이 의사결정을 잘 하도록 도와주는 일이다. : 퍼실리테이션

㉡ 깊이 있는 커뮤니케이션을 통해 서로의 문제점을 이해하고 공감함으로써 창조적인 문제해결을 도모할 수 있다. : 퍼실리테이션

㉢ 대부분의 기업에서 볼 수 있는 전형적인 문제해결 방법이다. : 소프트 어프로치

㉣ 사실과 원칙에 근거한 토론으로 해결하는 방법이다. : 하드 어프로치

㉤ 결론이 애매하게 끝나는 경우가 적지 않다. : 소프트 어프로치

⊙ 핵심정리 ⊙

문제해결을 위한 방법

• 소프트 어프로치
  - 대부분의 기업에서 볼 수 있는 전형적인 문제해결 방법
  - 직접적인 표현이 아닌, 시사 또는 암시를 통하여 의사를 전달하고 감정을 서로 통하게 함으로써 문제해결을 도모하는 방법

- 하드 어프로치
  - 서로의 생각을 직설적으로 주장하고 논쟁이나 협상을 통해 서로의 의견을 조정해가는 방법
  - 사실과 원칙에 근거한 토론으로 해결방법을 도모
  - 합리적이긴 하나, 창조적인 아이디어나 높은 만족감을 이끌어내긴 어려움
- 퍼실리테이션
  - '촉진'을 의미하며, 어떤 그룹이나 집단이 의사결정을 잘 하도록 도와주는 일을 의미
  - 조직이 어떤 방향으로 나아갈지 알려주고, 주제에 대한 공감을 이룰 수 있도록 도와주는 역할을 담당
  - 깊이 있는 커뮤니케이션을 통해 서로의 문제점을 이해하고 공감함으로써 창조적인 문제 해결을 도모

08

정답 : ③

정답해설 자유연상법은 생각나는 대로 자유롭게 발상하는 방법으로 브레인스토밍이 대표적인 방법이며(㉠-㉤) 강제연상법은 각종 힌트에 따라 강제적으로 연결 지어서 새로운 아이디어를 생각해내는 방법으로 체크리스트 방법이 있다.(㉡-㉥) 비교발상법은 주제의 본질과 닮은 것을 힌트로 발상해내는 것으로, NM법이나 Synectics(창조공학)방법이 있다.(㉢-㉣)

09

정답 : ②

정답해설 논리적 사고를 하기 위해 필요한 요소는 생각하는 습관, 상대 논리의 구조화, 구체적인 생각, 타인에 대한 이해·설득이 있다.

10

정답 : ④

정답해설 김부장은 지금이야말로 자동차 관련 기업의 주식을 사야한다는 메시지가 있어 주장이 명확하며, 상황을 모두 망라하고 있어 "so what?"을 사용하였다고 말할 수 있다.

오답해설 ① 홍대리는 자동차 판매가 부진하다고 말하는데 그치고 있다. 상황 ㉡, ㉢에 제시된 자동차 판매 대수가 줄어들고, 자동차 업계 전체적인 실적이 악화되고 있으며, 이로 인해 주식 시장도 악화되고 있다는 점을 말하지 않고 있다.

② 허부장은 자동차 산업의 미래를 보여주고 있다며 상황 ㉢에 대해서는 고려하고 있지 못하다.

③ 신대리는 자동차 산업과 주식시장의 상황을 보여주고 있다며 주식시장에 대해서도 포함하고 있으며, 세 가지 상황 모두 자동차 산업의 가까운 미래를 예측하는데 사용 될 수 있는 정보이기 때문에 모순은 없다. 그러나 자동차 산업과 주식시장이 어떻게 된다고 말하고 싶은 것이 전달되지 않는다.

정답 및
해설

핵심정리

so what?

- 모든 상황을 고려하고, 모순 없이 정보를 이끌어 내야한다.
- "so what?"의 사고에서 중요한 점은 "그래서 도대체 무엇이 어떻다는 것인가?"라는 것처럼 무엇인가 의미 있는 메시지를 이끌어 내는 것이다.

| 01 ② | 02 ④ | 03 ① | 04 ② | 05 ① | 06 ① | 07 ③ | 08 ④ | 09 ① | 10 ② |
| 11 ② | 12 ④ | 13 ① | 14 ③ | 15 ② | 16 ② | 17 ③ | 18 ② | 19 ④ | 20 ① |

01

정답 : ②

정답해설 '명랑한 사람 → 마라톤을 좋아함 → 체력이 좋고, 인내심도 있음'이므로 명랑한 사람은 인내심이 있다. 이것의 대우 명제는 '인내심이 없는 사람은 명랑하지 않다.'이다.

02

정답 : ④

정답해설 A사의 첫 번째 컴퓨터에 대한 언급은 없으며, 무게가 850g인 컴퓨터가 처음이므로 첫 번째 컴퓨터의 무게는 850g이 아니라는 것을 알 수 있다.

03

정답 : ①

정답해설 빨간색 기둥의 위치는 노란색 기둥 앞일 수도 있고, 파란색 기둥 앞일 수도 있다. 초록색 기둥의 위치는 빨간색 기둥 뒷일 수도 있고, 파란색 기둥 뒷일 수도 있고, 노란색 기둥 뒷일 수도 있고, 보라색 기둥 뒷일 수도 있다. 따라서 어느 기둥이 맨 뒤에 있는지 알 수 없다.

04

정답 : ②

정답해설 월요일에는 회의를 개최하지 않는다고 했으므로, 화요일과 목요일에 회의가 개최한다는 것을 알 수 있다. 마지막 명제의 대우는 '화요일에 회의를 개최하거나 수요일에 개최하면, 금요일에도 회의를 개최한다.'가 된다. 이것도 참이 되는데, 화요일에 회의를 개최하므로 금요일에도 개최하게 된다. 따라서 ○○○○공사가 회의를 개최해야 하는 날은 '화요일, 목요일, 금요일'의 3일이 된다.

05
정답 : ①

정답해설 두 번째 문장의 대우 명제는 'B를 구매하는 사람은 C를 구매한다.'이므로
'A를 구매 → B를 구매', 'B를 구매 → C를 구매', 'C를 구매 → D를 구매하지 않음'이 성립한다.
① 'A를 구매하는 사람은 D를 구매하지 않는다.'는 성립한다.

오답해설 ② B를 구매하는 사람은 C를 구매한다.
③ C를 구매하는 사람은 D를 구매하지 않는다.
④ 두 번째 문장의 '역'에 해당하므로, 항상 참이라 할 수 없다.

06
정답 : ①

정답해설 B씨는 약속 때마다 가장 늦게 도착한다고 했고, 약속장소에 A씨는 B씨보다 먼저, C씨는 A씨보다 일찍 도착하였
으므로 C–A–B순으로 도착했다. 따라서 C씨는 B씨보다 먼저 약속장소에 도착했음을 알 수 있다.

07
정답 : ③

정답해설 국화를 좋아하는 사람 → 해바라기를 좋아하는 사람 → 진달래를 싫어하는 사람

오답해설 ① '진달래를 싫어하는 사람은 해바라기를 좋아한다.'는 명제가 참일 때 역도 반드시 참인 것은 아니다.
② '선인장을 좋아하는 사람은 알로에를 싫어한다.'에서는 '싫어하지 않는다.'의 반대말은 '싫어한다.'이고, '좋아
한다.'의 반대말은 '좋아하지 않는다.'이다.
④ '알로에를 좋아하지 않는 사람은 해바라기를 좋아하지 않는다.'는 위의 보기만을 보고 알 수 있다.

08
정답 : ④

정답해설

5층	E	D	E	D
4층	C	C	C	C
3층	D	E	B	B
2층	B	B	A	A
1층	A	A	D	E

조건에 따르면 위 표처럼 되므로 C가 4층에 있을 때 A는 1층 혹은 2층, B는 2층에 있거나 3층에 자리하게 된다.

09

정답해설 ㉠ 방 A의 안내문이 참일 경우 방 B에는 괴물이 들어있다. 또한 방 C는 비어 있는 것이 되므로 보물이 있는 곳은 방 A가 된다.

㉡ 방 B의 안내문이 참일 경우 방 C에는 보물이 없다. 그러므로 보물이 들어있는 곳은 방 A가 된다.

㉢ 방 C의 안내문이 참일 경우 방 A와 방 B중 하나는 비어있고 다른 하나는 괴물이 있어야 한다. 그러나 이때 방 A가 거짓이어야 하는데 이를 충족시키기 위해서는 방 B에는 괴물이 없어야 한다. 그러나 이는 다시 방 B가 비어있어서는 안된다는 점에서 모순된다.

따라서 반드시 참이 되는 것은 방 A 또는 방 B의 안내문이다.

① 방 A나 방 B의 안내문이 참인 두 경우 모두 방 A에는 보물이 들어 있다는 결론을 얻을 수 있으므로 올바른 결론이다.

② 방 A의 안내문이 참일 경우 방 B에는 괴물이 들어있고, 방 B의 안내문이 참일 경우 방 B는 비어 있어야 한다. 따라서 올바른 결론으로 보기 어렵다.

③ 방 A의 안내문이 참일 경우 방 B에는 괴물이 있게 된다.

④ 방 A의 안내문이 참일 경우 방 C는 비어 있어야 한다. 따라서 올바른 결론이 될 수 없다.

10

정답해설 위의 명제들을 정리해보면

- A와 C는 동시에 문을 열었다.=A가 문을 열었다면 C도 문을 열었다.
  → C가 문을 열지 않았다면 A도 문을 열지 않았다.
- A가 문을 열지 않았다면, B가 문을 열었거나 C가 문을 열었다.
  → C는 문을 열지 않았기 때문에 B가 열었다.
- B와 D는 동시에 문을 열지 않는다.=D가 문을 열었다면, B가 문을 열지 않았다.
  → B가 문을 열었다면 D가 문을 열지 않았다.
  → E도 문을 열지 않았다.

따라서 오늘 문을 연 식당은 B이다.

11

정답해설 갑은 E에 가입해야 하므로 ㉢에 따라 B에는 가입하지 않는다. ㉠의 대우인 'B에 가입하지 않으면 A에 가입하지 않는다.'도 참이 되므로, A에도 가입하지 않는다. A에 가입하지 않으므로, ㉤에 따라 F에는 가입해야 한다. ㉣의 대우 'F에 가입하면 D에는 가입하지 않는다.'도 참이 되므로, 갑은 D에 가입하지 않게 된다. 따라서 ㉡에 따라 갑은 C에 가입해야 한다. 따라서 ②가 옳다.

12

정답 : ④

정답해설 먼저 K씨가 생일날 받은 선물의 개수를 구해보면

$$\frac{9(\text{P씨가 받은 선물 수})+15(\text{L씨가 받은 선물 수})}{2} - 2, \frac{24}{2} - 2 = 10\text{개다.}$$

따라서 K씨는 생일날 짝수 개(10개)의 선물을 받았고, 셋 중 P씨(9개)가 가장 적은 수의 선물을 받았다.

13

정답 : ①

정답해설 세 사람의 인사고과 점수를 정리하면

K씨의 점수+15(점)=L씨의 점수

K씨의 점수+5(점)=P씨의 점수

이를 통해서 L씨, P씨, K씨 순서로 인사고과 점수가 높음을 알 수 있다.

따라서 A의 말만 옳다.

14

정답 : ③

정답해설 조건들을 정리해보면

경영팀에 지원하지 않음 → 인사팀에 지원하지 않음 → 기획 운영팀에 지원하지 않음

'경영팀에 지원하지 않음(p) → 인사팀에 지원하지 않음(q)' 참이므로 그 대우인

'인사팀에 지원($\sim q$) → 경영팀에 지원($\sim p$)' 역시 참이 된다.

따라서 A와 B의 말은 모두 옳다.

15

정답 : ②

정답해설 366일 후는 1월 1일을 기준으로 했을 때 내년 1월 1일이 된다. 1년 후 21살이기 때문에 오늘은 20살이어야 한다. 따라서 어제는 12월 31일이다.

16

정답해설 첫 번째 조건에 의해 (A, ○, ○), (B, ○, ○), (○, ○, ○)으로 나누어지는데,
세 번째와 네 번째, 다섯 번째 조건에 따라 (A, ○, ○), (B, D, H), (○, ○, ○)로 나누어진다는 것을 알 수 있다.
여기서 C씨와 I씨가 같은 팀이 되고, F씨와 G씨가 같은 팀이 되면서, 두 번째 조건을 만족시키려면 각각 (A, F, G), (B, D, H), (C, I, E)로 나누어질 수밖에 없다.

17

정답해설 파란색 간판은 왼쪽 끝에 있는 슈퍼마켓의 것이다.

파란색		

F슈퍼마켓은 E슈퍼마켓의 오른쪽에 있다.

파란색		
E슈퍼마켓	F슈퍼마켓	

혹은

파란색		
	E슈퍼마켓	F슈퍼마켓

G슈퍼마켓의 간판은 빨간색이다.

파란색	초록색	빨간색
E슈퍼마켓	F슈퍼마켓	G슈퍼마켓

따라서 가운데 위치하는 슈퍼마켓과 간판의 색은 F슈퍼마켓-초록색이다.

18

정답해설 첫 번째 조건에 따라 K씨는 A자격증을 가지고 있다.
세 번째 조건에서 A자격증을 취득하기 위해서는 D자격증이 있어야 한다고 했으므로 K씨는 D자격증도 가지고 있다.
네 번째 조건에 따라 K씨는 E자격증도 가지고 있어야 한다.
다섯 번째 조건에 따라 K씨는 B자격증은 취득하지 못했음을 알 수 있다.
두 번째 조건에 따라 K씨는 C자격증도 취득할 수 없다.
따라서 K씨는 A, D, E자격증 3개를 갖고 있다.

19

정답해설 ㉠의 조건에서 A는 C보다 회사에서 가깝고 B보다는 멀다고 했으므로, 집에서 가까운 약국을 순서대로 나열하면 '집 – C – A – B – 회사'가 된다.

㉡의 조건은 D는 C보다 집에서 멀고 B보다 집에서 가깝다는 것이므로, '집 – C – D – A – B – 회사' 또는 '집 – C – A – D – B – 회사'의 순서가 된다. 그런데, ㉢에서 A는 회사에서 두 번째로 가깝다(집에서 세 번째로 멀다)고 했으므로, 집에서 가까운 순서대로 나열하면 '집 – C – D – A – B – 회사'가 된다.

20

정답해설 사람이 6명, 층이 2~7층까지 있으므로 각층에 한명씩 내린 것이다.

최 과장은 A씨보다는 늦게 내렸지만 이 대리보다는 빨리 내렸으므로 A씨 → 최 과장 → 이 대리 순으로 내렸다.

박 과장은 B씨보다 한층 더 가서 내렸으므로 B씨 → 박 과장 순으로 내렸다.

박 과장은 이 대리보다는 세 층 전에 내렸으므로 박 과장 → ○○ → ○○ → 이 대리 순으로 내렸다.

이 대리가 마지막에 내린 것이 아니므로 김 대리가 7층에서 내렸고, 정리해보면 B씨(2층) – 박 과장(3층) – A씨(4층) – 최 과장(5층) – 이 대리(6층) – 김 대리(7층) 순으로 내렸다.

따라서 짝수 층에 내린 사람은 보기 중에 이 대리뿐이다.

04 자기개발능력

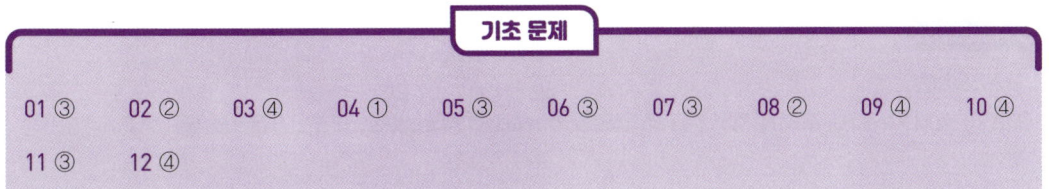

01   정답 : ③

정답해설 자기개발을 설계할 때에는 장기적 목표와 더불어 단기적 목표도 함께 수립해야 한다. 단기적 목표는 장기적 목표를 이루기 위한 기본 단계가 되며, 장기 목표를 위한 직무 관련 경험, 능력, 자격증 등을 고려해야 한다.

> **핵심정리**
>
> 자기개발 설계전략
> - 장·단기 목표를 수립한다.
>   - 장기 목표 : 욕구, 적성, 가치, 흥미 등을 고려
>   - 단기 목표 : 직무 관련 경험, 자격증, 능력 등을 고려
> - 인간관계를 고려한다.
> - 현재의 직무를 고려한다.
> - 구체적인 방법으로 계획한다.

02   정답 : ②

정답해설 자기개발은 자아인식, 자기관리, 경력개발의 세 과정으로 구성되어 있다. 이 중 자기관리란 목표를 성취하기 위해 자신의 행동 및 업무수행을 관리하고 조정하는 것을 말한다. 자신에 대한 이해를 바탕으로 비전과 목표를 수립하고, 피드백 과정을 통해 부족한 점을 고쳐 나가도록 한다.

오답해설 ① 자아인식이란 자신의 흥미, 적성, 특성 등을 이해하고 자기정체감을 확고히 하는 것을 말한다.
③ 자기비판은 자기개발의 구성요소에 해당되지 않는다.
④ 자기반성은 자기개발의 구성요소에 해당되지 않는다.

03

정답해설 자기개발은 일시적인 과정이 아니라 평생에 걸쳐서 이루어지는 과정이다. 자아를 실현하고 원하는 바를 이루기 위해서는 평생에 걸친 자기개발이 필요하다.

핵심정리

자기개발이란?

직업인으로서 자신의 능력, 적성, 특성 등을 객관적으로 이해하고 이를 바탕으로 자기 발전 목표를 세워 성취해나가는 능력이다.

자기개발의 특징

- 개발의 주체는 자기 자신이다.
- 개별적인 과정이므로 지향하는 바와 선호하는 방법 등은 사람마다 다르다.
- 평생에 걸쳐 이루어진다.
- 일과 관련하여 이루어지는 활동이다.
- 생활 가운데 이루어져야 한다.
- 모든 사람이 해야 하는 것이다.

04

정답해설 1단계는 비전 및 목적을 정립하는 단계이다. 우선순위의 설정은 과제 발견 단계에서 실시해야 한다. 비전과 목적을 정립한 후에 수행 과제에 대한 중요도를 파악하고 그에 따라 우선순위를 결정해야 한다.

핵심정리

자기관리 절차

1) **비전 및 목적 정립** : 비전과 목적은 모든 행동 및 업무의 기초가 되며, 의사결정의 가장 중요한 지침으로 적용된다.

2) **과제 발견** : 자신이 수행해야 할 역할을 도출하고 활동목표에 따른 우선순위를 정한다.

3) **일정 수립** : 우선순위에 따라 구체적인 일정을 수립한다.

4) **수행** : 계획한 대로 바람직하게 수행되도록 한다.

5) **반성 및 피드백** : 일을 수행하고 나면 결과를 피드백 하여 다음 수행에 반영한다.

05

정답해설 성찰은 과거의 일을 반성하고 현재의 부족한 부분을 인식함으로써 성장해나가는 과정이다.

> **핵심정리**
>
> **성찰의 효과**
> - 다른 일을 하는데 노하우가 축적된다.
> - 신뢰감을 형성할 수 있다.
> - 성장의 기회가 된다.
> - 창의적인 사고를 가능하게 한다.

06
정답 : ③

정답해설 경력개발은 자신의 진로에 대하여 단계적 목표를 설정하고 목표성취에 필요한 역량을 개발해 나가는 능력으로 직업 선택, 조직 입사, 경력 초기, 경력 중기, 경력 말기의 5단계로 이루어진다. 새로 들어간 조직의 규칙이나 규범, 분위기를 알고 적응해 나가는 것은 경력 초기 단계이다.

오답해설 ① 자신에게 적합한 직업을 탐색하고 이에 필요한 능력을 키우는 과정이다.
② 자신의 환경과 특성을 고려해 직무를 선택하는 과정이다.
④ 자신이 그동안 성취한 것을 재평가하고, 생산성을 그대로 유지하는 단계이다.

> **핵심정리**
>
> **경력단계별 특징**
> - **직업 선택** : 자신에게 적합한 직업이 무엇인지 탐색하고 선택하는 단계이다.
> - **조직 입사** : 자신의 환경과 특성을 고려해 직무를 선택하는 단계이다.
> - **경력 초기** : 자신의 직무를 이해하고 업무 내용을 파악하며, 조직의 규칙이나 규범, 분위기를 알고 적응해나가는 단계이다.
> - **경력 중기** : 그동안 성취한 것들을 점검 · 재평가하고, 생산성 유지에 힘쓰는 단계이다. 이 시기는 경력 정체기에 해당되며 새로운 환경의 변화에 직면하여 생산성 유지에 어려움을 겪기도 한다.
> - **경력 말기** : 조직의 생산적인 기여자로 남고, 자신의 가치를 지속적으로 유지하기 위하여 노력하며 동시에 퇴직을 고려하게 되는 시기이다.

07
정답 : ③

정답해설 체크리스트는 본인이 업무의 각 단계를 효과적으로 수행했는지 자가점검하는 도구이지 상사가 점검해볼 수 있는 도구는 아니다.

08

정답 : ②

정답해설 타인과 내가 다 아는 자아는 '공개된 자아', 나만 알고 타인이 모르는 나는 '숨겨진 자아', 타인이 알고 나는 모르는 자아는 '눈먼 자아', 타인과 나 모두 모르는 자아는 '아무도 모르는 자아'이다.

조하리의 창

구분	내가 아는 나	내가 모르는 나
타인이 아는 나	공개된 자아 (Open Self)	눈먼 자아 (Blind Self)
타인이 모르는 나	숨겨진 자아 (Hidden Self)	아무도 모르는 자아 (Unknown Self)

09

정답 : ④

정답해설 무조건적으로 다른 사람들과 같은 방식으로 일하다보면, 본인만의 방식 혹은 창의적인 방법을 발견하기 어렵다. 다른 사람들과 다른 방식으로 생각해보고 본인에게 보다 효율적인 방법을 모색해보는 것이 좋다.

오답해설 ① 자기자본이익률이란 경영자가 기업에 투자된 주주의 자본을 사용해 어느 정도 이익을 올리고 있는가를 나타내는 지표로서, 이를 높이는 것이 중요하다.
② 일을 미루고 급하게 처리하다 보면, 해야 할 일들을 제 시간에 처리하기 어렵다.
③ 개인에게 할당된 업무는 대게 비슷한 속성을 가진 경우가 많으므로, 여러 가지 일들을 한꺼번에 처리하여 했던 일을 반복해서 하지 않도록 경로를 단축시켜야 한다.

10

정답 : ④

정답해설 의사결정을 하고 난 뒤에는 그 결과를 평가하고 피드백 하여 다시 처음 단계로 돌아가야 한다. 의사결정은 한 번으로 끝나는 것이 아니라 끊임없이 평가하고 피드백 하여 최적의 방안을 찾아가는 과정이다.

핵심정리

합리적 의사결정 과정
1) 문제의 근원을 파악한다.
2) 의사결정 기준과 가중치를 정한다.
3) 의사결정에 필요한 정보를 수집한다.
4) 가능한 모든 대안을 탐색한다.
5) 각 대안을 분석 및 평가한다.
6) 최적안을 선택한다.
7) 의사결정 결과를 평가하고 피드백 한다.

11

정답해설 WLB는 Work Life Balance의 약자로 일과 생활의 균형을 의미한다. 이는 일과 생활의 균형을 이루면서 둘 다 잘 해내는 것이다.

오답해설 ② 자신의 본업 외에 또 다른 삶의 목적을 이루기 위한 일을 가지는 것을 의미한다.
④ 지속적인 경기불황에 따라 2개 혹은 그 이상의 직업을 가지는 것을 의미한다.

12

정답해설 자신의 약점이나 실수를 감추는 것이 꼭 좋은 것만은 아니다. 성찰을 통해 약점과 실수를 살피고 자신을 되돌아보며 무엇이 잘못되었는지를 파악하는 것이 중요하다. 이러한 과정이 있어야 같은 실수를 반복하지 않게 된다.

응용 문제

01 ②   02 ④   03 ④   04 ④   05 ③   06 ④   07 ③   08 ③   09 ④   10 ④

11 ③

01

정답 : ②

정답해설 G씨의 자기개발을 방해하는 장애요인은 개인의 욕구이다. 이는 자기개발을 하고자 하는 의지보다도 다른 욕구가 더 강하게 작용하기 때문에 발생되는 것이다. 이와 비슷한 사례는 회식과 과음으로 인해 자기개발을 하지 못하고 있는 B씨의 사례이다.

핵심정리

자기개발을 방해하는 장애요인
- 우리의 욕구와 감정이 작용하기 때문이다.
- 제한적으로 사고하기 때문이다.
- 문화적인 장애에 부딪히기 때문이다.
- 자기개발 방법을 잘 모르기 때문이다.

02

정답 : ④

정답해설 사람은 누구나 변화에 민감하고 환경이 불안정해지는 것을 두려워하며, 현재의 삶에 안주하고 지금 하고 있는 일을 지속적으로 하길 원한다. 그러나 사회는 끊임없이 변화하며 발전한다. 자기개발은 한 분야에서 안정적인 삶을 살기 위해 필요한 것이 아니라, 변화하는 환경에 적응하고 이러한 변화에 대응하기 위해 필요한 것이다.

03

정답 : ④

정답해설 자기개발은 자아인식, 자기관리, 경력개발의 세 가지 단계를 거쳐 이루어지는데 자신을 되돌아보는 것은 '자아인식'의 과정에 해당된다. 다른 직원들과 소통하며 본인의 모습을 파악하고 더 알아보는 행동이 자아인식의 과정이라 할 수 있다.

오답해설 ① 경력개발에 관한 내용이다.
② , ③ 자기관리에 관한 내용이다.

핵심정리

자기개발의 구성

자아인식	자신의 가치, 신념, 흥미, 적성, 성격 등 스스로에 대해 파악하는 것으로서, 자기개발의 첫 단계가 됨
자기관리	자신을 이해하고 목표 성취를 위해 행동 및 업무수행을 관리하고 조정하는 것
경력개발	개인의 경력목표와 전략을 수립하고 실행하며 피드백 하는 것

04

정답 : ④

정답해설 자기개발을 위한 지원 부족은 자기개발을 방해하는 장애요인으로 보기 어렵다. 실제로 고용노동부, 한국산업인력공단 등에서는 자기개발을 실현할 수 있도록 각종 자기개발 프로그램들을 지원하고 있으며 이 외에도 기업체들에서 역시 다양한 프로그램을 통해 자기개발 교육을 실시하고 있다. 따라서 지원이 부족하기 때문에 자기개발이 힘들다고 볼 수는 없다.

05

정답 : ③

정답해설 일을 하다보면 개인적인 가치관과 신념 등이 바뀔 수 있다. 경력개발은 가치관과 신념을 확고히 정립하기 위해서 필요하다기보다, 지속적으로 바뀌는 가치관과 신념, 변화된 직무 환경 등에 적응하기 위해 필요하다고 볼 수 있다.

핵심정리

경력개발의 필요성

개인요구	• 신념 및 가치관의 변화 • 전문성 축적 및 성장 요구 증가
조직요구	• 경영전략의 변화 • 승진 적체 • 직무환경 변화
환경변화	• 지식정보의 급속한 변화 • 인력난 • 삶의 질 추구

06
정답 : ④

정답해설 업무를 수행할 때 단계별 계획을 수립해 차근차근 이뤄나가면 조금씩 성취감을 느낄 수 있고 이는 흥미와 적성 개발에 도움을 준다.

오답해설 ① 흥미나 적성은 고정 불변하는 절대적인 것이 아니라 끊임없는 개발을 통해 변화되는 것이다.
② 흥미와 적성 개발을 하려면 기업의 문화 및 풍토를 고려해야 한다.
③ 한 번에 큰 프로젝트를 도전적으로 수행하는 것보다는 작은 단위로 나누어 수행하는 것이 좋다. 작은 성공의 경험들이 축적되어 자신감이 형성되면 보다 큰일을 할 수 있게 된다.

07
정답 : ③

정답해설 조하리의 창에 의하면 나와 타인 모두가 아는 자아는 공개된 자아, 나만 알고 타인은 모르는 자아는 숨겨진 자아, 타인만 알고 나는 모르는 자아는 눈먼 자아, 나와 타인 모두가 알지 못하는 자아는 아무도 모르는 자아이다. J씨의 경우, 실제 성격은 온화하고 자상하지만 직장 내 동료들은 이를 알지 못하므로 나만 알고 타인은 모르는 '숨겨진 자아'에 해당된다.

08
정답 : ③

정답해설 자기관리능력 중 긍정적인 마음 가지기에 대해 설명하는 항목이다. 긍정적인 마음을 가지려면 힘든 상황을 회피하거나 외면하기 보다는 자신이 처한 상황을 받아들이고 그 속에서 자신을 개발해나가야 한다.

09
정답 : ④

정답해설 F씨는 경력개발 단계 중 자신과 환경이해 단계의 과정에 있다. 자신과 환경을 이해하려면 자기탐색과 환경탐색의 과정을 거쳐야 한다. 자기 탐색 활동으로는 워크숍 참여, 전문가와의 면담, 표준화된 검사, 일기 등을 통한 성찰 과정 등이 있다. 경력목표와 활동계획을 구체적으로 수립하는 것은 경력목표가 뚜렷하게 설정이 된 후에 할 일이다. 경력목표를 설정한 후에 경력개발 전략을 수립하는 일이 진행되어야 한다. F씨의 경우, 그에 앞서 자신을 명확하게 이해하는 과정이 필요하다.

자기탐색과 환경탐색

자기탐색	환경탐색
• 자기인식 관련 워크숍 참여 • 전문가와의 면담 • 표준화된 검사 • 일기 등을 통한 성찰	• 회사의 연간 보고서 읽어보기 • 직무 관련 설명 자료 탐색 • 직업 관련 홈페이지(Q-net, Work-net 등) 방문

10

정답 : ④

정답해설 ④번은 자아인식 활동이고 나머지는 모두 경력개발 활동이다. 주변 지인들에게 '평소 나에 대해 어떻게 생각하느냐'고 묻는 행위는 내가 모르는 또 다른 나를 발견하기 위한 과정이다.

11

정답 : ③

정답해설 자기개발 설계 전략을 수립할 때에는 단기적 목표와 장기적 목표를 모두 수립해야 한다. 단기 목표는 1~3년까지의 기간으로, 장기 목표를 위한 직무 관련 경험, 능력, 자격증 등을 고려하여 작성해야 한다. 장기 목표는 5년~10년까지의 기간으로, 적성, 흥미, 기대 등을 고려하여 작성해야 한다.

05 자원관리능력

기초 문제

01 ①   02 ④   03 ④   04 ③   05 ①   06 ②   07 ③   08 ③   09 ①   10 ④

11 ②

01

정답 : ①

정답해설 자원관리란 가용할 수 있는 자원을 파악하고 최대한 확보하여 실제 업무에 어떻게 활용할 것인지에 대한 계획을 수립하여 계획에 따라 확보한 자원을 효율적으로 활용하여 관리하는 능력을 의미한다.

02

정답 : ④

정답해설 자원관리능력의 구성 4가지는 예산관리능력, 물적자원관리능력, 인적자원관리능력, 시간관리능력이다.

핵심정리

• **시간관리능력** : 기업 활동에서 필요한 시간자원을 파악하고, 시간자원을 최대한 확보하여 실제업무에 어떻게 활용할 것인지에 대한 시간계획을 수립하고, 이에 따라 시간을 효율적으로 활용하여 관리하는 능력

03

정답 : ④

정답해설 개인과 조직에게 주어진 자원은 제한적이므로 자원을 효과적으로 활용하는 자원관리가 필요하다. 자원의 낭비 요인은 다음과 같다.

• **비계획적 행동** : 자원 활용에 대한 계획 없이 충동적이고 즉흥적으로 행동
• **편리성 추구** : 자원의 활용 시 자신의 편리함을 최우선으로 추구
• **자원에 대한 인식의 부재** : 자신이 가지고 있는 중요 자원의 불인식
• **노하우 부족** : 효과적인 자원관리에 대한 노하우 부족

04

정답해설 시간의 특성은 다음과 같다.

- 매일 24시간이 똑같이 반복적으로 주어진다.
- 속도가 일정하다.
- 흘러가는 시간을 멈출 수 없다. (비융통성)
- 빌리거나 저축할 수 없다.
- 어떻게 사용하는지에 따라 가치가 달라진다.
- 시절에 따라 밀도와 가치가 다르다.

05

정답해설 시간단축이란 정해진 업무량에 투입되는 시간의 축소 또는 한정된 시간에 할 수 있는 업무량의 증가를 뜻하므로 기업의 시간 단축 효과는 가격의 인상, 생산성 향상, 위험 감소, 시장 점유율의 증가이다.

06

정답해설 시간 관리의 효과는 다음과 같다.

- **스트레스 관리** : 시간 관리를 통하여 일에 대한 부담을 감소시켜 스트레스가 감소
- **균형적인 삶** : 직장에서 일을 수행하는 시간이 감소하여 다양한 삶의 향유가 가능
- **생산성 향상** : 시간은 매우 한정된 자원이므로 효율적으로 관리할 경우 생산성 향상 가능
- **목표 성취** : 시간 관리는 목표에 매진할 시간을 갖도록 함

07

정답해설 시간계획이란 시간을 최대한 활용하기 위하여 가장 많이 반복되는 일에 가장 많은 시간을 분배하고, 최단 시간에 최선의 목표를 달성하는 것을 뜻한다.

08

정답해설 예산관리를 할 때에 적정예산의 수준은 무조건 적은 비용이 아니라 책정 비용과 실제 비용의 차이가 적은 상태의 예산이다.

> 개발 책정 비용 > 개발 실제 비용 – 경쟁력 손실
> 개발 책정 비용 < 개발 실제 비용 – 적자 발생
> 개발 책정 비용 = 개발 실제 비용 – 이상적 상태

09

정답해설 예산관리의 절차는 다음과 같다.

> • **예산이 필요한 활동 규명** : 예산을 배정하기 전, 예산 범위 내에서 수행해야 하는 활동과 소요예산을 정리
> • **우선순위 결정** : 우선적으로 예산이 배정되어야 하는 활동을 도출하기 위하여 활동별 예산 지출 규모를 확인하고 우선순위 확정
> • **예산배정** : 우선순위가 높은 활동부터 예산을 배정

10

정답해설 물적자원의 두 가지 종류는 다음과 같다.

> • **자연자원** : 자연 상태 그대로의 자원 (예 : 석탄, 석유 등)
> • **인공자원** : 인위적으로 가공하여 만든 자원 (예 : 시설, 장비 등)

11

정답해설 물적자원관리 과정은 다음과 같다.

> • 사용 물품과 보관 물품의 구분 (반복 작업 방지, 물품 활용의 편리성)
> • 동일 및 유사 물품으로의 분류 (동일성의 원칙, 유사성의 원칙)
> • 물품 특성에 맞는 보관 장소 선정 (물품의 형상, 물품의 소재)

| 01 ① | 02 ② | 03 ② | 04 ③ | 05 ② | 06 ③ | 07 ① | 08 ③ | 09 ② | 10 ② |
| 11 ① | 12 ④ | | | | | | | | |

01

정답 : ①

정답해설 1사분면은 긴급하면서 중요한 일로, 위기의 영역이라고 할 수 있다. 이는 일을 계획하거나 수행하는데 있어 가장 우선시 되어야 한다. 이와 관련된 일로는 위기 상황에서의 일들이나 마감이 가까워진 프로젝트 혹은 과제, 갑작스럽게 잡힌 회의 등이 있다.

02

정답 : ②

정답해설 2사분면은 긴급하지 않지만 중요한 일로, 예방의 영역이라고 할 수 있다. 이 유형의 일들은 보람 있는 삶을 영위하기 위하여 매우 중요하다. 예를 들면, 시간이 없어서 하지 못했던 일 중 현재와 미래의 삶을 윤택하게 할 수 있는 일로서 오늘 당장 실시할 수 있는 일들에 속하는 운동, 독서, 명상 등 자기개발 및 행복감의 증대를 이룩할 수 있는 일들은 대부분 이 영역에 속한다.

03

정답 : ②

정답해설 명함에는 일반적으로 자신의 이름, 소속, 연락처 등이 포함되어 있어 다른 사람들로 하여금 자신이 어떤 일을 하는지를 알려주는 효과가 있다. 명함은 단지 받아서 보관하는 것이 목적이 아니라, 이를 활용하고 적극적인 의사소통을 통해 자신의 인맥을 만들기 위한 도구로 활용되어야 한다. 중요한 사항을 명함에 메모하는 것도 중요하다.

04

정답 : ③

정답해설 M회사가 A제품, S회사가 C제품을 생산하는 경우 아래에서 해당하는 값을 찾으면

M회사		S회사		
		A제품	B제품	C제품
	A제품	(−6, 4)	(4, −2)	(2, 10)

정답 및 해설

M회사	B제품	(−7, 12)	(6, 3)	(3, 8)
	C제품	(10, −2)	(−4, 4)	(14, 7)

(2, 10) 즉 M회사의 수익이 2억, S회사의 수익이 10억이 되며 수익의 합계는 12억 원이다. 마찬가지로 나머지 경우들도 구해보면

② M : C , S : B = (−4, 4) 수익의 합계는 0 원
③ M : C , S : C = (14, 7) 수익의 합계는 21억 원
④ M : A , S : A = (−6, 4) 수익의 합계는 −2억 원

따라서 M회사와 S회사의 수익의 합이 가장 큰 경우는 M회사가 C제품, S회사도 C제품을 생산하는 ③이 된다.

05   정답 : ②

정답해설 위와 같은 방법으로 풀어나가되, 시기별 소비자 선호도 정보를 활용해야 하는 문제이다. 4번 문제를 풀 때와 같이 각각의 경우의 값을 구해보면 아래와 같다.

① M : A , S : A = (−6, 4)
② M : A , S : C = (2, 10)
③ M : B , S : A = (−7, 12)
④ M : C , S : A = (10, −2)

그런데 제품을 선호하는 시기에 홍보를 하면 월 수익이 50% 증가, 월 손해의 50%가 감소된다는 조건이 있다. 문제의 시기는 6월이므로 6월에 선호제품인 A를 홍보한 경우는 이를 적용해 값을 수정해야 한다.

① M : A , S : A = (−6, 4) 두 회사 모두 A제품 홍보 (−3, 6)
② M : A , S : C = (2, 10) M회사 A제품 홍보 (3, 10)
③ M : B , S : A = (−7, 12) S회사 A제품 홍보 (−7, 18)
④ M : C , S : A = (10, −2) S회사 A세품 홍보 (10, −1)

06   정답 : ③

정답해설 먼저 별을 숫자로 바꾸는 작업을 한다. 발색이 좋은 것은 A와 C이다.

A = 2 + 4 (6)
C = 4 + 5 (9)

가격과 발색 두 가지 특성의 총합을 구해 더 높은 것을 고른다.

07

정답해설 브랜드 가치가 가장 높은 것은 A제품이고 유형이 촉촉한 제품은 A와 D가 있으나 D제품은 브랜드 가치가 낮은 제품으로 가장 알맞은 제품은 A제품이다.

08

정답해설 30대와 40대가 선호하는 특성은 브랜드 가치, 가격, 발색, 디자인 등이다.

① A=2+5+4+2 (13)　　　② B=2+4+3+2 (11)
③ C=4+3+5+3 (15)　　　④ D=3+2+3+5 (13)

총합이 가장 높은 제품을 선택한다.

09

정답해설 ② 민석이는 디자인과 유형을 고려해 알맞은 제품을 구입하였다.

오답해설 ① 영아는 브랜드 가치와 유형을 따져 A제품을 구매 했어야 한다.
③ 유정이는 가격이 저렴하면서 발색이 좋은 C제품을 구매 했어야 한다.
④ 정운이는 디자인이 예쁜 D제품을 구매 했어야 한다.

10

정답해설 연료비는 연비로 노선 길이를 나눠 들어가는 총 연료량을 구한다. 그 다음 연료 가격을 곱해 구한다. 구하면 다음과 같다.

$$완행 : \frac{720}{2} \times 800 = 288,000$$

$$쾌속 : \frac{720}{4} \times 1000 = 180,000$$

$$급행 : \frac{720}{6} \times 1600 = 192,000$$

$$특급 : \frac{720}{5} \times 2400 = 345,600$$

11

정답 : ①

정답해설 노선별 총 소요시간을 구하는 문제이다. 전체 노선 길이가 720km이고, 평균 속력이 주어져 있으므로 이동 시간을 구할 수 있다. 출발역과 도착역을 제외하고 정차 시간은 역당 10분씩 이라는 것도 고려해야 한다. 완행 노선은 정차역이 7개역, 쾌속 노선은 4개역, 급행 노선은 3개역, 특급노선은 2개역이다. 총 소요 시간을 구하면 다음과 같다.

구분	평균속력	이동 시간	정차역	정차 시간	총 소요 시간
완행	80	720/80＝9	7	70분	10시간 10분
쾌속	120	720/120＝6	4	40분	6시간 40분
급행	180	720/180＝4	3	30분	4시간 30분
특급	360	720/360＝2	2	20분	2시간 20분

가장 많은 소요시간이 걸린 완행은 10시간 10분, 가장 빠른 특급의 소요 시간은 2시간 20분 이므로 배송시간의 차로 옳은 것은 7시간 50분이다.

12

정답 : ④

정답해설 효과적인 인력배치를 위해서는 '적재적소주의, 능력주의, 균형주의'의 원칙을 지켜야 한다.

핵심정리

적재적소주의(The right man for the right job)
- 팀원의 능력이나 성격 등과 가장 적합한 위치에 인력을 배치하여 팀원 개개인의 능력을 최대로 발휘해 줄 것을 기대하는 것
- 배치는 작업이나 직무가 요구하는 요건, 개인이 보유하고 있는 조건이 서로 균형 있고, 적합하게 대응되어야 함

능력주의
- 개인에게 능력을 발휘할 수 있는 기회와 장소를 부여하고, 그 성과를 바르게 평가하여 평가된 능력과 실적에 대해 그에 상응하는 보상을 주는 원칙
- 적재적소주의 원칙의 상위 개념

균형주의
- 팀 전체의 적재적소를 고려(팀 전체의 능력 향상, 의식 개혁, 사기 양양)하여 모든 팀원에 대하여 평등하게 인력을 배치하는 것

---

06 대인관계능력

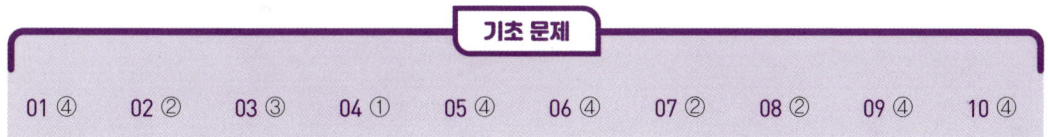

기초 문제

01 ④   02 ②   03 ③   04 ①   05 ④   06 ④   07 ②   08 ②   09 ④   10 ④

01
정답 : ④

정답해설 반복적인 사과는 오히려 신뢰도를 하락시킬 수 있다. 사과를 할 때에는 최대한 진지한 자세로 하는 것이 좋다.

02
정답 : ②

정답해설 팀워크는 Team＋Work의 개념으로, 협력하는 분위기를 바탕으로 효과적인 업무 성과를 창출해내는 것이다. 팀이 성과를 내지 못하고 분위기만 좋은 것은 응집력이지 팀워크가 아니다.

03
정답 : ③

정답해설 멤버십 유형에는 소외형, 순응형, 실무형, 수동형, 주도형이 있는데, 이 중 '실무형'에 해당하는 사람의 특징은 조직의 운영방침에 민감하고, 사건을 균형 잡힌 시각으로 보는 것이다.

04
정답 : ①

정답해설 제시된 유형은 '수용형'이다. 수용형은 나는 지고 너는 이기는 방법(I Lose–You Win)으로, 자신에 대한 관심은 낮고, 상대방에 대한 관심은 높다.

05

정답 : ④

정답해설 리더는 새로운 상황의 창조자로서 '무엇을 할까?'를 생각하고, 관리자는 창조된 상황을 만들어 가는 사람으로서 '어떻게 할까?'를 생각하는 것이 옳다.

06

정답 : ④

정답해설 때에 따라서는 갈등이 필요한 경우도 있다.

오답해설 ① 갈등을 해결하려면 대화와 협상으로 타협점을 찾아야 한다.
② 갈등은 의견 조율 과정에서 필연적으로 발생할 수 있는 상황이며 항상 부정적인 결과를 초래하는 것은 아니다.
③ 갈등의 발생 원인과 경우에 따라서 회피전략이 효과적일 수 있다.

07

정답 : ②

정답해설 갈등의 두 가지 쟁점으로는 핵심문제와 감정적 문제가 있다. 역할 모호성은 핵심 문제에 해당되고, 나머지는 감정적 문제에 해당한다.

> **핵심정리**
>
> **갈등의 두 가지 쟁점**
> - **핵심문제** : 역할 모호성, 방법 · 목표 · 절차 · 책임 · 가치 · 사실에 대한 불일치
> - **감정적 문제** : 공존할 수 없는 개인적 스타일, 통제나 권력 확보를 위한 싸움, 자존심에 대한 위협, 질투와 분노 등

08

정답 : ②

정답해설 협상의 과정은 크게 5단계로 나뉘는데, 해당 내용은 '상호이해'과정에 해당한다.

핵심정리

협상과정의 5단계

협상시작	• 협상 당사자들 사이에 상호 친근감을 쌓음 • 간접적인 방법으로 협상의사를 전달함 • 상대방의 협상의지를 확인함 • 협상진행을 위한 체제를 짬
상호이해	• 갈등문제의 진행상황과 현재의 상황을 점검함 • 적극적으로 경청하고 자기주장을 제시함 • 협상을 위한 협상대안 안건을 결정함
실질이해	• 겉으로 주장하는 것과 실제로 원하는 것을 구분하여 실제로 원하는 바를 찾아냄 • 분할과 통합 기법을 활용하여 이해관계를 분석함
해결대안	• 협상 안건마다 대안들을 평가함 • 개발한 대안들을 평가함 • 최선의 대안에 대해서 합의하고 선택함 • 대안 이행을 위한 실행계획을 수립함
합의문서	• 합의문을 작성함 • 합의문 상의 합의내용, 용어 등을 재점검함 • 합의문에 서명함

09

정답 : ④

정답해설 금전적인 보상과 같은 외적 동기 유발제는 직원들의 사기를 높이고 단기간에 좋은 결과를 가져올 수 있지만, 그 효과가 오래가지는 못한다.

10

정답 : ④

정답해설 빨리빨리형 고객 유형의 경우 성격이 급하고 빠른 일처리를 원하며, 확신 있는 말이 아니면 잘 믿지 않는 고객 이다. 이러한 고객에게는 애매한 언행을 보여서는 안 되고, 빠르고 신속하게 일을 처리하는 모습을 보여 신뢰감 을 주어야 한다.

정답 및
해설

응용 문제

01 ④　　02 ③　　03 ④　　04 ③　　05 ①　　06 ④　　07 ②　　08 ③　　09 ①　　10 ③

11 ④　　12 ③　　13 ③

01

정답 : ④

정답해설 팀워크란 팀 구성원이 공동의 목적을 달성하기 위하여 상호관계성을 가지고 협력하여 업무를 수행하는 것이다. 분위기가 좋은 것은 팀워크라기보다는 '응집력'에 가깝다. ①~③번 사례의 경우, 서로 협력하여 공동의 목적을 달성하고 결과를 창출해낸 경우이다. 모두 팀워크를 발휘한 사례라고 볼 수 있다.

○ 핵심정리 ○

팀워크와 응집력의 차이

팀워크	응집력
• 팀 구성원이 공동의 목적을 달성하기 위해 상호 관계성을 가지고 서로 협력하여 일을 해나가는 것 • 단순히 잘 뭉치고 분위기가 좋은 것이 다가 아니라, 목표 달성 의지를 가지고 성과를 창출해야 함	• 좋은 분위기로 인해 사람들로 하여금 집단에 계속 머물러 있고 싶게 하는 것 • 일의 결과보다는 분위기 자체를 중시함

02

정답 : ③

정답해설 이러한 갈등 상황이 생길 경우, 가장 먼저 당사자와 이야기 해보는 것이 바람직하다.

오답해설 ① 당사자와 이야기하지 않은 채, 특정 행동을 취하는 것은 바람직하지 않다.

② 갈등 상황과 연관되지 않은 사람들이 있는 자리에서 직접적으로 문제를 언급하며 갈등 상황을 해결하려는 태도는 옳지 않다.

④ 이의제기를 하기 전에 상대방의 입장을 충분히 들어보고 상황을 판단해야 한다.

03

정답 : ④

정답해설 조직을 효과적으로 운영하기 위해서는 과정보다 '결과'에 초점을 맞추어야 한다. 물론 일을 진행하는 과정도 중요하지만 개개인의 역량과 팀워크를 발휘하여 최대의 결과를 창출해내는 것이 더 중요하다. 효과적인 팀은 단순히 개개인의 노력을 합친 것 그 이상의 결과를 성취해내는 능력을 가지고 있다.

핵심정리

효과적인 팀의 특성
- 명확한 사명과 목표 설정
- 결과에 초점을 맞추기
- 조직화
- 리더십 역량 공유
- 의견의 불일치를 건설적으로 해결
- 객관적인 의사결정
- 창조적인 운영
- 역할과 책임의 명료화
- 개인의 강점 활용
- 팀 풍토 발전
- 개방적인 의사소통
- 팀 자체의 효과성 평가

04
정답 : ③

정답해설 열정과 도전정신을 가지고 업무에 임하는 것은 좋지만 항상 리스크에 맞서서 행동하는 것은 바람직하다고 볼 수 없다. 충분한 경험과 노하우를 바탕으로 어느 정도 직급이 있는 상태에서의 계산된 리스크는 괜찮지만, 단순히 열정과 도전정신만 가지고 리스크에 맞서는 것은 다소 위험한 행동일 수 있으며 조직에도 안 좋은 영향을 미칠 수 있다.

05
정답 : ①

정답해설 괄호 안에 들어갈 단계는 '상호이해'이다. 상호이해 단계에서는 갈등문제의 진행상황과 현재의 상황을 점검하며 적극적으로 경청하고 자기주장을 제시해야 한다. 또한 협상을 위한 협상대안 안건을 주장해야 한다.

오답해설 ②, ③ 협상 시작 단계에서 해야 할 일이다.
④ 해결 대안 단계에서 해야 할 일이다.

06
정답 : ④

정답해설 갈등을 증폭시키는 원인에는 적대적 행동, 입장 고수, 감정적 관여 등이 있다. 갈등 상황을 회피하는 것은 때에 따라서는 가장 좋은 해결책이 될 수 있다. 협상의 가치가 낮은 경우, 협상 이외의 방법으로 쟁점 해결이 가능한 경우 등에는 회피를 통해 갈등 상황을 완화시키는 것이 좋다.

정답 및
해설

07 　　　　　　　　　　　　　　　　　　　　　　　　정답 : ②

정답해설 조직생활에 어려움을 겪고 있는 사람에게 일단 기다려보라거나, 회피하라거나, 일방적으로 상황을 받아들이라는 식의 답변은 도움이 될 수 없다. 힘들더라도 적극적인 행동을 취하여 조직에 적응하고자 하는 자세를 가지도록 하는 것이 가장 바람직한 답변이다.

오답해설 ① 조직생활에 어려움을 겪고 있는 사람에게 일단 기다려보라는 식의 답변은 도움이 되지 않는다.
③ 어느 조직이나 어려움은 있기 마련이다. 규모가 작은 조직으로 옮긴다고 해서 근본적인 문제가 해결되는 것은 아니다.
④ 문제를 느끼고 있는 현 상황에서, 있는 그대로를 받아들이는 것은 근본적인 문제 해결에 도움이 되지 않는다.

08 　　　　　　　　　　　　　　　　　　　　　　　　정답 : ③

정답해설 조사를 실시할 때에는 1회 조사보다는 연속조사가 더 효과적이다.

핵심정리

고객만족 조사 계획
1) **조사 분야 및 대상 설정** : 조사 분야와 대상을 명확히 설정해야 한다.
2) **조사 목적 설정** : 전체적인 경향 파악, 고객에 대한 개별대응 및 고객과의 관계유지 파악, 평가 및 개선 등의 목적이 있다.
3) **조사방법 및 횟수** : 설문조사와 심층면접법이 주로 활용되며, 1회 조사가 아닌 연속조사를 권장한다.
4) **조사결과 활용 계획** : 조사목적에 맞게 구체적인 활용 계획을 작성한다.

09 　　　　　　　　　　　　　　　　　　　　　　　　정답 : ①

정답해설 3단계는 상대방의 입장을 파악하는 단계이다. 자신의 입장을 말한 뒤, 상대방의 의견을 물어 입장을 파악하고 의견을 조율해야 한다. 따라서 상대방의 입장을 파악하고자 의견을 묻고 있는 ①번이 가장 적절한 대화이다.

오답해설 ② 해당 내용은 4단계 상대방의 입장에서 해결책 생각해보기에 적합한 대화이다.
③ 해당 내용은 5단계 해결책 평가하기에 적합한 대화이다.
④ 해당 내용은 6단계 최종적으로 해결책 선택 및 실행하기에 적합한 대화이다.

10

정답해설 대화 속 고객은 사소한 것으로 트집을 잡고 있다. 이는 '트집형'에 해당하는 고객으로, 터무니없는 이유로 트집을 잡는다 할지라도 이야기를 경청하고, 맞장구 쳐주며 차근차근 설명해 주는 방식으로 대응해야 한다.

11

정답해설 트집형 유형의 고객을 대응할 때에는 고객의 의견을 경청하고 맞장구쳐주며 설득해 가는 방법이 효과적이다. 고객이 사소한 이유로 트집을 잡을지라도 일단은 경청하고 공감한 후에 설득해야 한다. 따라서 정답은 ④번이다.

오답해설 ① 절대로 때가 탄 것이 아니라고 부정하게 되면 오히려 고객의 반감을 사게 되며, 고객이 다른 이유로 또 트집을 잡을 수 있다.
② 트집형 고객에게는, 설명에 앞서 고객의 의견에 먼저 공감하고 경청하는 태도를 보여야 한다.
③ 정중하게 사과하고 조치를 취하고자 하는 행동은 바람직하지만 트집형 고객에게 가장 적합한 대응 방안은 아니다.

12

정답해설 효과적인 조직을 이끌어가기 위해서는 민주주의적 리더십을 발휘해야 한다. 다소 못 미더울지라도 모두에게 의견을 묻고 프로젝트에 참여시킴으로써, 소외되는 사람이 없도록 해야 한다.

13

정답해설 유화전략은 상대방의 욕구와 주장을 조정하고 순응시켜 굴복하는 양보전략으로, 상대방의 승리를 위해서 나는 손해를 보아도 괜찮다는 전략이다. 모두에게 손해가 돌아가는 Lose-Lose전략은 회피전략에 해당한다.

오답해설 ① 협력전략은 협상 참여자들이 협동과 통합으로 문제를 해결하고자 하는 협력적 문제 해결 전략으로, 모두가 윈윈(Win-Win)할 수 있다.
② 회피전략은 협상을 피하거나 잠정적으로 중단하는 전략으로, 때에 따라서는 오히려 협상을 피하는 것이 더 효과적일 수 있다.
④ 유화전략은 상대방이 제시하는 것을 일방적으로 수용하여 협상의 가능성을 높이려는 Win-Lose 전략이다.

07 정보능력

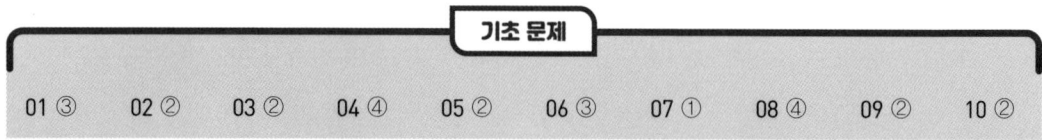

01
정답 : ③

핵심정리

업무의 수행을 위한 정보처리과정
- 정보의 기획
- 정보의 수집
- 정보의 관리
- 정보의 활용

02
정답 : ②

핵심정리

자료, 정보, 지식의 차이
- **자료(Data)** : 객관적 실제의 반영이며, 그것을 전달할 수 있도록 기호화 한 것
- **정보(Information)** : 자료를 특정한 목적과 문제해결에 도움이 되도록 가공한 것
- **지식(Knowledge)** : 정보를 체계화하여 장래의 일반적인 사항에 대비해 보편성을 갖도록 한 것

03
정답 : ②

핵심정리

인터넷 예절
- **전자우편(E-mail)네티켓** : 메시지는 가능한 짧게 요점만 작성하기, 메일을 보내기 전에 주소가 올바른지 다시 한 번 확인하기, 제목은 메시지 내용을 함축해 간략하게 쓰기.
- **온라인 대화(채팅)네티켓** : 마주 보고 이야기하는 마음가짐으로 임하기, 광고나 홍보를 목적으로 악용하지 않기, 유언비어와 욕설은 삼가기.
- **게시판 네티켓** : 글의 내용은 간결하게 작성하기, 제목에는 글의 내용을 파악할 수 있는 함축된 단어를 쓰기, 게시판에 이미 같은 내용의 글은 없는지 확인하기.

- **공개자료실 네티켓** : 음란물 올리지 않기, 상업용 소프트웨어 올리지 않기, 프로그램을 올리기 전에 바이러스 감염 여부 점검하기.
- **인터넷 게임 네티켓** : 상대방에게 경어 사용하기, 인터넷 게임에 너무 집착하지 않기, 게임 도중 일방적으로 퇴장하지 않기.

04
정답 : ④

핵심정리

개인정보 유출 방지 방법
- 회원 가입 시 이용 약관을 읽을 것
- 정체불명의 사이트는 멀리할 것
- 이용 목적에 부합하는 정보를 요구하는지 확인할 것
- 비밀번호는 정기적으로 교체하고 쉬운 비밀번호를 사용하지 말 것
- 가입 해지 시 정보 파기 여부를 확인할 것

05
정답 : ②

정답해설 인터넷 디스크(Internet Harddisk)는 웹 서버에 대용량의 저장 기능을 갖추고 사용자가 개인용 컴퓨터(PC)의 하드 디스크와 같은 기능을 인터넷을 통하여 이용할 수 있게 하는 서비스이다. 인터넷을 통해 상품을 사고 팔거나 재화나 용역을 거래하는 사이버 비즈니스는 좁은 뜻에서의 전자상거래에 대한 설명이다.

06
정답 : ③

정답해설 자연어 검색 방식은 검색엔진에서 문장 형태의 질의어를 형태소 분석을 거쳐 언제(When), 어디서(Where), 누가(Who), 무엇을(What), 왜(Why), 어떻게(How), 얼마나(How much)에 해당하는 5W2H를 읽어내고 분석하여 각 질문에 답이 들어있는 사이트를 연결하는 방식이다. 키워드만 입력하면 관련된 정보를 찾을 수 있는 것은 키워드 검색 방식이다.

07

정답 : ①

정답해설 정보 검색 결과를 줄이기 위해 검색과 관련 있는 2개 이상의 단어를 연산자로 조합하여 키워드로 사용하는 것이 일반적이다. 연산자는 대/소문자의 구분이 없고, 앞뒤로 반드시 공백(Space)을 넣어주어야 한다. *, & 기호의 연산자는 AND이며 두 단어가 모두 포함된 문서를 검색한다.

08

정답 : ④

핵심정리

인터넷 정보검색 주의사항
- 사용하려는 검색엔진의 특징을 알아둘 것
- 한 검색엔진을 이용하여 원하는 검색결과가 나오지 않았을 경우 다른 검색엔진을 사용할 것
- 키워드는 가급적 구체적이고 자세하게 만들고, 검색 결과가 너무 많을 경우 결과 내 재검색 기능을 활용하여 범위를 좁힐 것
- 검색속도가 느릴 경우 웹 브라우저에서 그림 파일을 보이지 않도록 설정하여 검색속도를 높일 것
- 검색엔진이 보여주는 결과물을 지나치게 신뢰하지 않을 것
- 검색엔진마다 검색 연산자가 조금씩 다르므로 이를 숙지한 다음 사용할 것

09

정답 : ②

정답해설 소프트웨어란 컴퓨터를 이용하여 문제를 처리하는 프로그램 집단을 말한다.
- **유틸리티 프로그램** : 사용자가 컴퓨터를 사용하면서 처리하게 되는 작업을 편리하게 할 수 있도록 도와주는 소프트웨어
- **그래픽 소프트웨어** : 새로운 그림을 그리거나 그림 또는 사진 파일을 불러와 편집하는 프로그램

10

정답 : ②

정답해설 스프레드시트란 문서 작성 및 편집 기능 외에 수치나 공식을 입력해 그 값을 계산하고 계산 결과를 차트로 표시할 수 있는 전자계산표 또는 표계산 프로그램으로 구성단위로는 셀, 열, 행, 영역이 있다.

오답해설 ① 스프레드시트의 대표 프로그램으로는 Microsoft Office Excel 등이 있다. Microsoft Office Access는 데이터베이스의 대표 프로그램이다.
③ 워드프로세서의 주요기능이다. 스프레드시트는 계산프로그램이다.
④ 데이터베이스에 대한 설명이다.

01 ③   02 ②   03 ②   04 ③   05 ①   06 ②   07 ②   08 ④   09 ①   10 ③

11 ①

01
정답 : ③

정답해설 ① 24678.   ② 04 − 05   ④ 46%

02
정답 : ②

정답해설 B2셀의 인접 셀중 값이 입력된 셀을 선택한다. [A1:B3]
- CurrentRegion : 현재 셀의 인접한 값이 입력된 셀
- Select : 선택

03
정답 : ②

정답해설 HLOOKUP(찾는값, 찾을범위, 행번호)
[A2:C7] 범위에서 "1분기실적"을 찾아 해당 열의 3번째 행을 검색한다.

04
정답 : ③

정답해설 〈Shift〉+〈F10〉 은 바로가기 메뉴 호출키 이다.

05

정답 : ①

정답해설 상품 코드
- 2015년 11월 : 1511
- 화장수 : 01003
- 충청도 제3공장 : 3I
- 32,174개 : 32174

06

정답 : ②

정답해설 상품 코드
- 2016년 1월 : 1601
- 마스카라 : 02010
- 강원도 제1공장 : 2D
- 26,771개 : 26771

07

정답 : ②

정답해설 상품 코드
- 1412 : 2014년 12월
- 03012 : 모발화장품, 샴푸
- 4K : 경상도 제2공장
- 14926 : 14,926개

08

정답 : ④

정답해설 상품 코드
- 1504 : 2015년 4월
- 01002 : 아이크림
- 50 : 전라도 제3공장
- 16831 : 16,831개

09

정답 : ①

정답해설 2016년 충청도 제3공장에서 12,981개 만들어진 향수

오답해설 ② 2016년 2월에 경기도 제2공장에서 42,115개 만들어진 아이섀도우
③ 2016년 2월에 경기도 제3공장에서 14,713개 만들어진 에센스
④ 2016년 7월에 경기도 제1공장에서 14,201개 만들어진 아이섀도우

10

정답해설 SUMPRODUCT(배열1, 배열2)는 배열1과 배열2의 매칭 셀 값을 곱한 뒤 그 곱한 값들의 합을 계산한다.

배열1	배열2	곱
1	4	4
2	5	10
3	6	18
합		32

11

정답해설 [기본값] 단추를 누르면 가로축(X), 세로축(Y)의 회전값이 기본값으로 변한다.

08 기술능력

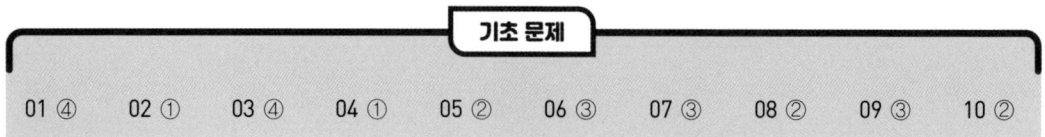

기초 문제

01 ④   02 ①   03 ④   04 ①   05 ②   06 ③   07 ③   08 ②   09 ③   10 ②

01
정답 : ④

정답해설 전문 연수원을 통한 기술과정 연수는 기술능력이 뛰어난 사람의 특징과 관련이 없다.

핵심정리

기술능력 향상
- 전문 연수원을 통한 기술과정 연수
- e-learning을 활용한 기술교육
- 상급학교 진학을 통한 기술교육
- OJT를 활용한 기술교육

02
정답 : ①

정답해설 지문은 지속가능한 기술에 대한 사례이다. 새로운 자원 발견을 고려한 기술은 이에 해당되지 않는다.
- 지속가능한 기술 중 ②, ③, ④외에 자원이 생산적인 방식으로 사용되는가에 주의를 기울이는 기술이 있다.

03
정답 : ④

정답해설 기술혁신은 조직의 경계를 넘나드는 특성을 가지고 있다.
- 기술혁신은 연구개발 부서 단독으로 수행될 수 없고, 생산부서나 품질관리 담당자 혹은 외부 전문가 등의 도움이 필요한 상호의존성을 가지고 있다.

04

정답해설 K씨는 벤치마킹 대상을 방문하여 수행하는 직접적 벤치마킹을 하였다.

- **벤치마킹** : 특정 분야에서 뛰어난 업체나 상품, 기술, 경영 방식 등을 배워 합법적으로 응용하는 방법
- **간접적 벤치마킹** : 인터넷 및 문서형태의 자료를 통해서 수행하는 방법

05

정답해설 기술 중 Know-how는 특허권을 수반하지 않는 과학자, 엔지니어 등이 가지고 있는 체화된 기술로 어떻게 기술이 성립하고 작용하는가에 관한 원리적 측면에 중심을 두었다.

- **Know-why** : 어떻게 기술이 성립하고 작용하는가에 관한 원리적 측면에 중심을 둔 개념

06

정답해설 최신 기술로 진부화 될 가능성이 적은 기술이 우선순위 결정에 포함된다.

● 핵심정리 ●

우선순위 결정
- 제품의 성능이나 원가에 미치는 영향력이 큰 기술
- 기업이 생산하는 제품 및 서비스에 보다 광범위하게 활용할 수 있는 기술
- 매출과 이익 창출 가능성이 큰 기술
- 쉽게 구할 수 없는 기술
- 모방이 어려운 기술

07

정답해설 불필요한 제약에서 프로젝트를 보호하고 혁신에 대한 자원 획득을 지원하는 과정은 기술 혁신의 과정 중 후원에 대한 내용이다.

- **프로젝트 관리** : 프로제트를 기획 및 조직하고 프로젝트의 효과적인 진행을 감독하는 과정

08

정답 : ②

정답해설 창조성은 네트워크에 접속되어 있는 다양한 지수함수로 비례한다는 법칙은 카오의 법칙에 대한 설명이다.

- **메트칼피의 법칙** : 네트워크의 가치는 사용자 수의 제곱에 비례한다.

09

정답 : ③

정답해설 수동태보다는 능동태의 동사를 사용하며, 명령을 사용함에 있어서 단정적으로 표현하고, 추상적 명사보다는 행위동사를 사용해야 사용자가 알기 쉽다.

10

정답 : ②

정답해설 ㉮는 지식재산권이다. 지식재산권은 눈에 보이지 않는 무형의 재산이다.

- 지식재산권은 실체가 없는 기술 상품으로서 상품과 같이 물체가 아니라 수출·입이 자유로워 국경 이동을 통한 세계적인 상품으로 전파될 수 있다.

01 ①	02 ②	03 ④	04 ④	05 ③	06 ①	07 ③	08 ①	09 ①	10 ④

11 ①

01

정답 : ①

정답해설 보기의 스위치를 눌렀을 때 바뀐 모양을 살펴보면 다음과 같다.

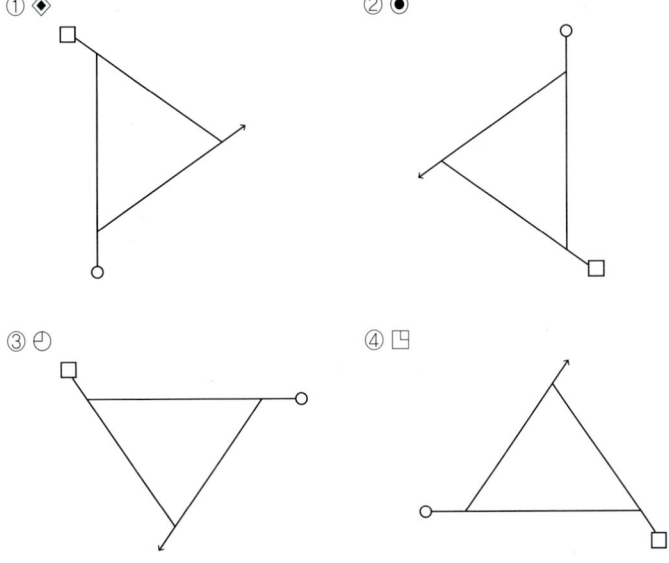

따라서 '◈'을 누르면 주어진 결과와 같은 형태가 된다.

02

정답 : ②

정답해설 보기의 스위치를 눌렀을 때 바뀐 모양을 살펴보면 다음과 같다.

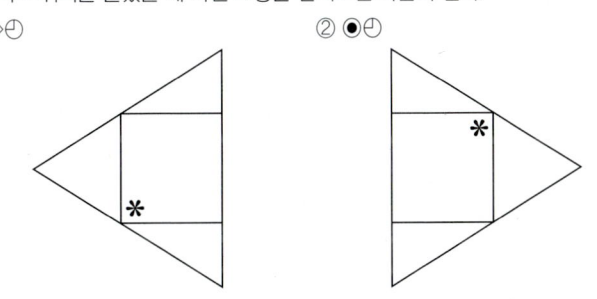

③ ◆◆   ④ ●●

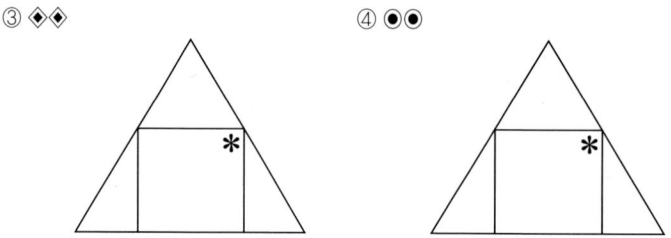

따라서 '●⊖'을 누르면 주어진 결과와 같은 형태가 된다.

03

정답해설 보기의 스위치를 눌렀을 때 바뀐 모양을 살펴보면 다음과 같다.

① ●●   ② ⊖●

③ ◆◆   ④ ⊖◆

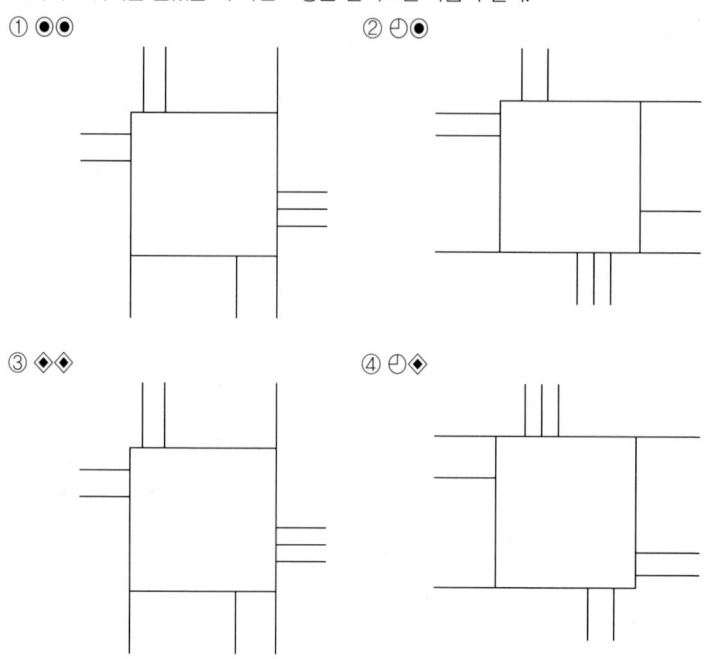

따라서 '⊖◆'을 누르면 주어진 결과와 같은 형태가 된다.

04

정답해설 보기의 스위치를 눌렀을 때 바뀐 모양을 살펴보면 다음과 같다.

① ◣◎   ② ◤◪   ③ ◎◪   ④ ◣◪

따라서 '◣◪'을 누르면 주어진 결과와 같은 형태가 된다.

05

정답해설 보기의 스위치를 눌렀을 때 바뀐 모양을 살펴보면 다음과 같다.

① ◣◪   ② ◤◪   ③ ◎◼◪   ④ ◻◤◣

따라서 '◎◼◪'을 누르면 주어진 결과와 같은 형태가 된다.

06

정답해설 보기의 스위치를 눌렀을 때 바뀐 모양을 살펴보면 다음과 같다.

① ◣▼◪   ② ◣▼◪   ③ ◤◎◪   ④ ◎◣◪

따라서 '◣▼◪'을 누르면 주어진 결과와 같은 형태가 된다.

07
정답 : ③

정답해설 문자 뒤의 숫자는 도형의 크기를 나타내는 것으로, 1은 도형 중 가장 작은 형태, 2는 중간 형태, 3은 가장 큰 형태이다.

08
정답 : ①

정답해설 가로축이 3까지, 세로축이 4까지 있다. → X3/Y4
- 원은 가로축 2와 세로축 1이 만나는 위치이고, 크기가 가장 큰 형태이다. → (2, 1) : C3
- 삼각형은 가로축 2와 세로축 2가 만나는 위치이고, 크기가 가장 작은 형태이다.
  → (2, 2) : T1
- 마름모는 가로축 1과 세로축 4가 만나는 위치이고, 크기가 중간 형태이다.
  → (1, 4) : S2
따라서 문제의 그래프에 알맞은 명령어는 X3/Y4 (2, 1) : C3 / (2, 2) : T1 / (1, 4) : S2이다.

[09-10] 해설

'Wㅁ/Hㅇ'는 도형이 가로축으로 최대 ㅁ까지, 세로축으로 최대 ㅇ까지 있음을 나타낸다. 괄호 앞의 문자는 도형의 변환을 의미하며, R은 오른쪽으로 90°회전, L은 왼쪽으로 90°회전, S는 아무 변환이 없다는 것이다. 또한 괄호 안의 숫자는 도형의 좌표를 나타낸다. (3, 1)은 가로축에서 3, 세로축에서 1에 도형이 위치한다. 쌍점(:)뒤에 위치한 문자는 도형의 모양을 나타낸다. 즉, P는 오각형, Q는 접힌 둥근모양의 도형, M은 한쪽이 접힌 사각형이다. 그리고 1은 도형 중 가장 작은 형태, 2는 중간 형태, 3은 가장 큰 형태이다.

09
정답 : ①

정답해설 W4/H5이므로 가로축으로 최대 4, 세로축으로 최대 5까지 있는 도형이다. 따라서 ③, ④의 그래프 형태는 나올 수 없다. 또한 위의 〈보기〉의 왼쪽 그래프를 기준으로 변환 하였으므로 S(3, 2) : P3 / R(3, 5) : Q1 / L(2, 4) : M2로 산출된 그래프의 형태는 ①이다.

10
정답 : ④

정답해설 〈보기1〉과 〈보기2〉를 비교하면 오각형 도형이 같음을 알 수 있다. 따라서 위의 〈보기〉의 왼쪽 그래프를 기준으로 〈보기1〉과 〈보기2〉에 입력한 명령어중 같은 것은 S(3, 2) : P2이다.

11 정답 : ①

정답해설 채용 공고는 기술 관리자를 채용하려 하고 있다. ②, ③, ④는 기술 관리자에게 요구되는 능력이고, ①은 기술 경영자에게 요구되는 능력이다.

09 조직이해능력

01
정답 : ④

정답해설 경험은 개인이 조직에 줄 수 있는 부분이다.

- 조직이 개인에게 주는 것으로는 연봉, 성과급, 인정, 칭찬, 만족감 등이 있다.
- **조직** : 두 명 이상이 공동의 목표를 달성하기 위해 구성된 상호작용을 하는 집합체

02
정답 : ③

정답해설 자금은 경영활동에 요구되는 돈이다.

- 경영은 조직의 목적을 달성하기 위해 방법과 과정을 택하는 것으로 목적의 달성이 경영자의 평가와 이어진다.
- 인적자원은 경영을 할 조직의 구성원들로, 이들을 적절한 위치에 배치하고 활용하는 것이 경영자의 몫이다.
- 자금은 경영활동에 요구되는 돈으로, 돈의 규모에 따라 경영의 방향과 범위가 정해진다.
- 경영전략은 실시간으로 변화하는 상황에 따라 효과적인 운영을 할 수 있도록 만드는 방법으로, 이 과정을 통해 경영목적을 달성한다.

03
정답 : ②

정답해설 견해의 차이로 의견이 불일치하는 경우가 생겨 의사결정에 시간이 소요되기도 한다.

- **브레인스토밍** : 대표적인 집단의사결정 방법으로 여러 명이 한 가지 문제를 놓고 아이디어를 비판 없이 제시하여 그 중에서 최선책을 찾아내는 방법

04

정답 : ③

정답해설 군대 같은 조직은 기계적 조직으로 엄격한 위계질서가 있으며, 업무가 분명하고 상하간의 의사소통이 공식적인 경로로 이루어진다.

- **비공식적 집단** : 의사결정권한이 하부구성원에게 많이 위임된 형태로 업무가 공유 가능하며 비공식적인 상호 의사소통이 이루어진다.

05

정답 : ②

핵심정리

업무수행 계획 단계
- **업무지침 확인** : 조직 · 개인의 업무지침 확인
- **활용 자원 확인** : 시간, 예산, 기술 등
- **업무수행 시트 작성** : 간트차트, 워크 프롤 시트, 체크리스트 등

06

정답 : ②

정답해설 문화충격에 대비하여 개방적인 태도를 견지하고, 자신이 속한 문화를 기준으로 다른 문화를 평가하지 말아야 한다.

- **국제감각** : 다른 나라를 이해하고 이를 업무에 활용하는 능력
- **문화충격** : 문화권에 속한 사람이 다른 문화를 접하게 되었을 때 체험하는 충격

07

정답 : ③

정답해설 지문은 신기술의 도입으로 인한 변화에 대한 내용이기 때문에 기술로 인한 조직변화의 유형에 속한다.

- **제품과 서비스** : 기존 제품이나 서비스의 문제점을 인식하고 고객의 요구를 받아들이는 방법으로 고객을 늘리거나 시장을 확대할 때의 사용하는 방법이다.
- **전략과 구조** : 조직의 목적을 달성하고 효율성을 높이기 위해서 조직의 경영과 관계된 조직구조, 경영방식, 시스템 등을 개선하는 방법이다.
- **기술** : 새로운 기술이 도입되는 것으로 신기술이 발명되었을 때나 생산성을 높이기 위해 이루어지는 방법이다.
- **문화** : 구성원들의 사고방식이나 가치체계를 변화시키는 것으로 조직의 목적과 일치시키기 위한 방법이다.

08
정답 : ③

정답해설 조직변화 실행에는 조직변화가 수립되고 실제 일어난 변화의 모습이 해당된다.
- 조직변화의 과정은 환경인지 변화 → 조직변화 방향 수립 → 조직 변화 실행 → 변화 결과 평가 순으로 이루어진다.
- 지문의 경우는 신기술이 발명되어 환경이 변화되었고, 신기술을 도입하자는 H부장의 방양 수립 단계를 거쳐 동종업계 1위
- 자리를 고수하는 결과를 받았다. 조직변화의 실행에 대한 내용은 지문에서 찾을 수 없다

09
정답 : ②

정답해설 경영의 구성요소 중 경영목적은 '인간존중', 인적자원은 지인들과 모집될 근로자이며, 자금과 경영전략은 구체적으로 제시되지 않았지만 수립하고 마련하였다고 되어있다.
- 기술을 최우선 가치로 선택한 것은 이전 직장의 경우이다.
- 지문에서는 외부경영활동 중심인지 내부경영활동 중심인지 알 수 없다.
- 사기업이기 때문에 영리조직에 속한다. 비영리조직에는 정부조식, 병원, 대학, 시민단체 등이 있다.

10
정답 : ①

정답해설 지문의 A씨는 경영자이다. 경영자는 조직구성원들과 의사결정을 통해 조직의 방향을 제시하고 이끌어야 하며, 의사결정을 독점하는 것은 옳지 않다.

핵심정리

경영자의 역할
- **대인적 역할** : 조직의 대표, 조직의 리더, 상징
- **정보적 역할** : 외부환경 모니터, 변화 및 정보 전달
- **의사결정적 역할** : 문제 조정, 대외적 협상 주도, 분쟁 조정, 자원 배분, 협상가

11
정답 : ①

정답해설 조직 구성원들의 행동이나 사고를 특정 방향으로 이끌어가는 원칙은 공유가치이다.
- 리더십 스타일은 조직 구성원들을 이끌어 나가는 리더의 전반적인 조직관리 스타일이다.
- 조직문화 구성요소 7S모형 : 공유가치, 리더십스타일, 구성원, 시스템, 구조, 전략, 관리기술

응용 문제

01 ④	02 ①	03 ③	04 ①	05 ④	06 ②	07 ①	08 ③	09 ④	10 ②
11 ②	12 ②	13 ③	14 ①	15 ④					

01
정답 : ④

정답해설 회사는 A씨를 인정하여 표창을 주었고, A씨는 자신 공부하고 배운 경험을 살려서 회사에 도움이 되었다.

오답해설 ① 성과급과 연봉 모두 회사가 개인에게 주는 부분이다.
② 지식은 개인이 회사에, 만족감은 회사가 개인에게 주는 부분이다.
③ 기술과 공헌은 모두 개인이 회사에 주는 부분이다.

02
정답 : ①

정답해설 지문의 마지막 부분에서 좀 더 과학적으로 분석할 필요가 있다고 제시했기 때문에 이어질 선택 단계에서는 과학적으로 분석할 방법을 선택하는 내용이 나와야 적절하다.

핵심정리

의사결정의 과정
- **확인단계** : 의사결정이 필요한 문제를 인식 · 진단하는 단계로 심각성에 따라 비공식 여부를 정한다.
- **개발 단계** : 확인된 문제에 대하여 해결방안을 모색하는 단계로 기존 해결 방법 중에서 찾거나 새로운 해결안을 설계한다.
- **선택 단계** : 의사결정권자가 선택하거나, 토의와 교섭 등에 의해 방법을 선택한다.

03
정답 : ③

정답해설 GE는 '전 직원 공동 결정제도'는 정책 경영에 참여하는 경영참가 유형이다.

핵심정리

경영참가제도
- **경영참가** : 경영자의 권한인 의사결정에 근로자나 노동조합 등이 참여
- **이윤참가** : 성과에 따라 근로자에게 이윤을 배분하는 방법
- **자본참가** : 근로자가 조직의 재산 소유에 참여하는 방법

04

정답 : ①

정답해설 경영 효율성 제고(근로자나 노동조합이 새로운 아이디어 제시, 현장에 적합한 개선방안 마련)를 위해 만들었다.
- **노사 간의 세력 균형** : 근로자 또는 노동조합의 의사를 반영하여 공동으로 문제를 해결
- **경영참가제도의 문제점** : ②, ③, ④외에 경영자 고유의 권리인 경영권이 약화시킬 수 있다. 등이 포함된다.

05

정답 : ④

정답해설 GE는 비공식적인 상호의사소통이 이루어지고 하부구성원들이 의사결정권한이 있는 유기적 조직에 속한다.

오답해설 ① 지문에서 월 마트의 공식적인 집단을 확인할 수 없다.
② GE는 사업별 조직구조의 형태를 가지고 있다.
③ 월 마트는 생산성 및 시장에 조직목표의 중점을 두고 있다.

06

정답 : ②

정답해설 총무부는 지문의 일 외에 주주총회 및 이사회 개최 관련 업무, 국내외 출장 업무 협조, 사내외 홍보 광고업무 등의 일이 있다.
- **회계부** : 회계제도의 유지 및 관리, 재무상태 및 경영실적 보고, 결산 관련 업무, 재무제표 분석 및 보고, 법인세, 부가가치세, 국세 지방세 업무자문 및 지원, 보험가입 및 보상업무, 고정자산 관련 업무 등을 한다.

07

정답 : ①

정답해설 • **인사부** : 조직기구의 개편 및 조정, 업무분장 및 조정, 인력수급계획 및 관리, 직무 및 정원의 조정 조합, 노사관리, 평가관리, 상벌관리, 인사발령, 교육체계 수립 및 관리, 임금제도, 복리후생제도 및 지원업무, 복무관리, 퇴직관리 등의 일이 있다.
- **기획부** : 경영계획 및 전략 수립, 전사기획업무 종합 및 조정, 중장기 사업계획의 종합 및 조정, 경영정보 조사 및 기획보고, 경영진단업무, 종합예산수립 및 실적관리, 단기사업계획 종합 및 조정, 사업계획, 손익추정, 실적관리 및 분석 등의 일이 있다.

08
정답 : ③

정답해설 업무수행 시트 중 체크리스트이다.

오답해설 ① 간트 차트에 대한 설명이다.
② 워크 플로 시트에 대한 설명이다.
④ 설문지에 대한 설명이다.

09
정답 : ④

정답해설 국가적으로 운영 · 관리하던 공기업의 민영화 추세가 옳은 설명이다.

핵심정리

국가적 식견과 능력의 필요성
• 세계적인 수준으로 경쟁해야 되기 때문에 국제적인 감각으로 세계화 대응전략이 필요하다.
• 다양한 문화의 사람들과 거래나 협상을 할 일이 늘어나므로 이에 맞는 능력을 갖추어야 한다.
• 시장이 세계로 확대되는 것에 맞춰 세계수준의 의식과 태도, 행동을 할 수 있는 노력이 필요하다.

10
정답 : ②

정답해설 라틴아메리카나 동부 유럽, 아랍지역에서 시간 약속은 형식적인 모습으로 상대방이 기다려 줄 것이라 생각하기 때문에 이 지역 사람들과 만날 때는 약속시간에 늦더라도 느긋하게 기다려야 한다.

11
정답 : ②

정답해설 둘째 단락의 두 번째 문장인 '그러나 판서가 공적인 절차를 벗어나 법 외로 사적인 명령을 내리면 비록 미관말직이라 해도 이를 따르지 않는 것이 올바른 것으로 인정되었다'에서, 하급자는 상급자의 명령을 언제나 수행해야 하는 것이 아님을 알 수 있다. 따라서 ⓒ은 옳은 설명이다.

12
정답 : ②

정답해설 환율이 하락하면 원화가 강세가 되고 환율이 상승하면 원화가 약세가 된다.

오답해설 ① 수요가 증가하고 공급이 감소하면 환율이 상승하고, 수요 감소하고 공급이 증가하면 환율이 하락한다.
③ 환율이 상승하면 경상수지가 개선된다.
④ 환율이 하락하면 수출이 감소하고 수입이 증가한다.

13
정답 : ③

정답해설 양적완화는 중앙은행이 통화를 시중에 직접 공급해 신용경색을 해소하고, 경기를 부양시키는 통화정책으로 일본은 2001년 미국은 2008년에 처음 시작하였다.

핵심정리

• **기회비용** : 어떤 재화의 여러 가지 종류의 용도 중 어느 한가지만을 선택한 경우, 나머지 포기한 용도에서 얻을 수 있는 이익의 평가액
• **구매력 평가지수** : 각 국가의 물가 수준을 고려하여 산출한 GDP
• **출구 전략** : 경기침체기에 경기를 부양하기 위하여 취하였던 각종 완화정책을 경제에 부작용을 남기지 않게 하면서 서서히 거두어들이는 전략

14
정답 : ①

정답해설 • GNP : 국민총생산. 한 나라 국민이 일정기간 생산한 모든 최종 재화와 서비스를 시장가격으로 평가한 것으로 GDP와 다르게 영토 중심이 아닌 국적이 기준이 된다.
• GDP : 국내총생산량. 한 나라 영역 내에서 가계, 기업, 정부 등 경제 주체에 의해 일정 기간 생산된 모든 최종 재화와 서비스를 시작 가격으로 한 평가로 한국은행이 담당하여 분기, 반기, 연간 단위로 공표한다.
• GDI : 실질 지표. 실질 GDI는 실질 GDP에서 교역 조건 변화에 따른 실질적인 무역손익을 더한 개념이다.

15
정답 : ④

정답해설 아시아인프라투자은행인 AIIB에 대한 설명이다.
• RCEP : 역내포괄적경제동반자협정. 중국이 주도하는 다자간 자유무역협정으로 동남아시아국가연합 10개국과 한국, 중국, 일본, 호주 등이 참여한다.

10 직업윤리

01 ②	02 ③	03 ②	04 ④	05 ①	06 ③	07 ④	08 ①	09 ②	10 ①
11 ③	12 ④								

01
정답 : ②

정답해설 정직과 신용을 구축하기 위해서는 잘못된 것, 실패한 것, 실수한 것에 대하여 정직하게 인정하고 밝힐 수 있어야 하며 개인적인 감정에 치우쳐 정직하지 못한 일에 눈을 감아주거나 타협하지 말아야 한다. 이야기를 할 때 과장을 하거나 부풀려 하는 태도는 불신감을 심어주고 정직과 신용을 구축하기가 어렵다.

02
정답 : ③

정답해설 봉사는 공동체 윤리에 해당하며, 근로윤리에 해당하는 세 가지는 다음과 같다.

- **근면** : 게으르지 않고 부지런한 것.
- **정직** : 신뢰를 형성하고 유지하는데 가장 기본적이고 필수적인 규범
- **성실** : 일관하는 마음과 정성의 덕으로 리더가 조직 구성원에게 원하는 첫째 요건이며, 조직생활의 가장 큰 무기이기도 하다.

03
정답 : ②

정답해설 SERVICE의 의미는 다음과 같다.

- S Smile & Speed : 미소와 신속한 처리
- R Respect : 고객을 존중하는 것
- I Imagine : 좋은 이미지를 심어주는 것
- E Excellence : 탁월하게 제공하기 위한 노력
- E Emotion : 고객에게 감동을 선사
- V Value : 고객에게 가치를 제공
- C Courtesy : 예의를 갖추고 정중한 태도

04
정답 : ④

정답해설 니즈 트렌드(needs trend)는 고객이 필요로 하고 원하는 유행을 이야기 한다.

오답해설
① **코쿠닝(Cocooning)** : 위험하고 예측할 수 없는 외부의 현실로부터 자신을 보호하기 위해 안전하고 포근한 환경으로 파고드는 현상
② **작은사치(Small Indulgences)** : 손쉬운 만족감을 얻기 위해 능력 범위 안에서 사치를 누림으로써 보상받고자 하는 트렌드
③ **환상모험(Fantasy Adventure)** : 큰 위험성이 없는 모험을 통해 흥분과 자극을 찾고자 하는 트렌드

05
정답 : ①

정답해설 공동체 윤리란 원만한 직업생활을 위한 윤리 의식 중 하나로 책임 있고, 규칙을 준수하고, 올바른 태도로 업무에 임하는 것을 뜻한다. 공동체 윤리로는 봉사, 책임, 준법, 예절이 해당되며 건강은 해당 되지 않는다.

06
정답 : ③

정답해설 전화회신의 경우 가능한 48시간 안에 답해주도록 한다. 하루 이상 자리를 비우게 되는 경우에는 메시지를 남겨놓는 것이 예의이다.

07
정답 : ④

정답해설 E-mail을 보낼 때에는 보내는 사람의 이름을 상단에 적고, 메시지에 언제나 내용에 부합하는 제목을 넣어서 간략하게 쓴다. 요점에 빗나가지 않는 제목을 쓰도록 하고 올바른 철자와 문법을 사용해야 한다.

08
정답 : ①

정답해설 성폭력의 종류에는 성폭력, 성희롱, 성추행, 성폭행이 해당되고 성매매는 일정한 대가를 주고받기로 하고 성행위나 이에 준하는 행위를 하는 일을 뜻한다.

09

정답 : ②

정답해설 윤리는 사람으로서 마땅히 행하거나 지켜야 할 도리이므로 인간사회에 필요한 올바른 질서를 말하는 것이지, 지키지 않는 사람들을 배척하는 것을 뜻하는 것은 아니다.

10

정답 : ①

정답해설 윤리의 기능은 다음과 같다.

- 윤리는 사회적 평가과정에서 형성된 사회 현상이다.
- 문제 상황의 해결지침을 제공하는 삶의 지혜이다.
- 합리적으로 수정된 관습의 일반화된 모습으로 가장 근본적인 규범이다.
- 일상생활에서 무엇이 옳고 그른가, 또는 무엇이 좋고 나쁜가에 대해서 갈등을 느끼거나 타인과 의견대립 시 그것을 해결할 수 있는 기준을 제시해 준다.

11

정답 : ③

정답해설 모든 사람이 윤리적 가치보다 자기이익을 우선하여 행동한다면 사회질서가 붕괴될 수 있다. 윤리는 한 개인이 행동을 결정할 때 고려하게 될 다른 요인들보다 우선적으로 고려하게 되는 것으로 합리성에 기초하고 있다.

12

정답 : ④

정답해설 윤리적인 인간은 공동의 이익을 추구하고, 도덕적 가치를 신념으로 삼을 때 성립된다. 자신의 이익만을 위해서 움직이고 다른 사람의 입장을 고려하지 않는 사람은 윤리적 인간이라고 볼 수 없다.

응용 문제

01 ②	02 ③	03 ①	04 ②	05 ④	06 ②	07 ③	08 ③	09 ②	10 ①
11 ③									

01
정답 : ②

정답해설 전화예절은 직접 대면하는 것보다 신속하고, 경제적으로 용건을 마칠 수 있는 장점이 있으나 서로의 얼굴을 대면하지 않고 이야기를 하기 때문에 상대편의 표정과 동작, 태도를 알 수가 없어 오해의 소지가 있으므로 더욱 중요하게 인식해야 한다. 제시된 내용에서는 인사를 한 후에 소속과 이름을 밝혀야 하는데 발신자가 누구인지를 밝히지 않았다. 그 외에 상대방이 통화가 가능한지를 물어본 후 용건을 전달하고 끝맺음 인사를 하는 내용은 포함 되어있다.

02
정답 : ③

정답해설 E-mail은 정보를 공유하는 속도와 능력을 크게 증대시키는 역할을 하였다. 하지만 인격이 없기 때문에 E-mail 특유의 언어사용을 최소한으로 유지하여 상대방을 혼란스럽게 하지 않아야 한다. 또 E-mail을 보낼 때에는 주소가 정확한지 다시 한 번 확인 후에 발송해야 한다. 중요한 E-mail이 전달되지 않거나, 잘못 전달 된 E-mail을 받을 경우 서로 감정이 상할 수 있다.

03
정답 : ①

정답해설 근면이란 게으르지 않고 부지런한 것을 말한다. 근면을 하기 위해서는 출근시간을 엄수하고 주어진 시간에 업무에 최선을 다하는 등 일에 임할 때 적극적이고 능동적인 자세가 필요하다.

04
정답 : ②

정답해설 근면의 종류 두 가지는 다음과 같다.

- **외부로부터 강요당한 근면** : 삶을 유지하기 위해 필요해 의해서 강요된 근면이다.
- **스스로 자진해서 하는 근면** : 능동적이며 적극적인 태도가 우선시되어야 하며, 시간의 흐름에 따라 자아를 확립시켜 가게 된다.

05

정답해설 근로윤리에 어긋나지 않기 위해서는 근면하고 성실하고 정직한 태도, 적극적이고 능동적인 태도가 필요하다. 위 사례에서는 정직성이 결여되어 있다.

핵심정리

- **근면성** : 게으르지 않고 부지런한 것
- **고객중심 원칙** : 고객에 대한 봉사를 최우선으로 생각하고 현장중심, 실천중심으로 일하는 것
- **전문성** : 어떤 영역에서 보통 사람이 흔히 할 수 있는 수준 이상의 수행 능력을 보이는 것
- **정직성** : 신뢰를 형성하고 유지하는데 가장 기본적이고 필수적인 규범

06

정답해설 성 예절은 직장 내에서 성희롱에 해당하는 행동을 하지 않도록 주의하는 것이다. 성희롱이란 지위를 이용하거나 업무 등과 관련하여 성적 언동 등으로 상대방에게 성적 굴욕감 및 혐오감을 느끼게 하는 행위, 또는 상대방이 성적 언동 그 밖의 요구 등에 따르지 않았다는 이유로 고용상의 불이익을 주는 행위이다. 직장 내에서 발생하는 성희롱의 유형으로는 육체적 행위, 언어적 행위, 시각적 행위 등이 있다.

07

정답해설 직장에서의 전화예절에는 왼손으로 수화기를 즉시 든다. 인사 및 소속과 이름을 밝힌다. 상대방을 확인한 후 인사한다. 용건을 들면서 메모 한다. 통화 내용을 요약 복창한다. 끝맺음 인사를 하고 상대방이 전화를 끊은 후 수화기를 조용히 놓는다. 등이 있다.

08

정답해설 올바른 휴대전화 예절로는 운전 중에는 스마트 폰을 사용하지 않는다. 지나친 SNS의 사용은 업무에 지장을 주므로 휴식을 취한다. 집 밖에서는 벨소리를 진동으로 하고 주위에 방해가 되지 않도록 조용한 목소리로 짧게 통화한다. 병원 대중교통 수단 등 공공장소에서는 휴대폰을 사용하지 않는다. 등이 있다.

09
정답 : ②

정답해설 우리나라의 직업관이 각자의 분야에서 땀 흘리며 본분을 다하는 노동을 경시하는 측면이 강하고, 과정이나 절차보다는 결과만을 중시하는 경향을 낳게 되면서 '3D기피현상'으로 힘들고(Difficult), 더럽고(Dirty), 위험한(Dangerous) 일은 하지 않으려고 하는 현상까지 생겨 노동력은 풍부하지만 생산인력은 부족하다는 파행적 모습을 보여, 실업자 증가와 외국 노동자들의 불법취업이라는 새로운 사회문제가 대두하게 되었다.

10
정답 : ①

정답해설 인사란 예절의 기본이며 마음속으로부터 우러나오는 존경심을 외부로 표현하는 수단이다. 서로 간에 인사는 좋은 인상을 심어주어 밝은 인간관계를 형성하고 유지하는 가장 기본적인 표출임과 동시에 무엇보다 직장에서 직원끼리 주고받는 인사는 서로 업무를 잘 해나가자는 의욕의 표현이기 때문에 부서를 가리지 않고 직장동료들에게 활기차게 인사하는 습관을 들이는 것이 좋다.

11
정답 : ③

정답해설 직장 내 성희롱이란 사업주, 상급자 또는 근로자가 직장 내의 지위를 이용하거나 업무와 관련하여 다른 근로자에게 성적 언동 등으로 성적 굴욕감 또는 혐오감을 느끼게 하거나 그 밖의 요구에 따르지 않았다는 이유로 고용에서 불이익을 주는 것을 말한다. 대표적인 유형으로는 입맞춤이나 포옹 등 원하지 않는 신체 접촉을 하는 육체적 행위, 음란한 농담을 하거나 외모에 대한 성적 비유를 하는 언어적 행위, 자신의 신체부위를 노출하거나 음란한 사진, 낙서, 그림 등을 보여주는 행위 등이 있다.

실전모의고사 1회

01 ③	02 ②	03 ①	04 ④	05 ③	06 ②	07 ②	08 ④	09 ③	10 ①
11 ④	12 ③	13 ①	14 ③	15 ③	16 ①	17 ①	18 ②	19 ②	20 ④
21 ③	22 ②	23 ③	24 ④	25 ③	26 ④	27 ①	28 ④	29 ②	30 ③
31 ②	32 ①	33 ③	34 ④	35 ③	36 ④	37 ②	38 ③	39 ①	40 ③
41 ①	42 ④	43 ②	44 ④	45 ③	46 ①	47 ②	48 ④	49 ③	50 ②

01
정답 : ③

정답해설 L팀장의 인기비결은 뛰어난 의사소통능력이다. 부정적인 피드백만 하는 것은 역효과를 불러오기 때문에 부정적인 면과 긍정적인 면의 균형을 맞추어 피드백을 해야 한다.

핵심정리

의사소통 능력 개발
- 사후검토와 피드백
- 언어의 단순화
- 적극적인 경청
- 감정의 억제

02
정답 : ②

정답해설 자기개발 설계 전략을 작성할 때에는 개략적인 내용들을 나열하기 보다는, 목표를 이루기 위한 준비 과정을 최대한 구체적으로 작성하는 것이 좋다. 훌륭한 마케터가 되기 위해서 필요한 자질들을 나열한 뒤 그에 필요한 자격 사항, 직무 관련 경험, 관련 프로그램 등을 구체적으로 기입하는 것이 좋다.

오답해설 ① 자기개발 설계 전략을 작성할 때에는 인간관계도 고려해야 한다.
③ 장 · 단기 목표를 함께 수립해야 한다.
④ 최대한 구체적으로 작성하는 것이 좋다.

03
정답 : ①

정답해설 년도와 월일은 반드시 함께 작성해야 한다.

오답해설 ② 날짜 다음에 괄호를 사용할 경우 마침표는 찍지 않는다.

③ 복잡한 내용은 –다음– 또는 –아래–와 같은 항목을 만든다.

④ 한 장으로 하는 것이 원칙이다.

04
정답 : ④

정답해설 잘 모이고 협력하는 분위기를 만드는 것은 '응집력'이다. 팀워크에 있어서 중요한 것은 목표달성 의지를 가지고 성과를 창출해내는 것이다.

05
정답 : ③

정답해설 전화를 해달라는 메시지를 받았다면 가능한 한 48시간 이내에 답을 해주어야 한다. 또 하루 이상 자리를 비우게 되는 경우, 다른 사람이 대신 전화를 받아줄 수 없다면 자리를 비운다는 메시지를 남겨놓는 것이 좋다.

06
정답 : ②

정답해설 A씨가 가족 중에 가장 일찍 일어난다고 했으므로, 오전 7시에 일어나는 B씨보다 먼저 일어나야한다. 따라서 'A씨는 오전 7시 전에 일어난다.'가 가장 적절하다.

07
정답 : ②

정답해설 임시회이 → 임시회의 / 적적 → 적절 / 특별위원늬 → 특별위원회 / 사앙 → 사항 / 대동령령 → 대통령령으로, 틀린 글자 수는 총 5개이다.

08
정답 : ④

정답해설 인건비를 증액하면 '조건 3'에 의해 조사비도 반드시 증액해야 한다. '조건 4'와 '조건 6'에 의하면 재료비는 삭감되며, 이미 인건비와 조사비를 증액했으므로 홍보비는 현상 유지 된다. '조건 1'에 의해 적어도 3개 항목은 반드시 삭감하여야 하므로, 나머지 항목인 잡비와 운영비는 반드시 삭감되어야 한다.

오답해설

① '조건 3'에 인건비와 조사비는 동시 삭감하거나 동시에 증액하여야 하고 증액이 가능한 항목은 최대 2개라 했으므로, 홍보비를 증액하면 인건비와 조사비는 동시에 삭감된다.

② 운영비가 증액되면 '조건 5'에 의해 잡비는 삭감되거나 현상 유지되어야 한다. '조건4'와 '조건 6'에 의해 재료비는 삭감되고, 홍보비는 증액되거나 현상 유지되어야 한다.
'조건 3'에 의해 인건비와 조사비는 동시 증액되거나 삭감되어야 한다. '조건 1'에서 증액이 가능한 항목은 최대 2개라고 했으므로 운영비를 증액하면 인건비와 조사비는 동시에 삭감되어야 한다.

③ 잡비를 증액하면 '조건 5'에 의해 운영비는 삭감되거나 현상 유지되어야 한다. 또한 '조건 4'와 '조건 6'에 의해 재료비는 삭감되고, 홍보비는 증액되거나 현상 유지되어야 한다.

09

정답 : ③

정답해설 보기의 스위치를 눌렀을 때 바뀐 모양을 살펴보면 다음과 같다.

① ◆□

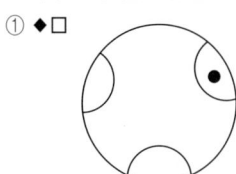

② □◎

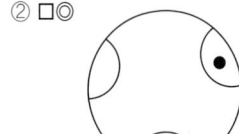

③ ◎◎

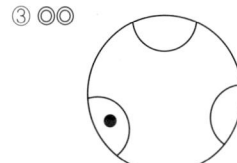

④ ◎△

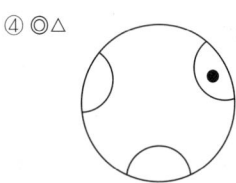

따라서 '◎◎'을 누르면 주어진 결과와 같은 형태가 된다.

10

정답 : ①

정답해설 보기의 스위치를 눌렀을 때 바뀐 모양을 살펴보면 다음과 같다.

① ◆△

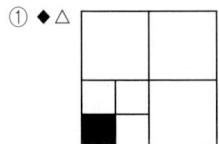

② ◎△

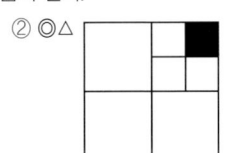

정답 및
해설

따라서 '◆△'을 누르면 주어진 결과와 같은 형태가 된다.

11

정답 : ④

정답해설 기술 시스템은 기술적인 부분과 사회적인 부분이 결합되어 공존하고 있기 때문에 사회기술시스템이라고 불린다.

12

정답 : ③

정답해설 충실하고 동정심이 많코 타인의 감정에 민감하다. → 많고 / 필요하고 원하는 일이라면 꼭까지 이루려고 한다. → 끝까지로, 틀린 글자는 2개이다

13

정답 : ①

정답해설 'A는 B보다 걸음이 빠르지 않으며, C는 A보다 걸음이 느리고 D는 C와 걷는 속도가 똑같다.'를 표현해 보면 B≥A>C=D이다.

오답해설 ② C는 B보다 걸음이 느리다.
③ D는 A보다 걸음이 느리다.
④ 걸음이 제일 빠른 사람은 B이다.

14

정답 : ③

정답해설 ㉮ 즉시 상환을 받지만, 채권규모 비율에 따라 일부분만 상환 받는 것이므로 부분상환이다.
㉯ 상환기일을 연기하지만 채권액 전부를 상환 받는 것이므로 상환연기이다.
㉰ 상환기일을 일정 기간 연기해 주면서 채권액 중 일부분만을 받는 것이므로 혼합이다.

15

정답해설 E씨에게 해당되는 경력단계는 '경력 중기'이다. 경력 중기는 직장에서 어느 정도 입지를 굳히게 되어 더 이상 수직적인 승진 가능성을 기대하기 어려운 경력 정체기로서, 새로운 환경의 변화에 직면하여 생산성 유지에 어려움을 겪게 된다. 또한 이 시기에는 자신이 그동안 성취해온 것들을 재평가 하고, 생산성 유지에 힘써야 한다.

오답해설 ① 직업 선택의 단계이다.
② 경력 초기의 단계이다.
④ 경력 말기의 단계이다.

16

정답해설 미국에서는 손끝만 잡는 것은 예의에 어긋나는 행동이다.
• 미국인과 대화할 때는 이름이나 호칭을 물어보는 것이 예의이다.

17

정답해설 명함을 받으면 그대로 집어넣지 말고 명함에 관해서 한 두 마디 대화를 건네야 한다. 상대가 보는 앞에서 즉시 명함꽂이에 꽂는다든가 주머니에 넣거나 방치하는 것은 실례이다.

18

정답해설 주어진 조건을 하나씩 살펴보면
• 맨 왼쪽에 있는 바구니에는 감이 담겨있다.

감			

• A 바구니의 바로 왼쪽에는 B 바구니가 놓여있다.
  C 바구니와 D 바구니는 감을 담은 바구니가 아니다.

B 바구니	A 바구니	C 바구니	D 바구니
감			

또는

B 바구니	A 바구니	D 바구니	C 바구니
감			

• C 바구니에는 배가 담겨있다.
  사과를 담은 바구니의 바로 오른쪽에는 귤을 담은 바구니가 놓여있다.

B 바구니	A 바구니	D 바구니	C 바구니
감	사과	귤	배

19
정답 : ②

정답해설 경쟁형은 나는 이기고 너는 지는(I Win-You Lose) 방법으로, 자신에 대한 관심은 높고 상대방에 대한 관심은 낮을 경우의 갈등 해결방법이다. 갈등 해결에 있어서 상대방보다 본인의 입장을 중시하며, 지배형(Dominating)이라고도 한다.

오답해설 ① 나도 지고 너도 지는(I Lose-You Lose) 방법으로, 자신과 상대방에 대한 관심이 모두 낮다.
③ 나는 지고 너는 이기는(I Lose-You Win) 방법으로, 자신에 대한 관심은 낮고 상대방에 대한 관심은 높다.
④ 나도 이기고 너도 이기는(I Win-You Win) 방법으로, 자신은 물론 상대방에 대한 관심이 모두 높다. 협력형(Collaborating)이라고도 한다.

20
정답 : ④

정답해설 특허청의 규정상 기업은 제 경비를 제외한 순수 실시수입액의 100분의 15 이상을 발명 종업원에게 주어야 한다. 그러나 S전자 특허팀 관계자는 연구자 본연의 업무로 얻어진 성과물에 대한 지나친 보상은 현실성이 없으며, 실정상 대부분의 대기업들은 발명 기술의 모든 권리를 회사에 양도하도록 종업원에게 요구한다고 주장하고 있다.

오답해설 ① 기업에 속한 연구원의 연구 성과에 대한 지적 재산권이 회사에 속하는 것이 당연하다면 회사는 연구원에게 성과에 따른 보상을 따로 하지 않아도 된다. 이는 S전자 특허팀 관계자와 같은 입장이다.
② 직무 발명에 대하여 충분한 성과급을 보장하는 보상금 지급기준을 법으로 정하는 것은 오히려 기업 경영의 자율성 및 연구 개발을 저해할 가능성이 크다는 내용이므로 특허청 규정에 반대하고 있다. 이는 S전자 특허팀 관계자와 같은 입장이다.
③ 기업에서 획기적인 발명에 대해 수천만 원에서 1억 원가량의 보상금을 성과급 형식으로 지급한 예가 거의 없다면 S전자 역시 연구원에게 따로 성과급을 지급할 이유가 없다. 이는 S전자 특허팀 관계자와 같은 입장이다.

21
정답 : ③

정답해설 엑셀에서 도넛형 차트의 구멍 크기를 작게 하는 방법으로는 차트를 선택한 후 오른쪽 마우스를 클릭하여 [데이터 계열 서식] 대화상자의 [계열 옵션]에서 [도넛 구멍 크기]의 값을 조정해 준다.

22

정답 : ②

정답해설 혈액과 소변을 이용한 데이터 수집 방법은 자연법칙이 이용되고, 이를 이용한 데이터 수집은 기술적 사상의 창작인 발명에 해당하며 데이터 수집 방법은 산업상 이용이 가능할 수 있기 때문에 특허를 받을 프로젝트로 적절하다.

오답해설 ① 독감 바이러스는 공중의 위생을 해할 염려가 있기 때문에 특허를 받을 수 없다.
③ 구구단은 자연법칙이 아니기 때문에 발명에 해당하지 않는다.
④ 무성적으로 반복 생식할 수 있는 변종식물에만 특허가 허용된다.

23

정답 : ③

정답해설 각각의 루트를 이용했을 때의 비용을 구해보면
① A → C → E → F : 6+7+1=14
② A → C → E → B → F : 6+7+3+6=22
③ A → B → E → F : 7+3+1=11
④ A → B → D → F : 7+10+4=21
따라서 A시에서 출발하여 F시까지 운송하는데 드는 최소비용의 경로는 'A → B → E → F'이다.

24

정답 : ④

정답해설 근면한 태도란, 게으르지 않고 부지런한 것을 의미한다. 중요한 미팅이 있다는 사실을 알면서도 아무 연락도 없이 출근을 하지 않았다는 것은 책임감과 근면한 태도가 결여된 행동이라고 볼 수 있다. 봉사정신이나 직장 내 인사예절을 지키지 못했다는 내용은 확인 할 수 없다.

25

정답 : ③

정답해설 독립적이고 혁신적이며 건설적 비판을 잘하는 유형은 '주도형'이다. 이러한 유형은 적극적 참여와 실천 측면에서 솔선수범하고 주인의식을 가지고 있어 멤버십 유형 가운데 가장 이상적인 유형이라 할 수 있다.

오답해설 ① '소외형'에 해당된다. 소외형은 자립적인 사람으로, 냉소적이며 고집이 세고 조직에 부정적인 시각을 가지고 있다. 일부로 반대 의견을 제시하기도 한다.
② '실무형'에 해당된다. 실무형은 조직의 운영방침에 민감하고 규율과 규칙에 따라 행동한다. 또한 사건을 균형 잡힌 시각으로 보는 경향이 있다.
④ '순응형'에 해당된다. 순응형은 리더나 조직을 믿고 헌신하며 팀플레이에 적합하다. 그러나 획일적인 태도나 행동에 익숙하고 적극성이 다소 부족하다.

정답 및
해설

26
정답 : ④

정답해설 ㉠ 내구성 부문에서 경쟁력 점수가 가장 높은 업체는 B로 109점이며, 경량화 부문에서 경쟁력 점수가 가장 낮은 업체는 D로 85점이다.

㉡ 전체 경쟁력 점수를 살펴보면, A는 519점, B는 488점, C는 514점, D는 459점, E는 460점으로 E가 B보다 더 낮다.

㉢ 경쟁력점수가 가장 높은 부문과 가장 낮은 부문의 차이는 A가 9점, B가 16점, C가 8점, D가 22점, E가 21점으로 가장 큰 업체는 D이고, 가장 작은 업체는 C이다.

27
정답 : ①

정답해설 성희롱이란 지위를 이용하거나 업무 등과 관련하여 성적 언동 등으로 상대방에게 성적 굴욕감 및 혐오감을 느끼게 하는 행위, 상대방이 성적 언동 그 밖의 요구에 따르지 않았다는 이유로 고용상의 불이익을 주는 행위를 말한다.

28
정답 : ④

정답해설 리더는 계산된 위험(Risk)을 취하는 것이 일반적이다. 위험을 회피하기만 한다면 조직이 지속적으로 발전하기 어렵다. 또한 리더가 사람을 관리한다면 관리자는 체제나 기구를 관리하는 것이 일반적이다.

오답해설 ① 민주주의적 리더십을 발휘하여 팀원들의 참여를 독려한 사례이다.

② 책임감으로 철저히 무장하여 솔선수범한 사례이다.

③ 팀원들의 잠재력 개발을 통해 높은 성과를 창출해내도록 노력한 사례이다.

29
정답 : ②

정답해설 중복으로 검색이 되어야하기 때문에 AND연산자가 적절하다. 보기 중 [세종대왕 & 어머니]의 검색 결과가 가장 적절한 검색 식으로 판단된다. [!]는 기호 다음에 오는 단어를 포함하지 않는 문서를 검색하고, [|]는 두 단어가 모두 포함되거나 두 단어 중에서 하나만 포함된 문서를 검색한다.

30
정답 : ③

정답해설 인적판매는 다른 촉진에 비하여 비용이 많이 들고 비용을 대비한 성과로 평가할 경우 효율성이 떨어지므로, 인적판매와 다른 촉진 활동에 예산을 분배하여 촉진의 유효성과 효율성의 균형을 이루어야 한다.

31

정답 : ②

정답해설 속옷과 양말 등 몸에 닿아 인체에 끼치는 영향을 무시할 수 없는 면 소재의 제품은 삶아서 자주 세탁하는 것이 좋다.

32

정답 : ①

정답해설 이불은 홑청과 속을 분리한 후 홑청은 세제를 풀어놓은 물에 담가 때를 불린 뒤 더러움이 유독 심한 부분은 솔로 닦아 애벌빨래한다. 세탁이 끝나고 탈수를 마치면 털어서 구김을 편 후 햇볕에 널어 건조시킨다. 이불솜은 청소기로 먼지를 제거한 뒤, 햇볕에 널어 세균과 진드기를 없앤다.

33

정답 : ③

정답해설 목표는 확실했으나 시간계획의 기본 원리를 지키지 않고 계획의 순서를 고려하지 않아 건강을 악화시켰다.

┌─ **핵심정리** ─────────────────────

시간계획의 순서
- 명확한 목표설정 → 일의 우선순위 결정 → 예상소요시간 결정 → 시간계획서 작성

34

정답 : ④

정답해설 ④와 같은 경영전략 재조정은 평가 및 피드백 단계에 포함된다.

┌─ **핵심정리** ─────────────────────

경영전략 추진과정
- **전략목표설정** : 비전설정, 미션설정
- **환경분석** : 내부환경 분석, 외부환경분석(SWOT 분석기법)
- **경영전략 도출** : 조직전략, 사업전략, 부문전략
- **경영전략 시행** : 경영목적 달성
- **평가 및 피드백** : 경영전략 결과 평가, 전략목표 및 경영 전략 재조정

정답 및
해설

35
정답 : ③

정답해설 ST전략은 강점을 통해 위협을 피하거나 보완하는 전략이기 때문에 강점인 단골들을 이용하여 위협요소인 새로 창업하는 음식점들을 견제하는 방법은 적절하다.

오답해설 ① 신메뉴 개발을 통한 단골 확보는 WT전략이다.
② 지하철 입구에서 판촉물 홍보는 SO전략이다.
④ 재료값은 기회에 속한 부분이기 때문에 WT전략으로 적절하지 않다.

36
정답 : ④

정답해설

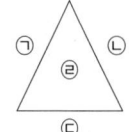

이라 하고 규칙을 찾아보면 ㉠×㉡=㉢×㉣의 식을 알 수 있다.
따라서 식을 세워보면 $6 \times 6 = (4) \times 9$이므로 빈칸은 4이다.

37
정답 : ②

정답해설 10개 → 17개 → 24개로 배치하고 있으므로 한 줄씩 늘어날 때마다 7개의 의자가 더 필요하다. 따라서 13번째 줄의 의자는 10개＋7개×12줄＝94개이다.

38
정답 : ③

정답해설 후발대가 선발대를 처음 추월하는데 걸리는 시간을 x(시간)이라 하면
선발대가 1시간 30분 동안 이동한 거리 : $70\text{km}/h \times 1$시간 30분$= 70\text{km}/h \times \frac{3}{2}$시간$＝105\text{km}$
따라서 x시간 동안 선발대가 간 거리 : $(105+70x)\text{km}$
x시간 동안 후발대가 간 거리 : $100x\text{km}$
후발대가 선발대를 추월해야하므로 $100x > 105 + 70x$, $30x > 105$, $x > \frac{7}{2}$, $x > 3\frac{1}{2}$, $x > 3$시간 30분
따라서 후발대가 선발대를 처음 추월하는 데 걸리는 시간은 3시간 31분이다.

39
정답 : ①

정답해설 두 열에 입력된 값을 행 방향으로 자동 채우기 하면 아래와 같이 자동 채우기 된다.

	A	B
1	일	1
2	월	2
3	화	3
4	수	4

40
정답 : ③

정답해설 하수처리장 설치를 반대하는 주민들에게 시각화된 자료를 보여주고 주민들이 직접 보고 느끼게 함으로써 설득에 성공한 사례이다. 이는 '직접 보고 느끼게 한다.'는 의미의 'See-Feel-Change' 전략이다.

오답해설 ① 호혜관계 형성을 통해 협상을 용이하게 하는 전략이다.
② 협상 당사자 간 기대하는 바에 일관성 있게 행동하고 상대방의 기대에 부응함으로써 협상을 용이하게 하는 전략이다.
④ 어떤 과학적인 논리보다는, 동료나 사람들의 행동에 의해서 상대방을 설득하는 전략이다.

41
정답 : ①

정답해설 기술적, 사업적, 인간적 능력을 통합할 수 있는 능력은 기술 관리자에게 요구되는 능력이다.

핵심정리

기술 경영자에게 필요한 능력
- 빠르고 효과적으로 새로운 기술을 습득하고 기존의 기술에서 탈피하는 능력
- 조직 내의 기술 이용을 수행할 수 있는 능력
- 기술 이전을 효과적으로 할 수 있는 능력
- 새로운 제품개발 시간을 단축할 수 있는 능력
- 크고 복잡하며 서로 다른 분야에 걸쳐 있는 프로젝트를 수행할 수 있는 능력
 (②, ③, ④ 외에 기술 경영자에게 필요한 능력)

42

정답 : ④

조건을 만족하는 합계 구하기
- {=SUM((조건범위=조건)*계산범위)}
- {=SUM(IF(조건,계산범위,0))}
- 조건 사원번호의 첫 글자이므로 LEFT 함수를 활용한다.
- LEFT($A$2:$A$6,1)="S"
- {=SUM((LEFT($A$2:$A$6,1)="S")*$B$2:$B$6)}

43

정답 : ②

정답해설 컴퓨터 용어에서 트래픽(Traffic)은 인터넷 연결선으로 전송되는 데이터의 양을 지칭하는 용어이다. 트래픽 양이 많다는 것은 전송되는 데이터의 양이 많다는 것을 뜻하며, 트래픽이 너무 많으면 서버에 과부하가 걸려 기능에 문제가 발생하기도 한다. 홈페이지를 예로 들어 보자면, 홈페이지를 인터넷 브라우저에 띄우기 위해서는 서버에 파일을 올려놓고 사용자가 웹페이지에 접속을 할 때마다 필요한 정보를 다운로드 해야 하는데, 여기서 다운로드 되는 정보의 양이 바로 트래픽이다. 홈페이지 접속해서 여러 페이지를 열어보거나 이미지 동영상 등을 내 컴퓨터로 다운로드할 때 홈페이지와 연결된 서버의 트래픽 양이 증가하게 되며, 이러한 상황이 발생하면 서버의 트래픽이 줄어들거나 초기화될 때까지 웹페이지에 접속하기 어려워진다.

44

정답 : ④

정답해설 전세금이 5,000만 원 이상 2억 원 미만이므로 최대 수수료는 거래가액의 0.4%이다.
따라서 9,500만 원×0.004＝38만 원이다. 그러나 한도액이 30만 원을 넘었으므로, 최대 수수료는 30만원이 된다.

45

정답 : ③

정답해설 매매가가 5,000만 원 이상 2억 원 미만이므로 최대 수수료는 거래가액의 0.5%이다.
따라서 1억 2천만 원×0.005＝60만 원이다.

46
정답 : ①

정답해설 12% 소금물을 $x(\mathrm{g})$, 20% 소금물을 $y(\mathrm{g})$라 하면

두 소금물을 섞어 300g의 소금물이 되었으므로 $x+y=300$ ⋯ ㉠

두 농도의 소금의 무게와 섞은 후의 소금의 무게가 같으므로

$\left(\dfrac{12}{100} \times x\right) + \left(\dfrac{20}{100} \times y\right) = \dfrac{16}{100} \times 300$ 이고, 식을 정리해보면

$12x+20y=48,000$, $3x+5y=12,000$ ⋯ ㉡

㉡$-(3 \times$㉠$)$을 계산해보면 $2y=300$이므로 $x=150$, $y=150$이다.

따라서 12% 농도의 소금은 $\dfrac{12}{100} \times 150 = 18(\mathrm{g})$, 20% 농도의 소금은 $\dfrac{20}{100} \times 150 = 30(\mathrm{g})$

47
정답 : ②

정답해설 흡연자의 폐암 발생률 : $\dfrac{300}{1,000} \times 100 = 30(\%)$

비흡연자의 폐암 발생률 : $\dfrac{300}{10,000} \times 100 = 3(\%)$

따라서 비흡연자에 비해 흡연자의 폐암 발생률은 10배이다.

48
정답 : ④

정답해설 흡연의 폐암 발생 기여율은 위 문제에서 구한 값들을 이용하여 구한다.

흡연의 폐암 발생 기여율 $= \dfrac{흡연자의 폐암발생률 - 비흡연자의 폐암발생률}{흡연자의 폐암발생률} \times 100$

이므로 $\dfrac{30-3}{30} \times 100 = 90(\%)$이다.

49
정답 : ③

정답해설 과업세부도는 과제 및 활동의 계획을 수립하는데 있어서 가장 기본적인 수간으로 활용되는 것으로, 필요한 모든 일들을 중요한 범주에 따라 체계화 시켜 구분해 놓은 그래프를 말한다. 인력을 배치하여 업무를 수행하는 과정에서 팀원들에게 할당된 일을 적절히 관리하기 위해서는 과업세부도를 작성하는 것이 효과적이다.

50

정답 : ②

정답해설 필요한 활동이 모두 구명되면 활동에 대한 우선순위를 결정해야 한다. 경우에 따라 과제를 수행하기 위해 필요한 활동이나 과업을 수행하기 어려울 수 있으며, 이런 경우 상대적인 중요도를 고려하여 우선순위를 반영하는 것이 효과적이다. 과제에서 핵심적인 활동과 부수적인 활동을 고려하여 예산 여건이 되지 않는 경우 핵심활동 위주로 예산을 편성해야 한다.

실전모의고사 2회

01 ②	02 ①	03 ③	04 ④	05 ③	06 ④	07 ①	08 ③	09 ①	10 ②
11 ①	12 ④	13 ④	14 ③	15 ③	16 ③	17 ②	18 ③	19 ②	20 ③
21 ①	22 ①	23 ①	24 ④	25 ④	26 ③	27 ②	28 ③	29 ③	30 ②
31 ③	32 ③	33 ①	34 ②	35 ①	36 ④	37 ②	38 ①	39 ④	40 ④
41 ③	42 ③	43 ②	44 ④	45 ②	46 ④	47 ②	48 ②	49 ①	50 ①

01

정답 : ②

정답해설 A과장은 매번 같은 말을 반복하여 좋은 인상을 주지 못하고 있기 때문에 인상적인 의사소통이 필요하다. 인상적인 의사소통을 하려면 자신의 의견을 장식하는 것이 필요하다.

02

정답 : ①

정답해설 인력 선발과 배치는 양적배치, 질적배치, 적성배치 등의 유형이 있으며 이들 간에 적절한 조화를 이루어야 한다. 많은 상품과 품목을 관리해야하기 때문에 소비자에게 가장 어필할 수 있는 상품을 매일 분석하고 선택해야 하며, 트렌드에 민감한 상품 개발 담당자를 채용해야 한다.

오답해설 ② 인터넷을 주 업무로 한다고 해서 많은 자격증을 보유한 사람을 우선 채용해야 하는 것은 아니다.
③ 양적배치를 고려하여 예산이 허락되는 범위 내에서 필요한 인원을 모두 선발하는 것이 좋으므로 예산이 충분하고 지원자들의 능력을 검증하지 않은 상황에서 부족인원보다 적은 인원을 선발하려는 것은 적절하지 않다.
④ 온라인 활동만을 주 업무로 담당하는 직원을 채용한다고 했기 때문에 현장에서 실무 능력을 키워야 한다는 의견은 적절하지 않다.

03

정답 : ③

핵심정리

교육적 원인
• 안전 지식의 불충분
• 경험이나 훈련의 불충분
• 유해 위험 작업 교육 불충분
• 안전수칙의 오해
• 작업 관리자의 작업 방법의 교육 불충분

기술적 원인

- 건물/기계 장치의 설계 불량
- 구조물의 불안정
- 재료의 부적합
- 생산 공정의 부적당
- 점검/정비/보존의 불량

작업 관리상 원인

- 안전 관리 조직의 결함
- 안전 수칙 미제정
- 작업 준비 불충분
- 인원 배치 및 작업 지시 부적당

04
정답 : ④

정답해설 칭찬을 한 후 질책을 하고 다시 칭찬을 하는 샌드위치 화법은 듣는 사람이 질책을 반발하지 않고 받아들일 수 있게 하는데 유용하다.

오답해설 ① 모호한 표현은 설득력을 약화시킨다.
② 장소는 일대일로 말할 수 있는 조용한 장소가 좋다.
③ 충고는 하지 않는 편이 좋으며 마지막은 칭찬으로 끝내는 것이 효과적이다.

05
정답 : ③

정답해설 C씨는 업무방해요인 중 〈방문, 인터넷, 전화, 메시지〉를 겪고 있다. 메신저와 외부 방문시간 등은 시간을 정하는 것이 업무방해를 해소하는데 도움이 된다.

◆ **핵심정리** ◆

업무 방해요인

- 방문, 인터넷, 전화, 메신저 등
- 갈등
- 스트레스

06
정답 : ④

정답해설 제품 설계/디자인 기술, 제품 생산공정, 원재료/부품 제조기술을 분석하는 것은 요구기술 분석에 대한 설명이다.
- **내부 역량 분석** : 기술능력, 생산능력, 마케팅/영업능력, 재무능력 등 분석

07

정답 : ①

정답해설 데이터베이스의 작업 순서

- 시작 → 데이터베이스 제작 → 자료 입력 → 저장 → 자료 검색 → 보고서 인쇄 → 종료

08

정답 : ③

정답해설

0	→	2	→	8	→	14	→	112	→	(122)
	+2		×4		+6		×8		+10	

09

정답 : ①

정답해설 전체 작업량을 1이라 하면, A씨의 1일 작업량은 $\frac{1}{12}$, B씨의 1일 작업량은 $\frac{1}{20}$

A씨와 B씨의 1일 공동작업량은 $\left(\frac{1}{12}+\frac{1}{20}\right)\times 1.5=\frac{2}{15}\times 1.5=\frac{1}{5}$이다.

따라서 전체 일을 하는데 걸리는 시간은 $1\div\frac{1}{5}=5$(일)

10

정답 : ②

정답해설 업무의 효율성을 높이기 위해서는 업무를 묶어서 처리하는 것이 좋다. 직장인들이 하는 일은 대부분 비슷한 속성을 가진 경우가 많기 때문에, 한 번 움직일 때 여러 가지 일을 한 번에 처리해서 다시 같은 곳을 반복해서 가지 않도록 경로를 단축시켜야 한다. 업무를 묶어서 처리한다고 해서 꼼꼼하게 살피지 않는 것은 아니다.

오답해설 ① 업무 효율성을 높이려면 역할 모델을 설정하여 그 사람을 주의 깊게 살피고 비슷하게 행동하도록 노력해야 한다.

③ 다른 사람이 일하는 방식과 다른 방식으로 생각하다 보면, 의외로 창의적인 방법을 발견할 수 있으며 업무의 성과도 높일 수 있다.

④ 회사와 팀의 업무 지침은 공동의 약속이자 질서이므로 마땅히 따르고 지켜야 한다.

11
정답 : ①

정답해설 책임운영기관의 직제 제 · 개정은 중앙행정기관장의 승인을 얻어야 한다고 규정되어 있다.

오답해설 ② 책임운영기관의 정원관리에서 총정원은 대통령, 직급별 정원은 소속 중앙행정기관장의 승인을 얻는다고 규정되어 있다.
③ 중앙행정기관은 초과 수입금을 사용할 수 없다고 규정되어 있다.
④ 중장행정기관의 직원은 3급 이상은 대통령, 4급 이하는 소속 중앙행정기관장이 임명한다고 규정되어 있다.

12
정답 : ④

정답해설 정보원(Sources)은 필요한 정보를 수집할 수 있는 원천으로, 수집자의 주위에 정보를 발생시키는 모든 것들이 정보원이 될 수 있다. 정보원은 크게 1차 자료와 2차 자료로 구분된다.

오답해설 • 1차 자료 : 원래의 연구 성과가 기록된 자료를 말하며 단행본, 학술지와 학술지 논문, 학술회의 자료, 연구보고서, 학위논문, 특허정보, 표준 및 규격자료, 레터, 출판 전 배포 자료, 신문, 잡지, 웹 정보자원 등이 있다.
• 2차 자료 : 1차 자료를 효과적으로 찾아보기 위한 자료로 1차 자료에 포함되어 있는 정보를 압축, 정리하여 읽기 쉬운 형태로 제공하는 자료이다. 사전, 백과사전, 편람, 연감, 서지 데이터베이스 등이 있다.

13
정답 : ④

정답해설 테마 바꾸기는 [제어판] – [디스플레이] 메뉴에서 변경 할 수 있다.

14
정답 : ③

정답해설 평등과 책임 공유를 강조하는 것은 파트너십 유형에 해당되지만, 통제 없이 방만한 상태 혹인 가시적인 성과물이 안 보일 때 효과적인 것은 독재자 유형에 해당된다.

15
정답 : ③

정답해설 현금영수증 가맹업자는 매출액의 1%를 부가가치세 납부액에서 공제받을 수 있는데, 이러한 세제혜택보다 세원노출로 인한 세 부담 증가액이 크다면 가맹을 결정하지 않는 것이 효과적이다.

오답해설
① 12,000원을 3명이 나누면 4,000원이 된다. 4,000원의 현금 지출은 소득공제용 현금 영수증 조건에 부합하지 않는다.
② 500만 원을 지출한 경우 소득의 10%(300만 원)의 초과분인 200만 원에 대해 그 20%를 근로소득에서 공제하게 되므로 소득 공제액은 40만 원이다.
④ 현금 영수증은 국세청으로 자동 통보되기 때문에 모아둘 필요가 없다.

16
정답 : ③

정답해설
〈ID 고유 금지정책〉 → 공유 / 하나의 아이디로 강의 밑 관련 서비스를 → 및 / 컴퓨터의 액세스가 발생하는 경우 → 발생하는 경우 / 불법 녹화 및 캡처 금지 정채 → 정책 / 무단으로 베포 및 판매하는 → 배포 / 저작건 침해 등과 관련하여 → 저작권으로, 틀린 글자는 총 6개이다.

17
정답 : ②

정답해설
문장들의 내용을 조합해보면 C – D – B – A의 순으로 앉는다. 따라서 올바르게 추론한 것은 '오른쪽 끝에 앉은 사람은 A이다.'이다.

18
정답 : ③

정답해설
조건을 통해 비밀번호가 될 수 있는 것을 찾아보면
- 첫 번째 조건에서 소수(2, 3, 5, 7)는 포함되지 않으므로, 비밀번호를 구성하는 숫자는 0, 1, 4, 6, 8, 9이다.
- 세 번째 조건과 네 번째 조건에서 비밀번호를 구성하는 숫자에서 9가 제외된다는 것을 알 수 있다. 따라서 0, 1, 4, 6, 8이 비밀번호를 구성하는 숫자가 된다.
- 다섯 번째 조건에 따라 모든 숫자가 한 번씩만 사용된다는 것을 알 수 있다.
- 두 번째 조건에서 6이나 8은 하나만 들어간다고 했으므로, 가능한 비밀번호는 '8410' 또는 '6410' 두 개이다. 따라서 ③ 위의 조건을 모두 만족시키는 번호는 모두 두 개가 있다.

19
정답 : ②

정답해설
고객접점 서비스, 즉 결정적 순간 또는 진실의 순간이라는 용어를 최초로 주장한 사람은 스웨덴의 경제학자인 리차드 노먼(Richard Norman)이며, 이 개념을 도입하여 성공을 거둔 사람은 스칸디나비아 항공의 사장 안 칼슨(Jan Carlzon)이다. 이들의 주장에 의하면 고객접점 서비스란, 고객과 요원사이에서 15초 동안 이루어지는 짧은 순간의 서비스이다. MOT는 고객과 종업원이 얼굴을 접촉하는 순간을 의미하기도 하지만 고객이 회사의 건물을

정답 및 해설

처음 볼 때, 기업 광고를 보는 순간, 식당의 더러운 테이블에 앉았을 때 등 간접적으로 접하는 순간이 될 수도 있다.

20
정답 : ③

> **핵심정리**
>
> **고객접점 서비스(MOT)의 플러스 요인**
> - 담당자가 고객을 알아보고 친근감을 표시한다.
> - 담당자가 책임감을 가지고 이야기를 잘 들어준다.
> - 담당자가 고객의 상황을 바르게 이해하고 도와줄 방법을 정확하게 알고 있다.
> - 담당자가 정중하게 사과한다.
> - 담당자가 문제를 예방할 수 있는 방법을 자세히 설명해준다.
>
> **고객접점 서비스의 마이너스 요인**
> - 담당자의 설명이 복잡해 알아들을 수가 없다.
> - 담당자와 전화가 잘 연결되지 않는다.
> - 담당자가 정형화된 질문 목록을 읽는 것처럼 느껴진다.
> - 담당자가 서두르면서 불만사항을 제대로 들어주지 않는다.

21
정답 : ①

정답해설 준법이란 민주 시민으로서 기본적으로 지켜야 하는 의무이며 생활 자세를 말한다. 민주 사회의 법과 규칙을 준수하는 것은 시민으로서의 자신의 권리를 보장받고, 다른 사람의 권리를 보호해 주며 사회 질서를 유지하는 역할을 한다.

22
정답 : ①

정답해설 총 비용이 15만 원 이하이기 때문에 팀장에게 결재를 받아야 하고, 본부장의 결재를 받을 필요가 없기 때문에 팀장 란에 전결, 본부장 란에 상향대각선, 최종결재에 팀장이 옳은 결재양식이다.

23

정답 : ①

정답해설 50만 원 이상은 접대비지출품의서를 써서 대표이사의 결재를 받아야한다. ①에는 접대비지출품의서가 적절하다.

24

정답 : ④

정답해설 고객은 통화 품질, 요금과 같은 사소한 이유로 계속해서 트집을 잡고 있다. 이는 고객 불만표현 유형 중 '트집형'에 해당한다. 이와 같은 유형의 고객에게는 이야기를 경청하고 맞장구치며 추켜세우는 대응 방법이 효과적이다.

오답해설 ① 거만형 유형의 고객에 대한 대응 방법이다.
② 의심형 유형의 고객에 대한 대응 방법이다.
③ 빨리빨리형 유형의 고객에 대한 대응 방법이다.

25

정답 : ④

정답해설 연속하는 수에 관한 문제는 가운데 수를 x로 놓고 푸는 것이 쉽다.
문제에서 연속하는 세 짝수를 $(x-2)$, x, $(x+2)$ 로 하고 모두 합하면,
$(x-2)+x+(x+2)=3x$이다. 이 값이 342초과 354미만이므로 식으로 세우면
$342<3x<354$, $114<x<118$ 이중에 짝수는 116밖에 없다.
따라서 연속하는 세 짝수는 114, 116, 118이고, 가장 작은 수는 114이다.

26

정답 : ③

정답해설 전체 물건의 개수 : x(개)
세 달 후 남은 물건의 개수 : $0.2x$(개), 세 달 동안 팔린 물건의 개수 : $0.8x$(개)
원가 : 15,000(원), 판매가 : $15,000 \times 1.2 = 18,000$(원), 할인가 : A(원)
$15,000x = 18,000 \times 0.8x + A \times 0.2x$을 간단히 해보면
$15,000x - 14,400x = A \times 0.2x$, $600x = A \times 0.2x$, $A = 3,000$(원), $\frac{3,000}{15,000} \times 100 = 20(\%)$
따라서 정가의 80%를 할인해도 손해를 보지 않는다.

[27~28]

'Xㅁ/Yㅇ'는 가로축이 ㅁ까지, 세로축이 ㅇ까지 있음을 나타낸다. 괄호 앞의 각 문자는 도형의 모양을 의미한다. 즉, C는 원, T는 삼각형, S는 말풍선이다. 또한 괄호 안의 숫자는 도형의 좌표를 나타낸다. (3, 1)은 가로축에서 3, 세로축에서 1에서 만나는 위치라는 의미이다. 쌍점(:)뒤에 위치한 문자와 숫자는 도형의 명암과 크기를 나타낸다. 즉, A는 도형의 안쪽이 검은색, B는 도형의 안쪽이 흰색이다. 그리고 1은 도형 중 가장 작은 형태, 2는 중간 형태, 3은 가장 큰 형태이다.

27
정답 : ②

정답해설 가로축이 4까지, 세로축이 4까지 있다. → X4/Y4
- 원은 가로축 3과 세로축 1이 만나는 위치이고, 도형 안쪽이 흰색이다. 또한 크기가 중간 형태이다.
  → C(3, 1):B2
- 삼각형은 가로축 2와 세로축 3이 만나는 위치이고, 도형 안쪽이 검은색이다. 또한 크기가 가장 큰 형태이다.
  → T(2, 3):A3
- 말풍선은 가로축 1과 세로축 2가 만나는 위치이고, 도형의 안쪽이 흰색이다. 또한 크기가 가장 작은 형태이다.
  → S(1, 2):B1

따라서 문제의 그래프에 알맞은 명령어는 X4/Y4 C(3, 1):B2 / T(2, 3):A3 / S(1, 2):B1이다.

28
정답 : ③

정답해설 명령어에서 틀린 부분은 T(4, 3):A3, S(2, 4):B1로 2군데이다.
③ 삼각형은 가로축 4와 세로축 4가 만나는 위치이고, 도형의 안쪽이 흰색이다. 또한 크기가 가장 작은 형태이다. T(4, 3):A3 → T(4, 4):B1로 올바르게 수정되었다.

오답해설 ① 가로축이 4까지, 세로축이 5까지 있으므로 X4/Y5가 맞다.
② 원은 가로축 2와 세로축 2가 만나는 위치이고, 도형의 안쪽이 흰색이다. 또한 크기가 중간 형태이다. 따라서 C(2, 2):B2이 맞다.
④ 말풍선은 가로축 2와 세로축 5가 만나는 위치이고, 도형의 안쪽이 검은색이다. 또한 크기가 가장 큰 형태이다. S(2, 4):B1 → S(2, 5):A3가 되어야 한다.

29
정답 : ③

정답해설 ㉠ 만약 A씨가 발탁되면 B씨와 C씨도 발탁되어야 한다. 이는 B씨 또는 C씨가 발탁되지 않으면 A씨도 발탁되지 않는다는 의미이므로, A씨는 발탁되지 않는다.
㉡ 만약 A씨가 발탁되지 않는다면 D씨가 발탁되어야 하는데, ㉠에서 A씨가 발탁되지 않는다고 하였으므로 D씨는 발탁된다.

ⓒ 만약 B씨가 발탁되지 않는다면 C씨나 E씨가 발탁되어야 한다고 하였으므로, C씨 또는 E씨가 발탁된다.

ⓔ 만약 C씨와 E씨가 발탁되면 D씨는 발탁되어서는 안 된다고 하였는데, D씨는 발탁 되므로 C씨와 E씨는 동시에 발탁될 수 없다.

ⓜ 만약 D씨나 E씨가 발탁되면 F씨도 발탁되어야 한다고 하였는데, D씨는 발탁되므로 F씨도 발탁된다.

발탁이 확정된 사람은 D씨와 F씨이고, 여기에 C씨 또는 E씨 중 한사람만 발탁되므로 총 인원은 3명이다.

---

30   정답 : ②

정답해설 2015년 3월에 online의 형태만으로 운영했던 인터넷쇼핑몰의 수를 x라 하면
2016년 3월에는 같은 부분에서 4.4% 증가한 것이므로 식을 세워보면
$x \times (1+0.044) = 2{,}207$(개), $1.044x = 2{,}207$(개), $x = 2{,}113.98 \cdots$ 이다.
따라서 2015년 3월에 online의 형태만으로 운영했던 인터넷쇼핑몰의 수는 약 2,113개이다.

---

31   정답 : ③

정답해설 다양한 물적 자원을 얼마나 확보하고 활용할 수 있는지가 개인과 국가의 큰 경쟁력이 된다. 산업의 고도화와 함께 다양한 물적 자원이 활용되고 있으며, 이를 필요한 시기와 장소에 활용하는 것이 매우 중요하다. 물적 자원을 효과적으로 관리하여 활용하면 경쟁력이 향상 되고, 그렇지 않은 경우 경쟁력을 잃게 된다.

---

32   정답 : ③

정답해설 '프로그램 종료 기능'을 가지는 단축키는 'Alt + F4'이다.

---

33   정답 : ①

정답해설 대통령의 강력한 추진의지에 의해 정부 각 부처가 앞 다투어 BSC 도입 방안을 검토 했다는 부분에서 알 수 있다.

오답해설 ② 외부전문가 집단의 주도로 변하는 것이 좋다는 내용은 언급되지 않았다.
③ 조직규모의 적정화에 대한 내용은 언급되지 않았다.
④ 일부 부처에서 일방적인 평가시스템이라고 반발하고 있다.

정답 및
해설

34

정답 : ②

정답해설 물적 자원의 경우 구입 과정에서 활용 및 구입의 목적을 명확하게 하는 것이 중요하다. 또한 구입한 물품을 분실 및 훼손되지 않게 관리하는 것이 중요하며, 적절한 장소에 보관하여 물품이 필요할 때 적재적소에 활용될 수 있도록 하는 것이 중요하다.

35

정답 : ①

정답해설 먼저 주어진 문제에서 각 역을 이용한 연령대의 비율(%)을 구해보면

C역을 이용한 30대 이상은 18%(30대)+17%(40대)+12%(50대)=47%

B역을 이용한 30대 미만은 3%(10대)+16%(20대)=19%

비율을 이용해 실제 승객 수를 구해보면

C역을 이용한 30대 이상의 승객 수는 2,400,000×0.47=1,128,000(명)

B역을 이용한 30대 미만의 승객 수는 1,800,000×0.19=342,000(명)이다.

따라서 대략 1,128,000÷342,000≒3.3(배)이다.

36

정답 : ④

정답해설 B역의 이용 승객 중 비율이 가장 높았던 연령대는 40대이며, A역의 이용 승객 중 비율이 가장 낮았던 연령대는 10대이다.

각각의 실제 이용 승객 수를 구해보면 B역을 이용한 40대는 1,800,000×0.38=684,000(명)이고, A역을 이용한 10대는 3,200,000×0.07=224,000(명)이다.

따라서 두 수의 차이는 684,000-224,000=460,000(명)이다.

37

정답 : ②

정답해설 %p(퍼센트 포인트)는 퍼센트 사이의 차이를 말한다. 신용카드의 경우, 2015년 12월을 기준으로 한 2016년 1월의 전월차가 -1.2%p이므로 2015년 12월의 거래액 중 신용카드가 차지하는 비율은 65.7-(-1.2)=66.9(%)이다.

38

정답 : ①

정답해설 2015년 1월 온라인입금과 2016년 1월 온라인 입금 비율을 비교해 보면 된다.

따라서 $30.0(\%)-28.5(\%)=1.5(\%p)$ 이다.

39
정답 : ④

정답해설 갈등의 두 가지 쟁점에는 '핵심 문제'와 '감정적 문제'가 있다. 핵심문제에는 역할 모호성, 방법 · 목표 · 절차 · 책임 · 가치 · 사실에 대한 불일치가 있고 감정적 문제에는 공존할 수 없는 개인적 스타일, 통제나 권력 확보를 위한 싸움, 자존심에 대한 위협, 질투와 분노 등이 있다. ①, ②, ③번은 모두 감정적 문제에 해당되고 ④번은 핵심 문제 중 '사실에 대한 불일치'에 해당된다. 상사가 지시한 사실이 달라 갈등 상황이 빚어진 것이지 감정이 개입된 것은 아니다.

오답해설 ① 감정적 문제 중 질투와 분노로 인한 갈등 상황이다.
② 감정적 문제 중 공존할 수 없는 개인적 스타일로 인한 갈등 상황이다.
③ 감정적 문제 중 자존심에 대한 위협으로 인한 갈등 상황이다.

40
정답 : ④

정답해설 지문은 상대방에 부탁할 때의 효과적인 의사표현 방법이다.

오답해설 ① 모호하지 않고 확실한 표현, 상대방과의 관계 고려, 뒤처리를 생각해야 함
② 먼저 사과후 거절한 이유를 설명, 불가능한 것은 단호하게 거절, 정색을 하지 않는다.
③ 일반적으로 강요하지 않음, 먼저 양보하는 의지를 보여줌, 자신이 먼저 변해야 함

41
정답 : ③

핵심정리

효과적인 정보수집 방법
• 정보는 신뢰관계가 전제되어야 수집이 가능하다.
• 인포메이션(Information)과 인텔리전스(Intelligence)를 구분하여 수집할 필요가 있다.
• 선수필승(先手必勝: 먼저 행동해야 승리함) 이라는 생각으로 정보를 남들보다 빠르게 잡아야 한다.
• 머릿속에 서랍을 만들어 수집된 정보를 잘 정리하도록 한다.
• 사람의 기억력은 한계가 있으므로 정보수집용 하드웨어를 활용하도록 한다.

42

정답 : ③

핵심정리

Windows(⊞) 조합 바로가기 키

- Windows 로고 키＋E＝탐색기 실행
- Windows 로고 키＋D＝바탕화면 보기 또는 복구
- Windows 로고 키＋T＝작업 표시줄의 프로그램 차례대로 선택(미리보기 활성화)
- Windows 로고 키＋F＝파일 또는 폴더 검색

43

정답 : ②

정답해설 캐시 메모리는 휘발성 메모리인 SRAM을 사용한다.

44

정답 : ④

핵심정리

휴지통의 특징

- 삭제된 파일이나 폴더가 임시 보관되는 장소로, 필요 시 복원이 가능하며 각 드라이브 마다 따로 설정할 수 있다.
- 휴지통의 크기는 기본적으로 드라이브 용량의 10%로 설정되며, 변경할 수 있다.
- Windows에서는 각각의 파티션이나 하드디스크에 [휴지통]을 하나씩 할당한다.
- 휴지통의 용량을 초과하면 가장 오래 전에 삭제된 파일부터 자동으로 지워진다.
- 휴지통에 보관된 실행형 파일은 복원이 가능하며, 복원하기 전에는 실행 시킬 수 없다.

45

정답 : ②

정답해설 MAX(수, 범위)는 대상 범위에서 최댓값을 구하기 위한 함수식이다. RANK(수, 범위)가 대상 범위에서 수의 순위를 구하는 함수이다.

46

정답 : ④

정답해설 프로테스탄트는 정치적 위상과 무관하게 자본주의적 영리 활동에 적극적으로 참여하였으며, 가톨릭은 어떤 사회적 조건에 처해 있든 이러한 경향을 나타내지 않았으므로 종교 집단에 따라 경제적 태도에 차이가 나타나는 원인은 특정 종교 집단이 처한 정치적 또는 사회적 상황과는 무관하다는 것을 추론할 수 있다.

오답해설 ① 프로테스탄트는 적극적인 경제 활동을 통해 자본주의 발전에 기여하였다.
② 독일에서 가톨릭은 영리 활동에 적극적으로 참여하지 않았다.
③ 종교적 소수자는 영리 활동을 통해 공명심을 만족시키고자 한다. 이는 독일 가톨릭과 상반된 태도이다.

47

정답 : ②

정답해설 협상과정 5단계는 협상시작 → 상호이해 → 실질이해 → 해결대안 → 합의문서로 구분된다. ㉠은 협상시작, ㉡은 해결대안, ㉢은 상호이해, ㉣은 실질이해, ㉤은 합의문서의 과정이다. 따라서 순서대로 바르게 나열한 것은 ②번이다.

48

정답 : ②

정답해설 2015년 인구증가율을 살펴보면 A국가는 1.3%, B국가는 약 1.8%, C국가는 1.2%, D국가는 약 2.4%이다. 따라서 가장 높을 것으로 전망되는 곳은 D국이다.

오답해설 ① 2000년을 기준으로 도시와 농촌 간 상수접근율의 차이는 A국가는 약 2.9−1.5=1.4%, B국가는 약 3.9−2.5=1.4%, C국가는 약 3.0−2.9=0.1%, D국가는 약 2.7−0.5=2.2%의 차이가 났다. 이중에 차이가 가장 큰 국가는 D국이다.
③ 1990년부터 2000년 사이 도시상수접근율 그래프를 살펴보면 A와 C국가만 하락하고 있다.
④ 1990년부터 2000년 사이 각 국가의 농촌상수접근율 그래프를 살펴보면 모든 국가가 상승 양상을 보인다.

49

정답 : ①

정답해설 2013년과 비교하여 2016년에 시간당 임금이 감소한 국가는 독일, 프랑스, 스웨덴이고, 이들은 모두 유럽에 위치하고 있다.

오답해설 ② 2015년 생산직 노동자의 시간당 임금이 가장 높은 국가는 22.99\$로 독일이고, 가장 낮은 국가는 8.48\$로 한국이다.
③ 2014년에 비해 2016년에 단위노동 비용지수가 가장 큰 비율로 감소한 국가는 프랑스로 $79.6-62.5=17.1$만큼 감소하였다.
④ 2016년 단위노동 비용지수가 가장 높은 나라는 95.5로 영국이다.

50

정답 : ①

정답해설 갑작스러운 환경 변화로 인해 의욕을 상실한 사람에게 목표와 행동지침을 일일이 정해주고 이를 지도하는 것은 근본적인 동기 부여가 될 수 없다. 목표와 행동지침 수립은 타의가 아닌 자의로 해야 할 일이다. 스스로 목적의식을 가지고 의욕적으로 일을 할 수 있도록 동기 부여를 해주는 것이 중요하다.

오답해설 ② 새로운 도전의 기회를 부여하는 것은 책임감과 소속감을 갖게 하여 동기를 부여를 할 수 있다.
③ 목표 달성을 높이 평가하여 곧바로 보상하는 긍정적 강화법을 통해 동기를 부여를 할 수 있다.
④ 변화를 두려워하지 않는 자세를 가지도록 하는 것도 동기 부여에 도움이 된다.

NCS 직업기초능력평가 실전모의고사 1회

시스컴
SISCOM

20   년   월   일

성 명
좌측부터 빈칸없이 차례대로 기재

채점
확인

문번	답 란			
1	①	②	③	④
2	①	②	③	④
3	①	②	③	④
4	①	②	③	④
5	①	②	③	④

문번	답 란			
6	①	②	③	④
7	①	②	③	④
8	①	②	③	④
9	①	②	③	④
10	①	②	③	④
11	①	②	③	④
12	①	②	③	④
13	①	②	③	④
14	①	②	③	④
15	①	②	③	④
16	①	②	③	④
17	①	②	③	④
18	①	②	③	④
19	①	②	③	④
20	①	②	③	④

문번	답 란			
21	①	②	③	④
22	①	②	③	④
23	①	②	③	④
24	①	②	③	④
25	①	②	③	④
26	①	②	③	④
27	①	②	③	④
28	①	②	③	④
29	①	②	③	④
30	①	②	③	④
31	①	②	③	④
32	①	②	③	④
33	①	②	③	④
34	①	②	③	④
35	①	②	③	④

문번	답 란			
36	①	②	③	④
37	①	②	③	④
38	①	②	③	④
39	①	②	③	④
40	①	②	③	④
41	①	②	③	④
42	①	②	③	④
43	①	②	③	④
44	①	②	③	④
45	①	②	③	④
46	①	②	③	④
47	①	②	③	④
48	①	②	③	④
49	①	②	③	④
50	①	②	③	④

NCS 직업기초능력평가 실전모의고사 2회

20	년	월	일

문번	답 란
1	① ② ③ ④
2	① ② ③ ④
3	① ② ③ ④
4	① ② ③ ④
5	① ② ③ ④

문번	답 란
6	① ② ③ ④
7	① ② ③ ④
8	① ② ③ ④
9	① ② ③ ④
10	① ② ③ ④
11	① ② ③ ④
12	① ② ③ ④
13	① ② ③ ④
14	① ② ③ ④
15	① ② ③ ④
16	① ② ③ ④
17	① ② ③ ④
18	① ② ③ ④
19	① ② ③ ④
20	① ② ③ ④

문번	답 란
21	① ② ③ ④
22	① ② ③ ④
23	① ② ③ ④
24	① ② ③ ④
25	① ② ③ ④
26	① ② ③ ④
27	① ② ③ ④
28	① ② ③ ④
29	① ② ③ ④
30	① ② ③ ④
31	① ② ③ ④
32	① ② ③ ④
33	① ② ③ ④
34	① ② ③ ④
35	① ② ③ ④

문번	답 란
36	① ② ③ ④
37	① ② ③ ④
38	① ② ③ ④
39	① ② ③ ④
40	① ② ③ ④
41	① ② ③ ④
42	① ② ③ ④
43	① ② ③ ④
44	① ② ③ ④
45	① ② ③ ④
46	① ② ③ ④
47	① ② ③ ④
48	① ② ③ ④
49	① ② ③ ④
50	① ② ③ ④

NCS 직업기초능력평가 실전모의고사 1회

시스컴 SISCOM

| 20 | 년 | 월 | 일 |

성 명
좌측부터 빈칸없이 차례대로 기재

채점확인

문번	답 란			
1	①	②	③	④
2	①	②	③	④
3	①	②	③	④
4	①	②	③	④
5	①	②	③	④

문번	답 란			
6	①	②	③	④
7	①	②	③	④
8	①	②	③	④
9	①	②	③	④
10	①	②	③	④
11	①	②	③	④
12	①	②	③	④
13	①	②	③	④
14	①	②	③	④
15	①	②	③	④
16	①	②	③	④
17	①	②	③	④
18	①	②	③	④
19	①	②	③	④
20	①	②	③	④

문번	답 란			
21	①	②	③	④
22	①	②	③	④
23	①	②	③	④
24	①	②	③	④
25	①	②	③	④
26	①	②	③	④
27	①	②	③	④
28	①	②	③	④
29	①	②	③	④
30	①	②	③	④
31	①	②	③	④
32	①	②	③	④
33	①	②	③	④
34	①	②	③	④
35	①	②	③	④

문번	답 란			
36	①	②	③	④
37	①	②	③	④
38	①	②	③	④
39	①	②	③	④
40	①	②	③	④
41	①	②	③	④
42	①	②	③	④
43	①	②	③	④
44	①	②	③	④
45	①	②	③	④
46	①	②	③	④
47	①	②	③	④
48	①	②	③	④
49	①	②	③	④
50	①	②	③	④

시스컴
SISCOM

NCS 직업기초능력평가 실전모의고사 2회

문번	답란
1	① ② ③ ④
2	① ② ③ ④
3	① ② ③ ④
4	① ② ③ ④
5	① ② ③ ④

문번	답란
6	① ② ③ ④
7	① ② ③ ④
8	① ② ③ ④
9	① ② ③ ④
10	① ② ③ ④
11	① ② ③ ④
12	① ② ③ ④
13	① ② ③ ④
14	① ② ③ ④
15	① ② ③ ④
16	① ② ③ ④
17	① ② ③ ④
18	① ② ③ ④
19	① ② ③ ④
20	① ② ③ ④

문번	답란
21	① ② ③ ④
22	① ② ③ ④
23	① ② ③ ④
24	① ② ③ ④
25	① ② ③ ④
26	① ② ③ ④
27	① ② ③ ④
28	① ② ③ ④
29	① ② ③ ④
30	① ② ③ ④
31	① ② ③ ④
32	① ② ③ ④
33	① ② ③ ④
34	① ② ③ ④
35	① ② ③ ④

문번	답란
36	① ② ③ ④
37	① ② ③ ④
38	① ② ③ ④
39	① ② ③ ④
40	① ② ③ ④
41	① ② ③ ④
42	① ② ③ ④
43	① ② ③ ④
44	① ② ③ ④
45	① ② ③ ④
46	① ② ③ ④
47	① ② ③ ④
48	① ② ③ ④
49	① ② ③ ④
50	① ② ③ ④

Nothing is more despicable than respe! ct based on fear.

두려움 때문에 갖는 존경심만큼 비열한 것은 없다.

– Albert Camus(알베르 카뮈)[프랑스 작가, 1913–1960]

Business? It's quite simple. It's other people's money.

사업? 그건 아주! 간단하다. 다른 사람들의 돈이다.

– Alexandre Dumas(알렉산드르 듀마)